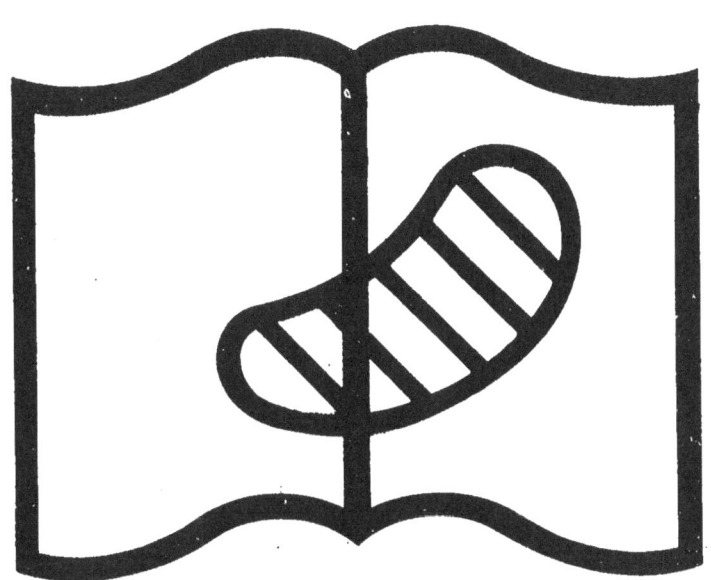

Original illisible

NF Z 43-120-10

Symbole applicable
pour tout,ou partie
des documents microfilmés

Ed. GRIMARD

Vivre -- Mourir – Revivre

PARIS

42, RUE SAINT-JACQUES, 42

1899

Tous droits réservés

A LA MÊME LIBRAIRIE

ALLAN KARDEC. — *Le Livre des Esprits* 3 50
  Le Livre des Médiums 3 50
  L'Évangile selon le spiritisme 3 50
  Le Ciel et l'Enfer 3 50
  La Genèse 3 50
  Œuvres posthumes 3 50
AKSAKOF. — *Animisme et Spiritisme* . . . . 10 »
— *Un cas de dématérialisation partielle du corps d'un médium* . . . . 4 »
WALLACE. — *Les Miracles et le Moderne Spiritualisme* 5 »
W. CROOKES. — *Recherches sur les phénomènes du spiritualisme* 3 50
VAN DER NAILLEN. — *Dans les Temples de l'Himalaya* 3 50
— *Dans le Sanctuaire* 3 50
EUGÈNE NUS. — *Les Grands Mystères* 3 50
COLONEL DE ROCHAS. — *Extériorisation de la sensibilité* . . . . 7 »
— *Extériorisation de la motricité* . . . . . . 8 »
— *Les Effluves odiques de Reichenbach* . . . . 6 »
— *Recueil de documents relatifs à la lévitation du corps humain* 2 50
LÉON DENIS. — *Après la mort* 2 50
— *Pourquoi la vie* . . . . » 15
— *Christianisme et Spiritisme* 2 50
D' E. GYEL. — *Essai de revue générale et d'interprétation synthétique du spiritisme* 2 50
GUILLAUME DE FONTENAY. — *A propos d'Eusapia Paladino, les séances de Montfort-l'Amaury en juillet 1897 ; compte rendu, photographies, témoignages et commentaires* . . . . 6 »
METZGER. — *Essai de spiritisme scientifique* . . 2 50
L. GARDY. — *Cherchons* . . . . 2 »
E. D'ESPÉRANCE. — *Au pays de l'Ombre*, traduit de l'anglais, par A. B., avec 28 planches hors texte. 4 »
RUFFINA NOEGGERATH. — *La survie, sa réalité, sa manifestation, sa philosophie. Echos de l'au-delà*; préface de C. FLAMMARION 3 50
W. Stainton Moses, traduit de l'anglais. — *Enseignements spiritualistes* (sous presse).
Revue spirite, journal d'Études psychologiques, fondé par ALLAN KARDEC en 1858, continué par P. G. LEYMARIE ; mensuel ; 64 pages ; grand in-8 ; par an . . . . 10 »

UNE ÉCHAPPÉE SUR L'INFINI

Ed. GRIMARD

Une Échappée sur l'Infini

Vivre — Mourir — Revivre

PARIS
LEYMARIE, ÉDITEUR
42, RUE SAINT-JACQUES, 42
—
1899
Tous droits réservés.

C'est aux femmes, particulièrement, que je dédie ce livre, parce que c'est au fond de leur âme réceptive que retentissent, en écho, les vibrations les plus délicates du monde psychique.

Bien plus important et plus efficace que celui de l'homme est le rôle que joue la femme dans l'œuvre de l'évolution morale de l'humanité. Combien n'y a-t-il pas de ces créatures héroïques qui, par leur courage, leur dévouement désintéressé, leur tendresse inépuisable, leur affinité naturelle pour toutes les idées généreuses, sont déjà parvenues « à moitié chemin du ciel ».

Enfin, n'est-elle pas femme, cette **Psyché** *dont nous racontons la longue et émouvante histoire et dont la figure symbolique représente l'âme humaine avec toutes ses virtualités latentes et toutes ses perfectibilités ?*

ERRATA

Page 3, lignes 4 et 5, *au lieu de :* se **sont** prise, *lire :* se **sent** prise.

Page 176, ligne 8 : *supprimer* le mot **nouvelle**.

PRÉFACE

Vous est-il jamais arrivé, par une triste soirée d'hiver, alors que la neige tourbillonne et que siffle la bise glaciale, d'entrer dans l'une de ces longues galeries où s'alignent par rangées les verres circulaires d'un polyorama ?

Vous approchez, et voilà que, dès le premier coup d'œil, vous êtes transporté dans un monde enchanté.

Ici, sur l'azur des flots de la Méditerranée que recouvre en dôme l'azur du ciel, vous voyez Alger, la ville éblouissante dont la cascade de maisons blanches semble s'écrouler jusque dans la mer, puis la Sicile avec son Etna, puis le golfe de Naples où fume son Vésuve, puis Athènes, avec son Acropole qu'encadre la mer bleue et que dominent les lignes grandioses du Pentélique et de l'Hymette qui semblent avoir été sculptés par quelque Praxitèle titanique, puis le Bosphore, ou le Caucase, ou bien encore, là-bas, sur les croupes de la Haute Asie, les crêtes dominatrices de ses montagnes.

Puis vous partez. Vous quittez ces régions merveilleuses, et sous la bourrasque qui fait rage, dans la boue gluante de la rue, vous glissez, frissonnant, la tête basse... mais l'œil toujours ébloui par les prestigieux mirages.

Vous revoyez, dans les effluves d'une tiède lumière, l'Etna, le Vésuve, la Corne d'or de Constantinople, le Caucase et combien d'autres visions encore, — ronde fantastique qui semble tournoyer autour de l'Himalaya dont la tête altière, sous sa couronne d'argent, se profile sur le grand ciel asiatique.

Eh bien ! la rue sombre et froide, c'est le monde où nous trébuchons, dans l'amertume de la vie, l'œil obscurci de larmes, le cœur étreint par l'ignorance du passé, les tristesses du présent, les incertitudes poignantes de l'avenir — et le polyorama, c'est cette *Échappée sur l'infini* à la contemplation de laquelle vous convient les pages de ce livre.

L'âme est la clé de l'univers.
Ed. Schuré.

La grande loi de continuité que nous voyons dominer dans tout l'univers nous amène à conclure à des gradations infinies de l'être et à concevoir tout l'espace comme rempli par l'intelligence et la volonté !
Alf. Russel Wallace.

Les faits sont des choses opiniâtres.
Alf. Russel Wallace.

Pour moi, la question n'est pas douteuse ; la psychologie occulte existe et c'est un monde nouveau qui s'ouvre devant nous.
Ch. Richet.

Le spiritisme pousse comme une forêt, sur les ruines du matérialisme agonisant.
Victor Meunier.

Inconnaissable, incognoscible ! — Néologismes bien inutiles créés par les apôtres de l'abstinence intellectuelle qui ont fondé, sous le nom de « Positivisme », une société de tempérance contre les excès de l'esprit.
Eugène Nus.

QUELQUES MOTS AU LECTEUR

Je crois devoir déclarer, dès la première page, que je vais raconter des choses extraordinaires, essayer de décrire des spectacles de nature exceptionnelle, vous emmener, avec moi, en des régions inexplorées et me servir parfois d'un langage spécial, approprié à des phénomènes spéciaux.

Entendons-nous bien toutefois. Ne croyez pas que j'aille emprunter aux nécromanciens leurs formules cabalistiques, enfourcher l'hippogriffe des visionnaires, ou emboucher l'une des trompettes de l'Apocalypse.

Non, je vais tout simplement répéter, après beaucoup d'autres, ce que nous ont enseigné les astronomes, les physiciens, les physiologistes, les psychologues, ce que nous ont fait connaître, surtout — c'est ici que commencent les choses insolites — certaines « révélations » spéciales faites dès longtemps à l'humanité et dont l'histoire — avec preuves à l'appui — va faire l'objet de ce modeste ouvrage.

Il est donc bien entendu que je ne prétends, ici, ni

prêcher, ni vaticiner, ni pontifier. Je ne fais pas œuvre de prosélytisme. — J'expose.

Si l'on m'objecte, d'aventure, que les choses que je vais dire sont quelquefois par trop étranges, voire même excentriques, en ce sens qu'elles sortent des habitudes courantes, dépassent les traditions admises et détonnent quelque peu au milieu de ce que l'on répète, de ce que l'on écrit et surtout de ce que l'on croit communément — sans trop savoir pourquoi, par exemple, — je répondrai que c'est précisément à cause de cela que ce sujet a été choisi, étudié et traité.

Si je réclame pour moi une telle latitude, j'en concède une non moins entière au lecteur qui me fera l'honneur de feuilleter ce livre. Libre à chacun d'en prendre ou d'en laisser tout ou partie. Il s'agit ici d'organisation intellectuelle, d'aptitudes spéciales, d'aspirations individuelles.

Il va de soi que ces pages ne s'adressent ni aux satisfaits, croyants ou non, ni aux indifférents, ni aux sceptiques de parti pris.

Ceux-là seuls pourront les comprendre qui cherchent plus et mieux que ce qu'ils possèdent, qui désirent s'élever à de certaines hauteurs, s'affranchir des vulgarités traditionnelles, des dogmes consacrés, de la science assermentée et qui, affamés d'un certain idéal, respirant mal sous le couvercle qui nous écrase, sont tout prêts à s'écrier, comme Gœthe à son lit de mort : « De la lumière, plus de lumière encore ! »

C'est pour ces lecteurs, hommes de désir et de bonne volonté, que sont écrites les pages qui vont suivre.

Je demanderai, tout d'abord, pourquoi l'on s'étonnerait qu'une doctrine nouvelle, que des conceptions inattendues surgissent du milieu de tous les débris qui jonchent la terre autour de nous. La science, elle-même, cette science dont nous sommes fiers et à juste titre, se sont prise d'une sorte de vertige devant ses propres découvertes.

« Je n'ose creuser plus avant, de peur d'être obligé de conclure », disait un jour un illustre physiologiste, — Charcot, si je ne me trompe.

Les idées marchent vite aujourd'hui. Les hypothèses se succèdent, se remplacent, se dépassent et nous entraînent vers des horizons qui s'enfoncent, reculent... reculent si bien, même, qu'ils nous rapprochent de l'invisible, du paradoxal — le paradoxal d'aujourd'hui qui, demain, sera la vérité.

Écoutez un savant : « Les fluides électriques, magnétiques, calorifiques et lumineux, dit Berthelot (1), fluides que l'on admettait, il y a un demi-siècle, n'ont déjà pas plus de réalité que les quatre éléments des anciens. Ces fluides, avec les progrès de la science, sont réduits à un seul, *l'éther*, et voilà que l'éther des physiciens et l'atome des chimistes s'évanouissent, à leur tour, pour faire place à des conceptions plus hautes, qui tendent à tout expliquer par les seuls phénomènes du mouvement. »

Nous verrons ultérieurement à quoi nous amène la conception de cette force invisible, qui elle-même dépend d'une cause également invisible, intangible et impondérable. (Voir la note 1 à la fin du volume.)

Voilà donc que craque notre vieux monde. Il craque dans sa science que déconcertent ses trouvailles merveil-

(1) *Origines de la chimie.*

leuses, dans sa philosophie qui a vu crouler tant de systèmes, dans sa politique qui oscille et parfois se déshonore, dans sa morale qui s'effondre, dans sa religion, enfin, qui, prise de dégoût, renverse ses vieux autels ensanglantés.

Et tandis que tout s'émiette dans notre société désemparée et que la science, elle-même, nous déclare que tout doit tendre à « l'unité », à la synthèse, voici que se présente une doctrine nouvelle — nouvelle pour nous, mais vieille comme l'humanité — qui, elle aussi, proclame la nécessité d'une synthèse universelle, scientifique, morale, religieuse, synthèse qu'elle établit et organise dans le majestueux ensemble de son économie toute divine.

Étudions-la, dans sa lente évolution.

« Malgré les efforts réunis des coteries sacerdotales et scientifiques, dit M. Eugène Nus, que nous aurons l'occasion de citer bien souvent, le monde est en quête d'une idée. Le mot que nous cherchons peut être enfoui, aussi bien dans la nuit du passé, que caché dans les brumes de l'avenir. Il faut regarder partout et avoir soin, surtout, d'examiner de très près ce qui fait rire le vulgaire. »

Or le vulgaire a ri, tout d'abord. Il a ri des tables tournantes, des maisons hantées, des communications assez bizarres parfois, il faut en convenir, qu'obtenaient certains petits cercles de « spirites », plus ou moins convaincus ou sérieux.

Eh bien ! je vous le déclare, il ne s'agit nullement ici de ce spiritisme vulgaire qu'ont déconsidéré certains adeptes superficiels et compromettants. Et l'on a ri, en effet, de ce phénomène fertile en curiosités de mauvais goût dont on s'amuse en société, quand, sur la table desservie, se rangent les mains étendues, dans le désir nullement déguisé de voir des « choses drôles ».

Est-il nécessaire de répéter que ce n'est point de cela que nous nous occuperons. Il s'agit, ici, de choses sérieuses, de science, de philosophie, de morale, de religion, en un mot des « merveilles de la vie invisible », c'est-à-dire des plus hautes préoccupations qui puissent hanter le cerveau de l'homme qui pense, qui veut savoir, qui veut comprendre (1).

Tant pis pour ceux qui n'ont trouvé que de ridicules manifestations, dans ce que nous ont révélé les voix austères des « grands ancêtres » et qui, dans l'ombre du temple dont les portes s'entr'ouvrent, n'en ont vu ni les gigantesques colonnes, ni les voûtes splendides, ni les mystérieuses profondeurs.

C'est dans ce temple que nous allons entrer.

J'ai beaucoup cité dans ce livre. J'ai transcrit des pages entières, d'abord parce que ces pages sont fort belles, et ensuite parce que, en ces matières ardues, j'ai voulu m'entourer de témoignages dont l'autorité fût difficilement contestable.

(1) L'auteur de ce livre pourrait témoigner, par une attestation personnelle, de toutes les consolations que l'on peut puiser dans cette foi nouvelle si, sous l'étreinte de déchirements secrets, il ne voulait se garder de tout étalage de douleur, dans le sentiment d'une sorte de pudeur morale.

Outre les noms qu'on retrouvera plus loin, je ne saurais énumérer tous les penseurs dont je me suis inspiré. C'est à poignées que j'ai glané dans la riche moisson qu'ont amassée tous ces hardis chercheurs — véritables « alpinistes de l'idéal » — que n'épouvante aucune escalade. Des hautes cimes ensoleillées d'où ils reviennent, ils nous ont apporté la lumière.

Nous les en remercions de tout cœur (1).

---

(1) Il existe, du reste, toute une bibliothèque d'ouvrages spéciaux, où pourront puiser ceux qui voudraient s'initier davantage, et je me plais à leur indiquer la Librairie des Sciences psychiques et spirites, 42, rue Saint-Jacques, à Paris.

CHAPITRE PREMIER

LE PROBLÈME DE LA VIE

L'erreur humaine est un abîme inexploré. De cet océan-là, nul n'a mesuré ni l'étendue, ni la profondeur.

Dès les origines les plus lointaines de l'histoire, l'erreur a été pour l'humanité l'atmosphère qu'elle a respirée.

Il faut distinguer toutefois. Il y a deux sortes d'erreurs: l'erreur de tâtonnement et l'erreur systématique. La première est l'erreur nécessaire, normale, scientifique, qui par l'expérimentation amène à la vérité. La seconde est l'erreur détestable, fatale, parce qu'elle est voulue, aveugle et tenace et qu'elle perpétue indéfiniment l'ignorance et le mensonge.

Et c'est de celle-ci que s'est entichée l'humanité. Elle s'en nourrit avec délices, s'en abreuve jusqu'à l'ivresse. De là l'interminable durée des traditions ineptes, des superstitions grotesques, contre lesquelles ne prévalent ni la raison, ni la logique, ni le bon sens lui-même.

Ces deux erreurs constituent le patrimoine de l'humanité. On les retrouve partout. L'histoire, vraie peut-être dans ses grandes lignes et ses généralités, n'est dans ses dessous qu'un tissu d'inexactitudes. La philosophie scolastique n'a été, pendant des siècles, que « tintamarre et barbouillage de cervelles », comme disait Montaigne (1). Les sciences ont balbutié jusqu'à l'emploi de la méthode expérimentale. Quant à l'histoire des religions, c'est là que l'erreur systématique a sévi dans toute sa beauté.

Depuis le fétichisme le plus abject, jusqu'à la dogmatique moderne, en passant par les pires extravagances du moyen âge, se sont accumulés les plus audacieux défis que puisse porter à la raison humaine le parti pris de la divagation autoritaire.

Et encore, si ces divagations s'étaient enfermées dans l'ombre des cloîtres ; mais elles se sont imposées par le

---

(1) Je tiens à déclarer que les critiques plus ou moins acerbes à l'adresse de la philosophie que l'on pourra trouver, çà et là, dans ces pages, n'infirment en rien ni la hauteur de pensée de quelques philosophes, ni l'importance de certains travaux dont peuvent se glorifier tels ou tels siècles.

Toutes ces critiques n'ont d'autre objectif que de constater l'indéniable insuffisance de la philosophie, dans les questions de morale sociale ou individuelle.

La philosophie, œuvre de raison pure dans ses plus hautes manifestations, n'a jamais ou presque jamais fait œuvre «d'édification», c'est-à-dire de reconstitution intellectuelle ou morale — morale surtout. C'est en dehors d'elle que s'est effectuée l'évolution de l'âme humaine dont elle ne s'est guère occupée que pour la « disséquer » psychologiquement, si bien que, dans son agnosticisme systématique, hautain... et impuissant aussi, elle n'a pas plus cherché à compter ses pulsations profondes, qu'elle ne s'est préoccupée de ses aspirations les plus légitimes.

fer et le feu, brisant les cœurs, courbant les consciences et ne marchant dans leur route sombre qu'à la sinistre clarté des bûchers allumés « pour la plus grande gloire de Dieu ».

Monde abominable dont l'axe tournait sur deux pôles restés célèbres : un enfer et un paradis — un enfer sauvage inventé par des âmes noires qu'hallucinaient les férocités antiques — un paradis puéril et barbare, tel que pouvaient seules le rêver ces mêmes âmes noires qui oscillaient entre un Satan tourmenteur, exécuteur des basses œuvres de la vengeance éternelle et un dieu farouche qui, sous les noms divers de Jéhovah chez les Juifs, de Baal chez les Phéniciens, de Moloch à Carthage et ailleurs, respirait avec délices l'âcre vapeur des sacrifices expiatoires. — Vous avez dit un paradis *barbare!* — J'ai dit barbare. Écoutez ce passage :

« Les bienheureux, sans sortir de la place qu'ils occu-
« pent, en sortiront cependant d'une certaine manière,
« en vertu de leur don d'intelligence et de vue distincte,
« afin de considérer les tortures des damnés ; et en les
« voyant, non seulement ils ne ressentiront aucune dou-
« leur, mais ils seront accablés de joie et ils rendront
« grâce à Dieu de leur propre bonheur, en assistant
« à *l'ineffable* calamité des impies. »

Qui a dit cela ? Qui a prononcé ces blasphématoires monstruosités? C'est l'oracle du christianisme officiel, celui que les docteurs catholiques ont surnommé le *docteur angélique;* le théologien par excellence, saint-Thomas d'Aquin en personne !

Que pouvait être la religion sinon ce qu'elle a été, sous les auspices d'une semblable doctrine ? Et d'autre part, qu'aurait-on pu répondre aux hommes du moyen âge, lorsque, dans l'ahurissement où les avaient plongés leurs conducteurs spirituels, ils se demandaient avec angoisse : « Mais qu'est-ce donc que la vie ? »

Oui, qu'est-ce que la vie ? peut-on demander encore. Interrogeons les hommes de nos jours. Voici quelques réponses :

Naître en poussant un cri, cri de douleur ou d'asphyxie — peut-être d'épouvante, provoquée chez le nouvel hôte de la terre par le mystérieux pressentiment des misères qui l'attendent.

Vivre au milieu d'espérances mensongères, de joies fugitives, d'efforts sans résultat, d'inquiétudes persistantes. Ne posséder, quand on croit arriver au bonheur, qu'un simulacre de ce bonheur éphémère qu'empoisonne à tout instant la crainte de le voir s'envoler. Avoir le cœur broyé par la disparition d'êtres chéris que la mort frappe au passage, cette hyène qui d'une marche oblique suit pas à pas le voyageur blessé, cette mort qui, pour aussi longtemps que dure notre trajet en ce bas monde, « trotte à côté de nous, en faisant craquer ses grands os de squelette ». Être sans cesse exposé — sans compter les souffrances morales pour lesquelles il n'est pas de remède — aux innombrables maladies que tient en réserve pour nous la marâtre nature. Être en butte à toutes les jalousies, à toutes les trahisons, tout au moins aux malveillances variées que ne savent pas plus déguiser les amitiés suspectes que les inimitiés déclarées. Se demander tous les jours pourquoi l'on a été jeté sur ce monde inhospitalier où les places sont comptées ; ignorer d'où l'on vient, ne pas savoir où l'on va ; être assoiffé d'Idéal et d'immortalité, sans qu'aucune prévision sérieuse puisse légitimer à nos yeux ces décevantes aspirations.

Voir l'égoïsme prospérer, réussir et triompher l'injustice et la violence, alors que la faiblesse succombe et que l'innocence verse des larmes inutiles. Sentir peser sur nos têtes un ciel d'airain, contre les voûtes duquel viennent s'éteindre sans écho plaintes, sanglots et supplications. Consumer ses meilleures années dans l'ardente mêlée de la bataille pour la vie, puis se sentir décroître, vieillir dans les regrets ; traîner ses pas chancelants sur la jonchée de nos illusions effeuillées et enfin s'affaisser dans les affres de l'agonie, sur le bord du gouffre noir où chacun doit rouler seul et pour jamais, sans nulle consolation, sans lueur d'aube nouvelle !...

La voilà la vie — odieuse et féroce mystification de je ne sais quelle divinité vengeresse et qui s'aggrave d'autant plus qu'on nous parle sans cesse d'un Dieu, père des hommes, juste, miséricordieux... Ah ! macabre ironie ! Mais cent fois plutôt le néant et s'il tarde... eh bien ! le suicide alors, plutôt qu'une semblable torture !

De qui sont ces lamentations déchirantes ?

De tous les sceptiques indignés, de tous les cœurs brisés, de tous les croyants déçus, de tous les désespérés de tous les siècles. Ah ! ces litanies sont longues, universelles. Écoutons encore quelques voix isolées :

« La nature, dit M. Jules Soury (1), est notre mère, c'est entendu ; mais si nous sortons de son sein, c'est pour y rentrer tôt ou tard. Le grain de blé jeté au sillon

---

(1) *Philosophie naturelle.*

germe et sort de la terre. L'épi devient du pain, se transforme en chair et en sang, en ovule fécondé d'où sort l'enfant, c'est-à-dire l'homme ; puis le cadavre engraisse la terre qui portera d'autres moissons, et ainsi dans les siècles des siècles, sans qu'on puisse dire ni comprendre pourquoi.

Car s'il est quelque chose de vain et d'inutile au monde, c'est la naissance, l'existence et la mort de ces innombrables parasites, faunes et flores, qui végètent comme une moisissure et s'agitent à la surface de notre infime planète entraînée à la suite du soleil, vers quelque constellation inconnue. Indifférente en soi, mais nécessaire, sans doute, puisqu'elle est, cette existence ayant pour condition la lutte acharnée de tous contre tous, la violence, la ruse, l'amour plus amer que la mort, cette existence aux yeux de tous les êtres conscients peut-elle paraître autre chose qu'un rêve sinistre, qu'une hallucination douloureuse, au prix de laquelle le néant serait le souverain bien ?

D'autre part, si nous sommes les fils de la nature, si elle nous a donné l'être, c'est nous, à notre tour, qui l'avons douée de toutes les qualités idéales qui la parent à nos yeux. L'éternelle illusion qui enchante et qui tourmente le cœur de l'homme est et demeure son œuvre. Dans cet univers où tout est ténèbres et silence, lui seul veille et souffre sur cette planète, parce que lui seul peut-être médite et réfléchit.

C'est à peine s'il commence à comprendre la vanité de tout ce qu'il a cru, de tout ce qu'il a aimé, le néant de la beauté, le mensonge de la bonté, l'ironie de toute science humaine. Après s'être naïvement adoré dans ses dieux et dans ses héros, quand il n'a plus ni foi, ni espoir, voici qu'il sent que la nature elle-même se dérobe, parce qu'elle n'était, comme tout le reste, qu'apparence et duperie. Seul, sur ce monde que ravage la mort, au milieu des débris de ses idoles brisées, se dresse le fantôme de ses éternelles, de ses incurables illusions. »

« Compte, dit lord Byron, encore un désillusionné, compte les joies que tes heures ont vues, compte tes jours exempts d'angoisse et reconnais que, quoi que tu aies été, il y a quelque chose de mieux : ne pas être. »

Encore ces lignes désespérées de M. Clémenceau qui, dans la *Mêlée sociale*, parle en ces termes amers des dernières phases de la vie sur la terre :

« Nos cités croulantes, parmi d'informes vestiges humains, les dernières ruines effondrées sur la vie mourante, toute la pensée, tout l'art engloutis dans la grande mort montante. Toute l'œuvre humaine dans la dernière viscosité de la vie. Et puis, l'ultime manifestation de vie terrestre sera détruite à son tour. Inutilement, le globe froid et nu promènera son indifférence par les stériles chemins de l'espace. Alors s'accomplira le cycle des dernières planètes sœurs, les unes mortes dès aujoud'hui, peut-être. Et le soleil éteint suivi de son funèbre cortège précipitera dans la nuit sa course incalculée vers l'inconnu. »

Ajoutons à ces tragiques accents cette boutade de M. J. de Gastyne : « L'humanité est une chose puante, un assemblage de bêtes malsaines qui se prennent les pattes pour se dévorer de plus près. »

Nous pourrions, aux récriminations de tous ces contempteurs, en ajouter bien d'autres du même genre et certes non moins amères ; mais que sont ces cris de désespérance acrimonieuse et corrosive, à côté des protestations enflammées, des sanglots déchirants que le cœur saignant et convulsé de Mme L. Ackermann fait monter de la terre au ciel ?

Écoutez-la blasphémer, et maudire, et pleurer, et espérer au fond — malgré tout.

> Quoi renaître ! revoir le ciel et la lumière,
> Ces témoins d'un malheur qui n'est point oublié,
> Eux qui, sur nos douleurs et sur notre misère,
>   Ont souri de pitié.
> Non, non ! Plutôt la mort, la nuit sombre, éternelle !
> Fille du vieux chaos, garde-nous sous ton aile,
> Et toi, sœur du sommeil, toi qui nous as bercés,
> Mort, ne nous livre pas ; contre ton sein fidèle,
>   Tiens-nous bien embrassés.

> Peut-être aurions-nous droit aux célestes délices ;
> Non ! ce n'est point à nous de redouter l'enfer,
> Car nos fautes n'ont pas mérité de supplices :
> Si nous avons failli, nous avons tant souffert !
> Eh bien ! nous renonçons même à cette espérance
> D'entrer dans ton royaume et de voir tes splendeurs,
> Seigneur ! Nous refusons jusqu'à ta récompense,
> Et nous ne voulons pas du prix de nos douleurs.

> Nous le savons, tu peux donner encor des ailes
> Aux âmes qui ployaient sous un fardeau trop lourd ;
> Tu peux, lorsqu'il te plait, loin des sphères mortelles
> Les élever à toi, dans la grâce et l'amour ;
> Tu peux nous pénétrer d'une vigueur nouvelle,
> Nous rendre le désir que nous avions perdu...
> Oui, mais le souvenir, cette ronce immortelle
> Attachée à nos cœurs, l'en arracheras-tu ?

Quand de tes chérubins la phalange sacrée
Nous saluerait élus, en ouvrant tes saints lieux,
Nous leur crierions bientôt d'une voix éplorée :
Nous élus ? Nous heureux ? Mais regardez nos yeux !
Les pleurs y sont encor, pleurs amers, pleurs sans nombre.
Ah ! quoi que vous fassiez, ce voile épais et sombre
    Nous obscurcit vos cieux.

Ah ! tu frappes trop fort, en ta fureur cruelle.
Tu l'entends, tu le vois ! la souffrance a vaincu.
Dans un sommeil sans fin, ô puissance éternelle !
Laisse-nous oublier que nous avons vécu.
                                  (*Les Malheureux.*)

Me retrouver devant l'iniquité céleste,
Devant un Dieu jaloux qui frappe et qui déteste,
Et dans mon désespoir me dire avec horreur :
« Celui qui pouvait tout a voulu la douleur. »

Délivré de la foi comme d'un mauvais rêve,
L'homme répudiera les tyrans immortels
Et n'ira plus, en proie à des terreurs sans trêve,
Se courber lâchement au pied de tes autels.
Las de le trouver sourd, il croira le ciel vide.
Jetant sur toi son voile éternel et splendide,
La Nature déjà te cache à son regard ;
Il ne découvrira dans l'univers sans borne,
Pour tout Dieu désormais qu'un couple aveugle et morne
    La Force et le Hasard.
                                  (*Prométhée.*)

Sois maudite, ô Nature ! en tes œuvres immenses,
Oui, maudite à ta source et dans tes éléments,
Pour tous tes abandons, tes oublis, tes démences,
    Aussi pour tes avortements !

Qu'envahissant les cieux, l'Immobilité morne
Sous un voile funèbre éteigne tout flambeau,
Puisque d'un univers magnifique et sans borne
    Tu n'as su faire qu'un tombeau !

(L'Homme à la Nature.)

  Misérable grain de poussière
  Que le néant a rejeté,
  Ta vie est un jour sur la terre ;
  Tu n'es rien dans l'immensité.

Ta mère en gémissant te donna la naissance ;
  Tu fus le fils de ses douleurs,
  Et tu saluas l'existence
  Par des cris aigus et des pleurs.

Sous le poids de tes maux, ton corps usé succombe,
Et goûtant de la nuit le calme avant-coureur,
Ton œil se ferme enfin du sommeil de la tombe :
Réjouis-toi, vieillard, c'est ton premier bonheur.

(L'Homme.)

Et toi, serais-tu donc à ce point sans entrailles,
Grand Dieu qui dois d'en haut tout entendre et tout voir,
Que tant d'adieux navrants et tant de funérailles
    Ne puissent t'émouvoir.

Mais non ! Dieu qu'on dit bon, tu permets qu'on espère ;
Unir pour séparer, ce n'est point ton dessein.
Tout ce qui s'est aimé, fût-ce un jour sur la terre,
    Va s'aimer dans ton sein.

(L'Amour et la Mort.)

Je défie à mon gré la mort et la souffrance,
Nature impitoyable, en vain tu me démens,
Je n'en crois que mes vœux et fais de l'espérance
    Même avec mes tourments.

Pour combler le néant, ce gouffre vide et morne,
S'il suffit d'aspirer un instant, me voilà !
Fi de cet ici-bas ! Tout m'y cerne et m'y borne ;
    Il me faut l'au-delà !

Je veux de l'éternel, moi qui suis l'éphémère.
Quand le réel me presse, impérieux et brutal,
Pour refuge, au besoin, n'ai-je pas la chimère
    Qui s'appelle Idéal ?

Je puis avec orgueil, au sein des nuits profondes,
De l'éther étoilé contempler la splendeur.
Gardez votre infini, cieux lointains, vastes mondes,
    J'ai le mien dans mon cœur !

Tels sont les gémissements douloureux, les cris désespérés qu'arrache à cette grande âme dévoyée la désespérance de la vie.

Le malheur est que l'on retrouve, au fond de ses objurgations hautaines, la chrétienne mal éteinte, l'ancienne croyante fanatique qui, dans sa prime jeunesse, exaltée par la doctrine troublante des catéchismes qu'elle prit au pied de la lettre, faillit s'en aller tout droit au couvent. — C'est elle-même qui nous le raconte.

Son père intervint à propos pour la détourner de cette voie dangereuse. Mais c'est le fantôme de ces dogmes cruels qui la poursuit dans ses plus hardies protestations d'indépendance philosophique.

Toujours est-il qu'après avoir exhalé ses plus amères imprécations, elle voit flotter sur les ténèbres comme une pâle lueur d'aurore.

— Il me faut l'au-delà ! crie-t-elle dans son angoisse.

— Tu l'auras, pauvre âme déchirée.

Respectons donc ces mâles tristesses. Excusons ces blasphèmes qui ne sont que des appels impérieux à la Justice, des apostrophes à la Vérité.

Ah ! oui, certes, elle est bien excusable et comme ce serait ici le cas de répéter cette boutade bizarre, si profonde dans son apparente naïveté : « Elle aurait si parfaitement raison... s'il ne se trouvait qu'elle a tort. »

L'histoire tout entière n'est-elle pas le long martyroge de notre race pantelante sous les sanglantes lanières de la douleur, et son inconsolable sanglot ne monte-t-il pas éternellement vers le ciel, comme montait autrefois l'âcre fumée des sacrifices mêlée aux cris des victimes expiatoires ?

Voulez-vous le connaître, ce martyrologe de l'humanité ? Eh bien, lisez ces pages d'effroyable statistique que nous empruntons à l'un des ouvrages si richement documentés de M. Camille Flammarion.

« Ce qu'il ne faut pas oublier, quand on a le courage de contempler le tableau des férocités de la bête humaine, c'est que le respect de la vie est un sentiment presque entièrement moderne. L'histoire de tous les siècles et de tous les pays nous montre de quel faible poids pesait, dans la balance de la morale antique, la vie de l'homme, de la femme, surtout de l'enfant et de l'esclave. Tuer, autrefois, était la chose la plus simple du monde, et pendant une longue suite de siècles le sang humain a coulé comme de l'eau. Guerres, dévastations, assassinats politiques et religieux, infanticides quotidiens et réglementés, voilà de quoi sont souillées et rougies presque toutes les pages de l'histoire de l'humanité.

L'anthropophagie, terme extrême de la férocité humaine, a commencé dès l'apparition des hommes sur la terre et persiste encore à l'heure qu'il est chez certains peuples relativement civilisés, avec cette circonstance aggravante que ces peuples habitent des pays fertiles et qu'ils ne sauraient, comme pourraient le faire les sauvages indigènes des archipels rocheux de la Polynésie, alléguer pour excuse l'éternelle et torturante faim.

Les traces de l'ancienne anthropophagie se retrouvent dans toute l'Europe, aussi bien que celles qu'ont laissées les sacrifices humains, préludes du cannibalisme, car les cérémonies funéraires se terminaient toujours par un repas dont la chair des victimes constituait le mets le plus apprécié.

En Portugal, on a trouvé des grottes où l'on a compté des milliers de mâchoires et de dents humaines. Dans l'ancienne Grèce, les Athéniens eux-mêmes offraient aux dieux des sacrifices humains attestés par les vieilles légendes de Lycaon servant à ses hôtes les membres de son propre fils Pélops ; d'Atrée faisant servir à son frère Thyeste ses deux enfants dans un festin de famille.

Célèbres sont demeurées les horreurs de Carthage, où l'on faisait brûler vifs des milliers d'enfants, en l'honneur de Moloch, la monstrueuse divinité des Carthaginois et des Phéniciens. A Rome, l'on faisait également des sacrifices humains, et, jusque sous l'empereur Commode, les courtisans faisaient figurer, parmi les plats de leurs banquets, les morceaux les plus délicats, choisis dans les corps des victimes sacrifiées. Mêmes abominations en Scandinavie. Les Hindous offraient annuellement à leurs dieux des centaines de victimes humaines.

Et qu'était-ce donc en Amérique et au Mexique tout particulièrement ? En 1487, la dédicace du grand temple de Mexico fut célébrée, magnifiquement, par l'égorgement de soixante-douze mille victimes. Le massacre dura quatre jours entiers. Le sang ruissela en véritable cascade sur les marches du grand escalier du temple et forma d'immenses cloaques qui, pendant des semaines, infectèrent toute la ville. Sous Montézuma, douze mille captifs périrent dans une fête. Lors de la conquête du Mexique par Cortez en 1519, l'on découvrit des ossuaires où furent comptés jusqu'à cent trente-six mille crânes. Les Mexicains avaient des cages spéciales où ils engraissaient des captifs, hommes, femmes et enfants, qui, le moment venu, étaient menés à la boucherie. Et l'on retrouve plus ou moins de semblables abominations d'un bout à l'autre des deux Amériques.

Ce qu'il y a de plus horrible, c'est que ces actes de sauvagerie se sont perpétués jusqu'à nos jours. Dans certaines régions de l'Afrique centrale, le cannibalisme est encore d'usage traditionnel. Il y a des cavernes qui servent de garde-manger et que l'on a trouvées remplies d'ossements humains. Certaines peuplades nègres font des pièges à lions qu'on appâte en y attachant un enfant vivant. Les palais des anciens rois du Dahomey ainsi que leurs temples étaient formés de murs, où des crânes, tenant lieu de moellons, étaient cimentés avec un mortier que l'on gâchait avec du sang humain. L'on sait aussi qu'à la mort de ces rois on célébrait leurs funérailles en égorgeant un tel nombre de victimes, que l'on remplissait des lacs avec tout le sang répandu. En Guyane, au Brésil et chez les Fuégiens, l'on mange les vieux parents, les vieilles femmes, les captifs.

L'on voit que l'on ne fait nullement une image de rhétorique, quand on affirme que des flots de sang ont inondé notre lamentable terre.

La combativité de la bête humaine laisse bien loin derrière elle la sauvagerie des fauves les plus féroces. Dès son apparition sur le globe, l'humanité a été en guerre perpétuelle contre elle-même, sans avoir jamais pris le temps de réfléchir pourquoi. — Egorgements de peuples, voilà l'histoire dans le passé, et à l'heure où nous vivons, à la fin de notre xixe siècle, si glorieux à certains égards, entend-on parler d'autre chose que de futures guerres formidables pour la perpétration desquelles tout le génie de l'homme s'épuise en inventions diaboliques, dans le but avéré, avoué, de faire de ces combats prochains les plus effroyables tueries qu'aient jamais pu rêver les conquérants les plus sanguinaires ?

Et cependant, ces « glorieux » héros, ces conquérants « insignes » ont ajouté de bien belles pages dans les annales de notre humanité !...

Voulez-vous des chiffres ? En voici et des plus édifiants :

Savez-vous combien d'hommes, par siècle, a dévorés la guerre ?

Environ vingt millions, rien qu'en Europe et aux États-Unis.

Notre Napoléon, « Napoléon le Grand » dont la gloire, au dire de Béranger, — notre poète national, — sera si longtemps conservée sous le chaume, a fait égorger, à lui seul, cinq millions d'Européens. — Il est vrai que ce n'était que de la « chair à canon », comme il le disait lui-même. — Aux États-Unis, la guerre de sécession en a fait disparaître neuf cent cinquante mille.

Et il en a été de même, depuis l'origine de l'histoire. Que l'on suppute approximativement ce qu'ont coûté de vies humaines la guerre de Troie, les guerres médiques, les guerres puniques, la guerre des Cimbres et des Teutons, les férocités d'Attila, les horreurs de la « Sainte Inquisition », les procès de sorcellerie, les guerres dites de « religion », les massacres de la Saint-Barthélemy, les guerres de Cent ans, de Trente ans, de Sept ans, et tant d'autres tueries encore que l'on pourrait ajouter à cette énumération sinistre — et l'on pourra sans exagération évaluer à plus de quarante millions le nombre d'hommes tués par siècle dans les deux hémisphères ; de telle sorte que le total des hommes mis à mort depuis l'origine des temps historiques s'élève approximativement au chiffre de douze cents millions — presque autant qu'il en existe sur le globe tout entier.

Après les chiffres, voulez-vous des images figuratives ?

Le sang versé de la sorte équivaut à dix-huit millions de mètres cubes, jet intarissable qui lance sans repos ni trêve, depuis le commencement du monde, près de sept cents litres de sang, par heure, sur les trônes de la terre pour en entretenir toujours fraîche et rutilante la « pourpre respectée ».

Si les douze cents millions de squelettes, surgissant de leur sépulcre, se dressaient debout les uns sur les autres, cette effroyable colonne aurait plus de cinq cent mille lieues de hauteur — six fois plus haut que de la terre à la lune. — Tous ces cadavres jetés dans la

Manche feraient ce fameux pont projeté entre la France et l'Angleterre. Ajoutons enfin, pour clore la série de ces macabres suppositions, qu'avec les crânes de tous ces squelettes l'on pourrait faire un collier sans pareil qui six fois encerclerait notre lugubre et sanglante planète. »

Voilà les pièces du procès.

Nous avons entendu les dépositions des témoins à charge. Ces dépositions pourraient être allongées, multipliées ; mais à quoi bon ? Le plaidoyer, quelque développé qu'il puisse être, ne nous fournirait pas de nouveaux arguments.

Désenchantements, amertumes, objurgations désespérées, lancées à la face de ce Dieu impassible qui se dissimule dans les profondeurs de son ciel, que nulle supplication ne touche, que nulle larme n'attendrit.

Ecoutez ces vers hautains et dédaigneux d'Alfred de Vigny :

> Muet, aveugle et sourd aux cris des créatures,
> Si le ciel nous jeta comme un monde avorté,
> Le juste opposera le dédain à l'absence
> Et ne répondra plus que par un froid silence
> Au silence éternel de la divinité.

Eh bien ! est-il vrai en effet que ce silence soit éternel ? Est-il vrai que ce Dieu muet ne se soit jamais révélé à l'humanité ?

C'est pour répondre à ces deux questions, qui n'en font qu'une en réalité, qu'ont été écrites les pages qui vont suivre.

J'ai déclaré, dès le début, que j'allais raconter des choses plus ou moins extraordinaires, et qu'il faudrait, sinon pour les comprendre, du moins pour les accepter dans leur économie, renoncer à certains préjugés, rejeter tout parti pris, en un mot faire acte de bonne volonté et ne pas s'obstiner à fermer les yeux à la lumière, sous le singulier prétexte que cette lumière était inattendue.

Est-il donc si difficile de s'élever un peu au-dessus des vulgarités courantes, d'accepter certaines idées nouvelles, d'avouer que nous ne savons pas tout encore et qu'en dehors de nos connaissances traditionnelles il peut y avoir des mystères à étudier, des inconnues à dégager dans les divers problèmes que la vie nous jette à la face ?

Au milieu des brumes opaques de la terre, serions-nous devenus myopes à ce point que nous ne puissions admettre qu'au delà du visible s'étend l'océan de l'invisible qui nous enserre, nous pénètre ; et serions-nous contraints de comparer notre infirmité pitoyable à celle de ces larves aquatiques qui, dans la vase des marécages, sont incapables de comprendre qu'au-dessus des eaux stagnantes volent des libellules dont le soleil diamante les ailes et que ces libellules, hier encore larves rampantes comme elles, auraient peut-être pu sentir, dans la fange, tressaillir leurs futures ailes de gaze, de soie ou de velours ?

Eh bien ! que nous le voulions ou que nous ne le voulions pas, il existe, cet invisible, et ce ne sont pas nos protestations de larves abjectes qui l'empêcheront d'exister.

Ce n'est nullement dans un monde d'hallucinations que nous allons pénétrer. C'est à la suite de recherches philosophiques et scientifiques poursuivies depuis des siècles, dans nos deux hémisphères, et guidés aujourd'hui par les plus hautes sommités du monde intellectuel, que nous allons monter dans les sphères de l'au-delà, dans les régions de l'invisible que d'autres ont vues et dont ils nous ont raconté les merveilles.

Remarquez bien, s'il vous plaît, que « merveilles » ici ne veulent nullement dire « miracles ». Il n'y a rien de surnaturel dans la constatation de ce fait que la terre et les destinées qu'elle nous offre sont parfaitement insuffisantes pour quiconque renferme dans son âme la moindre parcelle d'idéal et qu'il n'y a vraiment que les « satisfaits » qui puissent déclarer qu'ils respirent à l'aise dans les vapeurs de notre terre marécageuse.

Chercher quelque chose de plus, surtout quelque chose de mieux, nous paraît être le désir le plus légitime, à moins qu'on n'ait le cœur de se désintéresser de toutes les douleurs révélées par les pages désespérées que nous venons de transcrire.

Et voilà donc où nous en sommes, après les soixante ou quatre-vingts milliers d'années que l'homme a passées sur la terre ! Avec quelle décourageante lenteur progresse cette pauvre humanité et combien doit-elle être lasse de gravir son calvaire !

Plus que lasse, angoissée. Manifestement, elle commence à s'affoler des doutes qui la rongent, des incertitudes qui la torturent. C'est dans les ténèbres que l'homme est contraint de chercher sa voie, indécis, tâtonnant, désemparé. Non moins désemparée que l'homme est cette société moderne où tourbillonnent d'immenses forces destructives. C'est des masses profondes du peuple que montent d'inquiétants murmures, et combien justifiés sont-ils, par la souffrance de ceux qui, des maigres sillons qu'ils fouillent dans leur colère, ne voient sortir qu'une dérisoire moisson !

Et cependant, du milieu de ces générations qui depuis des siècles trébuchent dans l'ombre, n'entendez-vous pas s'élever des voix qui d'un continent à l'autre crient : « Frères, voici l'aube ! »

Et l'on en cherche les premières lueurs, en même temps que l'on sent passer comme un souffle précurseur qui fait frissonner l'âme des peuples.

« Voici, dit M. Eugène Nus, l'antique Orient qui s'ébranle et sort de ses sanctuaires nous apportant la clé de ses mythes, pères des nôtres et reliant nos analyses dans sa grande synthèse où après nos religions s'engouffrent nos philosophies. »

« Jamais, dit M. Ed. Schuré (1), jamais l'aspiration à la vie spirituelle, au monde invisible, refoulée par les théories matérialistes des savants et par l'opinion mondaine, n'a été plus sérieuse et plus réelle. On retrouve cette aspiration dans les regrets, dans les doutes, dans les mélancolies noires et jusque dans les blasphèmes de nos romanciers naturalistes et de nos poètes décadents.

L'âme humaine a-t-elle jamais eu un sentiment plus profond de l'insuffisance, de la misère, de l'irréel de sa vie présente ?

La religion sans preuves et la science sans espoir sont debout l'une en face de l'autre, se défiant sans pouvoir se pénétrer ni se vaincre. Notre temps conçoit le développement de l'humanité comme la marche éternelle

(1) *Les Grands Initiés.*

vers une vérité indéfinie, indéfinissable et à jamais inaccessible, et c'est dans ce champ clos que combattent, armés d'arguments quelconques, le mysticisme, le matérialisme, le positivisme et le scepticisme.

Aussi, qu'est-il sorti de ces querelles stériles, de ces révoltes, de cette anarchie des consciences? Une génération sèche, sans idéal, sans lumière et sans foi, trouvant de très bon ton de nier l'âme et Dieu, de ne croire ni à cette vie ni à l'autre et de bafouer, avec une ironie qui se croit spirituelle, sa volonté débile, sa conscience dévoyée, son énergie émasculée et sa liberté morale systématiquement méconnue. »

« Jamais, dit d'autre part M. Léon Denis (1), le besoin de lumière ne s'est fait sentir d'une manière plus impérieuse. Après avoir été soumis pendant une longue série de siècles au principe d'autorité, les peuples aspirent de plus en plus à secouer toute entrave. En même temps que les institutions politiques et sociales se modifient parfois d'une façon regrettable, les croyances religieuses s'effondrent, les dogmes périssent en se transformant et les cultes sont délaissés. »

« L'humanité, dans le cercle de sa vie, s'agite entre deux erreurs : l'une qui affirme et l'autre qui nie ; l'une qui dit à l'homme : crois sans comprendre ; l'autre qui lui crie : meurs sans espérer. »

Eh bien, quoi ! allons-nous en rester là? Quand le nageur, qu'une défaillance a fait sombrer en eau profonde, touche de son pied crispé le fond de la rivière, n'en n'éprouve-t-il pas une commotion nerveuse qui le fait rebondir et remonter jusqu'à la surface ?

(1) *Après la mort;* — *Christianisme et Spiritisme.*

Et nous, qui avons aussi coulé bas, qui touchons du pied la couche visqueuse, resterons-nous dans un lâche abandon de nous-mêmes, sans tenter le suprême effort ? Négligerons-nous, sans nous en préoccuper davantage, ces pressentiments, ces aspirations ; laisserons-nous sans réponse tous ces appels désespérés ?

« Ce qui nous importe, dit M. Eugène Nus, avant tout et plus que tout, dans le désarroi où nous sommes, c'est de trouver une lueur qui nous aide à débrouiller le chaos de nos idées. Les détenteurs des traditions antiques affirment qu'ils possèdent cette lumière et que le temps est venu où nous pouvons la recevoir. Accueillons-la ; étudions-la, sous bénéfice d'inventaire (1). »

N'y sommes-nous pas conviés par ceux qui la connaissent, cette lumière, par ces précurseurs de tous les siècles qui, ainsi qu'on le verra plus loin, ont multiplié les preuves, accumulé les témoignages, — preuves et témoignages contrôlés, vérifiés, corroborés par les initiés modernes des deux mondes et qui ne cessent de nous crier, eux aussi : « Oui, c'est bien elle, la voici la nouvelle aurore ! »

« L'homme est né dans le creux d'une vague, dit M. Ed. Schuré, et il ne sait rien du vaste océan qui tout à l'entour s'étend sans limites ; mais une force mystérieuse pousse notre barque sur la crête de la lame et là, bien que toujours battus par la tempête, nous finissons par comprendre son rythme grandiose, et l'œil, mesurant la voûte du ciel, se repose dans le calme et l'azur. »

« L'humanité, dit Lamartine, est un tisserand qui travaille au revers de la trame des temps. Un jour vien-

---

(1) *Les Grands Mystères.*

dra où, passant de l'autre côté de la toile, elle contemplera le tableau magnifique et grandiose qu'elle aura tissé, pendant des siècles, de ses propres mains, sans en avoir vu autre chose, tout d'abord, que le pêle-mêle des fils enchevêtrés. »

« Chaque sphère de l'être, dit F. Amiel, tend à une sphère plus élevée et en a déjà des révélations, tout au moins des pressentiments. L'idéal sous toutes ses formes est la vision prophétique d'une existence supérieure à la sienne, à laquelle chaque être aspire invinciblement. Semblables aux volcans qui nous apportent les secrets de l'intérieur du globe, l'enthousiasme, l'extase sont des explosions passagères du monde intérieur de l'âme, et la vie humaine n'est que la préparation de cette vie spirituelle. Les degrés de l'initiation sont innombrables.

Homme, disciple de la vie, chrysalide d'un ange, travaille donc à ton éclosion future, car l'évolution divine n'est qu'une série de métamorphoses de plus en plus éthérées, où chaque forme, résultat des précédentes, est la condition de celles qui suivent. La vie divine est un enchaînement de morts successives où l'esprit, rejetant chaque fois quelques-unes de ses imperfections, finit par céder à l'attraction croissante du centre de gravitation ineffable, du soleil de l'intelligence, du foyer de l'amour. »

Et ces voix ne sont pas isolées sur la terre. Si elles nous paraissent être, dans le lourd silence qui nous oppresse, les fanfares matinales des clairons d'avant-garde, elles n'en sont pas moins des échos, des échos lointains et tardifs d'autres voix qui là-bas, tout au fond des âges, ont retenti à l'aurore des civilisations antiques, dans la haute Asie tout d'abord, puis en Perse, puis en Egypte, puis en Grèce, d'où elles nous sont arrivées lentement, coupées de longs silences, si longs, si tristes, qu'elles semblaient s'être éteintes dans l'inconscience des hommes primitifs à peine dégagés de l'animalité.

Pourquoi, du reste, nous étonnerions-nous des lents progrès de l'évolution humaine? La lenteur, dans l'univers entier, préside à toutes les métamorphoses. Ce n'est que par un travail moléculaire qu'elles s'accomplissent sur notre vieille terre chargée de siècles. Le temps ne compte pas dans l'éternité. Le monde des âmes ne se modifie pas plus vite que ne le fait la face de nos continents. Mais cette lenteur n'exclut pas la continuité dont les intermittences ne sont qu'apparentes.

Or, il semble qu'entraînée par la spirale rétrogressive d'un mystérieux remous l'humanité doive revenir aux doctrines de nos antiques prédécesseurs, dans l'histoire et dans le temps.

Il s'opère dans le monde des idées une curieuse évolution qui, bien à son insu, cela va sans dire, favorisera ce retour du présent vers le passé et, d'une façon toute spéciale, amènera un rapprochement — inattendu, s'il en fut jamais — entre la science et la métaphysique!

« Deux ennemies, dit M. Eugène Nus, qui se proclamaient irréconciliables, sont en train de se réconcilier, ne s'en doutant ni l'une ni l'autre et plus que jamais se dénigrant avec la plus cordiale animosité. La frontière qui les séparait s'efface peu à peu, et des invasions réciproques tendent à mêler leurs deux royaumes. La science, bon gré, mal gré, à chaque pas qu'elle fait en avant, se voit poussée sur le terrain de la raison pure et celle-ci, pour qu'on ne l'accuse plus de bâtir dans l'espace, est contrainte d'emprunter à sa rivale les matériaux de ses fondations. Seulement les savants, tout en plongeant dans l'invisible, se défendent comme des diables de toucher à la métaphysique. »

« L'on a constaté, lisons-nous, d'autre part, dans le remarquable ouvrage déjà cité (1) et auquel nombre d'emprunts seront faits dans la suite, l'on a constaté que, depuis Bacon et Descartes, les sciences modernes tendent inconsciemment, sans doute, mais d'autant plus sûrement, à revenir aux hypothèses des philosophes de la Grèce et d'Alexandrie.

La physique moderne en est arrivée peu à peu à identifier l'idée de matière avec l'idée de force, ce qui est un grand pas vers le dynamisme spiritualiste. Pour expliquer la lumière, la chaleur, le magnétisme et l'électricité, les savants ont été contraints d'admettre qu'une matière subtile et impondérable remplit l'espace et pénètre tous les corps. Cette matière, ils l'appellent *Éther*, et c'est un nouveau pas vers l'antique hypothèse de l'*Ame du monde* qui n'est autre chose que le fluide universel.

Et c'est ainsi que, par une évolution singulière des doctrines modernes, nous sommes ramenés à cette autre doctrine vieille comme l'humanité dont les principes essentiels peuvent se résumer comme suit :

Il n'est qu'un Dieu puissant, juste et bon. De lui émanèrent les Esprits, effusion de son essence, étincelles de son foyer. Puis il condensa l'esprit en matière, créant le monde corporel. — Les Esprits libres ont la faculté de s'améliorer, de monter vers le Créateur. Les globes divers de l'espace leur servent de stations progressives.

(1) *Les Grands Initiés*.

— L'esprit est la seule réalité ; la matière n'est que son expression inférieure, changeante, éphémère. — L'âme humaine spécialisée par son individualité est immortelle par essence ; son évolution s'effectue dans une série d'existences alternatives spirituelles et corporelles. — La réincarnation est la loi de cette évolution. — Parvenu à son épuration définitive, l'Esprit se dégage de la chair et prend conscience de sa divinité.

« Certes, poursuit notre auteur, elles sont immenses les perspectives qui s'ouvrent dès le seuil de cette admirable doctrine comparée, soit au misérable horizon où l'homme est parqué par le matérialisme, soit aux données enfantines de la théologie cléricale.

Sur ce seuil, l'on éprouve l'éblouissement et comme le frisson de l'infini. Les abîmes de l'inconscient s'ouvrent en nous-mêmes, nous montrent le gouffre d'où nous sortons, en même temps que les hauteurs vertigineuses auxquelles nous avons le droit d'aspirer.

La porte de l'invisible n'a-t-elle pas été ouverte devant nous par la manifestation des étranges phénomènes du somnambulisme, de tous les états de l'âme différents de la veille, depuis le sommeil lucide, la double vue et la suggestion mentale à distance, jusqu'à l'extase qui nous transfigure, nous marque du sceau divin et nous transporte au-dessus du monde visible, aux lois duquel nous échappons en transfuges glorieux ? »

Eh bien ! puisque c'est de l'Orient que nous viennent ces révélations étranges, — allons vers l'Orient.

CHAPITRE II

LES AURORES

On l'a dit et souvent répété : « Tout ce que nous pensons et toutes les manières dont nous pensons ont leur origine en Asie. »

Pour aussi loin que puissent remonter les souvenirs confus qui nous sont venus de l'Inde, tous mentionnent une première race blanche historique établie au pied de l'Himalaya. C'est du versant méridional de cette haute chaîne, si longtemps appelée le « centre du monde », qu'est descendu le flot civilisateur.

C'est donc en ces régions qu'ont dû s'empourprer les premières aurores.

Remontons vers elles.

Il en est deux toutes spéciales que nous appellerons les « aurores de la vie spirituelle ». L'une d'elles fut autrefois saluée par le père, prêtre et sacrificateur, qui, devant un humble banc de gazon, célébrait, au lever du soleil, le culte de famille. Cette aurore-là teintait de rose les neiges de l'altière montagne, autel grandiose du temple qui pour dôme avait le grand ciel d'azur.

L'autre, reflet de la première – comme le sont ces arcs-en-ciel dédoublés qui reproduisent l'orbe générateur sur les nuées orageuses — cette seconde aurore, à travers la distance, à travers la succession des siècles, colore notre ciel dont l'horizon lentement s'illumine, des lueurs prophétiques de l'aube de l'Himalaya.

Contemplons-les de près, ces premières lueurs. Nous sommes dans l'Inde, la terre de nos ancêtres les Aryas, peuple de lumière qui d'un côté, dans la haute Asie, de l'autre, vers la Perse, l'Egypte, la Grèce et Rome, a marqué son sillage éclatant comme d'une longue traînée d'étoiles (1).

C'est sur cette terre privilégiée, depuis trente ou quarante mille années, et davantage, s'il faut en croire certains historiens, — cent mille peut-être, dit M. le Dr Paul Gibier qui s'est beaucoup occupé d'orientalisme, — que parurent les livres où furent consignées les premières doctrines religieuses formulées par les hommes. C'est là que furent chantés des poèmes étranges, naïfs et sublimes vagissements de l'humanité à son berceau (2). — (Voir la note 2 à la fin du volume.)

« L'aube est dans les Védas, dit Michelet. Dans le Ramayana, c'est le soir délicieux où toutes les enfances, toutes les maternités de nature, esprits, fleuves, arbres et bêtes jouent ensemble et charment le cœur. » C'est là que fut le vrai paradis terrestre.

(1) Michelet, *Bible de l'Humanité*.
(2) Le spiritisme n'est que le brahmanisme ésotérique à l'air libre.   P. Gibier.

Que disent-ils, ces poèmes ?

Deux personnes unies, l'homme et la femme, d'un élan commun, remercient la lumière, chantent ensemble un hymne à Agni, le Feu divin :

« Merci pour la lumière du jour naissant, merci pour l'aurore désirée, pour le foyer qui rayonne et fait sourire la maison pendant l'hiver ; merci, merci au bon Agni, le doux compagnon de la famille. »

Duo charmant, pure oraison, touchante et naïve adoration de ce feu créateur, source de toute lumière, de toute chaleur, de toute vie.

Pendant des siècles, les peuples d'Orient écoutèrent, charmés et recueillis, ces hymnes védiques qui ne se contentent pas d'invoquer le saint et glorieux Agni, mais qui, s'élevant bien plus haut qu'un simple chant de reconnaissance, affirment — chose inouïe, à l'aube même de la vie sur la terre — le principe de l'immortalité de l'âme et le dogme de la réincarnation.

Répétons-les, ces voix du passé.

« Il est, chantent les hymnes védiques, une partie de l'homme qui est immortelle. Parmi les âmes, il en est qui viennent vers nous et s'en retournent, alors que d'autres encore reviennent vers nous. »

Toute la doctrine ésotérique (1) est pressentie, esquissée, dans ces quelques mots.

---

(1) La doctrine *ésotérique*, ou cachée, est celle qui, longtemps tenue secrète dans les sanctuaires des temples antiques, puis transmise par les initiés, a été admise par le spiritualisme moderne, parce qu'elle résume les principes fondamentaux de la religion de l'avenir.

Elevé par les ascètes, au sein des forêts de cèdres qui croissent aux pentes de l'Himalaya, Krishna (Christna ou Kristna), prototype de Jésus-Christ, fut l'inspirateur des croyances indoues. « Né, lui aussi, d'une vierge, dans une grotte où se trouvait un âne, » il fut soustrait par ses parents aux recherches du roi qui voulait le faire périr (1).

Initiateur de la première heure, réformateur des doctrines védiques, Krishna, entouré d'un petit nombre de disciples, allait de ville en ville, révélant, répétant la doctrine sacrée.

Or, voici ce qu'il enseignait :

« Le corps, enveloppe de l'âme dont il est la demeure temporaire, est chose périssable ; mais l'âme qui l'habite est invisible et éternelle. Le sort de l'âme, après la mort, constitue le mystère des renaissances. Toute renaissance heureuse ou malheureuse est la conséquence des œuvres pratiquées dans les vies antérieures.

« Pour atteindre la perfection, il faut s'élever à l'Être divin qui est en chacun de nous, car, sache-le, tu portes en toi-même un Ami sublime que tu ne connais pas. Dieu réside dans l'intérieur de tout homme ; mais bien peu savent le trouver. L'homme qui fait le sacrifice de ses désirs à Celui d'où procèdent toutes choses arrive à la perfection. L'homme qui trouve en lui-même son bonheur et sa lumière est un avec Dieu. Or l'âme qui a trouvé Dieu est délivrée de la renaissance et de la mort, de la vieillesse et de la douleur. Elle boit l'eau de l'immortalité. »

---

(1) L'on retrouve également les plus singulières analogies entre Bouddha et Krishna.

Et Krishna disait encore :

« Les âmes inspirées par l'amour de nos semblables sont celles qui pèsent le plus dans la balance céleste.

« L'homme juste et bon doit tomber sous les coups des méchants ; mais il ressemble à l'arbre santal qui parfume la hache qui l'a frappé.

« Vous et moi, disait-il à ses disciples, nous avons eu plusieurs naissances. Les miennes ne sont connues que de moi ; mais vous ne connaissez pas les vôtres. Quoique je ne sois plus, par ma nature, obligé de renaître et de mourir, toutes les fois que la vertu décline dans le monde, succombant sous l'injustice et la perversité, alors je me rends visible et je reviens ainsi d'âge en âge, pour le salut du juste et le châtiment du méchant.

« Longtemps avant qu'elles se dépouillent de leur enveloppe mortelle, les âmes qui n'ont pratiqué que le bien acquièrent la faculté de converser avec les âmes qui les ont précédées dans la vie spirituelle. »

« Telles sont les révélations (1) — le mot n'est pas trop fort — qui nous sont venues du fond de l'Asie préhistorique. L'humanité a donc eu, réellement, des révélateurs qui l'ont initiée aux vérités suprêmes, des sauveurs qui sont venus l'assister dans ses jours de défaillance — hommes eux-mêmes, créatures de Dieu, comme nous, mais supérieurs aux âmes parmi lesquelles ils descendaient, comme l'adulte est supérieur aux enfants qu'il éclaire.

« La faiblesse intellectuelle et morale de leurs disciples a pu voiler la lumière qu'ils avaient apportée, mais non l'éteindre. Sous les fables dont l'humaine puérilité envé-

(1) E. Nus, *les Grands Mystères*.

loppa la parole de vie, l'intelligence agrandie se retrouve et dégage le texte divin.

« Quelques phrases des plus vieux livres du monde nous ont apporté des lueurs qui brillaient à l'aurore de l'humanité et qui, encore aujourd'hui, dépassent l'entendement vulgaire. Elles n'ont pu être trouvées par ces hommes enfants qui les ont écrites... sous la dictée de quelle intelligence? Elles doivent être venues de plus haut que la terre. »

Quoi qu'il en soit, c'est des Aryas que nous est venue la lumière. Aux plus hautes origines d'un passé nuageux et lointain, qui donc leur a fait connaître à ces bergers simples et purs, mais ignorants, ce qu'ils savaient, ce qu'ils pressentaient tout au moins? Sans doute, ils étaient attirés vers l'infini par les larges horizons de leurs plaines et de leurs montagnes. Ils passaient de longues heures à regarder l'immensité d'azur qui s'étendait sur leurs têtes, à observer la marche des constellations et se préparaient à comprendre Dieu par la contemplation du ciel. A peine séparés de la nature, ils lui parlaient et entendaient sa voix. Cette grande mère, à laquelle ils tenaient encore par leurs artères, leur apparaissait comme vivante et animée (1). Mais qui donc a pu leur révéler l'Être des êtres, « celui, ainsi que s'expriment les Védas, dont est
« émané le fleuve de la vie, principe et racine, cause pro-
« ductrice de la nature, maître de la vie et régulateur des
« mondes, de qui tout vient, en qui tout subsiste et à
« qui tout retourne ? »

Qui leur fit entrevoir les mystères de l'évolution, l'existence de cette substance diffuse qui remplit les espaces

---

(1) Renan, *les Religions de l'antiquité*.

et dont la condensation crée les soleils et les terres, — cette succession des existences, cet enchaînement des êtres et cette unité de la création, enfin, bases de l'immortalité rationnelle qui deviendra l'inaltérable *credo* des futures humanités?

Sans doute, ces grandes notions ne tardèrent pas à s'effacer de l'esprit humain et disparurent sous un monceau de fables invraisemblables et grotesques. Il faut, aux peuples enfants, des contes de fées dont l'extravagance constitue tout le charme. L'imagination seule crée pour ces êtres primitifs, qui n'ont ni raison ni savoir, une sorte de vie morale sans laquelle leur cerveau ne fonctionnerait pas. Pour être acceptés par les races grossières, les initiateurs furent donc obligés d'envelopper d'images plus ou moins transparentes les vérités qu'ils voulaient enseigner. Et c'est pourquoi les premières légendes furent des symboles dont le sens caché demeura confiné dans les cryptes des initiés.

Puis voilà que le sens symbolique se perdit à son tour. L'esprit des apôtres primitifs s'était éteint. Quelques hommes intelligents, mais ambitieux, s'étaient enveloppés d'un prestige devant lequel s'inclinèrent les foules. La caste fut reconnue et consacrée. Le sacerdoce se matérialisa comme le vulgaire et ne discerna plus l'esprit sous la lettre, la pensée sous la forme. La fantaisie inventa des dogmes; l'hallucination créa des dieux.

« Mais l'esprit humain montait malgré tout. Des raisons plus lucides, des consciences plus saines se dégageaient peu à peu de ces ténèbres. Pour la multitude même, au milieu du désordre, quelques vérités restaient acquises.

« Et quand la réaction se faisait contre ces chimères;

quand le doute envahissait les âmes ; quand le peuple commençait à railler ses divinités mensongères et que deux augures ne pouvaient plus se regarder sans rire ; quand enfin l'humanité éperdue cherchait à l'horizon une lueur nouvelle -- la lueur, alors, réapparaissait. » (Eugène Nus.)

Ce sont ces lueurs intermittentes dont nous cherchons les traces, à travers les temps et à travers les peuples.

Après l'Asie, voici l'Egypte.

Voici l'Egypte grandiose, austère, mystérieuse, terre des sphinx -- sphinx elle-même. Et c'est aussi cette terre funèbre qui va nous initier aux mystères d'outre-tombe.

Oui, le voilà bien, le pays de la mort, avec ses innombrables sépultures, ses nécropoles, ses momies. On ne voit que des tombeaux d'un bout à l'autre de l'Egypte. Ici ses pyramides, ces « montagnes de douleurs » comme les appelle Michelet, où l'on ensevelissait ses rois ; là-bas, ses nécropoles immenses creusées dans les roches dures des chaînes arabiques qu'un travail éternel changeait en ruches funéraires. Que de vies humaines, que de douleurs et de larmes dans l'entassement de ces mausolées gigantesques, dans le percement de ces souterrains, véritables villes sépulcrales !

Toutefois, que l'on ne s'y trompe point. Ce culte permanent de la mort n'était, en réalité, que la contre-partie du culte de la vie. C'était pour arracher à la mort tout ce que l'on pouvait, qu'un peuple entier, pendant une longue série de siècles, ne s'est proposé d'autre but que d'assurer aux trépassés la seconde vie du sépulcre.

La vallée du Nil est une terre à double face. Si avec ses pylônes, ses sphinx, ses innombrables pierres à inscriptions symboliques, ses mausolées couverts d'hiéroglyphes et ses temples qui ressemblent à des tombeaux gigantesques, elle nous apparait, à nous, comme un long papyrus mortuaire, d'autre part elle est pour l'Africain du désert la terre désaltérée, la luxuriante épouse du Nil qui la féconde de ses eaux, l'engraisse de son limon périodiquement épandu.

Voilà sous quel double aspect apparait cette terre à nulle autre pareille. Tandis que l'Europe en admire les austères grandeurs, l'Afrique assoiffée ne voit que les eaux de la puissante nourricière, si bien que, suivant la pittoresque image de Michelet, « on la rêverait volontiers comme un immense sphinx femelle, de la longueur du Nil, une nourrice colossale, en deuil, qui montre sa face lugubre aux peuples blancs, tandis que devant sa mamelle et sa croupe opulente le noir se tient agenouillé. »

Que l'Egypte soit l'héritière directe des doctrines de l'Inde ou qu'elle les possédât, déjà, dès la plus haute antiquité, il n'en est pas moins vrai que la grande voix primitive de la haute Asie a trouvé un écho dans la mystérieuse terre des Pharaons (1).

(1) Ce que l'on ne saurait à coup sûr contester, c'est la prodigieuse antiquité de la première civilisation égyptienne qui remonte à l'antique race rouge, la première du monde. Dans une inscription de la quatrième dynastie, il est parlé du sphinx colossal de Giseh comme d'un monument dont l'origine s'était perdue déjà

C'est à tort que nombre d'historiens ont cru pouvoir assimiler ces Pharaons d'Egypte aux despotes de Ninive et de Babylone. Alors qu'en Assyrie la royauté s'efforça d'écraser le sacerdoce et de s'en faire un instrument docile, en Egypte, tout au contraire, ce fut le sacerdoce qui disciplina la royauté, chassant les despotes et gouvernant la nation sans abdiquer jamais, et cela, grâce à son occulte et puissante organisation.

C'est par son « ossature religieuse et scientifique » que l'Egypte devint l'axe autour duquel évolua la pensée religieuse de l'humanité, en passant d'Asie en Europe. C'est dans le temple d'Osiris qu'elle conserva intacte la science divine et tous les mystères de l'initiation. C'est là que fut élaborée la fameuse doctrine du Verbe-Lumière, que Moïse enfermera dans son arche d'or et dont le Christ deviendra, plus tard, la vivante incarnation.

Le sphinx, première création allégorique de l'Egypte, est devenu sa marque distinctive, le symbole de sa quadruple signification, l'image de la nature calme en sa force, redoutable dans son mystère. Cette tête de femme sur un corps de taureau, aux griffes de lion et qui replie ses ailes d'aigle sur les flancs de sa fécondité, c'est l'Isis terrestre dans la synthèse de ses vies et qui résume, dans ce monstre symbolique, cette grande idée que la nature humaine émerge de la nature animale (1) (Ed. Schuré).

---

dans la nuit des temps et qui aurait été retrouvé, par hasard, enfoui dans les sables sous lesquels il était oublié depuis nombre de générations. Or, la quatrième dynastie nous reporte tout au moins à quatre mille ans avant Jésus-Christ. Qu'on juge par là de la prodigieuse antiquité du sphinx (Ed. Schuré).

(1) Ecoutons le sphinx ; lui-même se définit comme suit :

— Regarde-moi, dit-il, j'ai une tête humaine, dans laquelle

C'est dans les livres sacrés d'Hermès « le divin » que fut formulée et conservée la doctrine secrète. Il la pensa, il l'écrivit, la cacha en partie, se taisant avec sagesse et parlant toutefois. « Et ayant ordonné aux dieux ses frères de lui servir de cortège, il monta aux étoiles. »

Mais avant de remonter vers la lumière, il avait conversé avec l'Invisible, il avait eu une vision (1). — Et cette vision, la voici :

Un jour, Hermès s'endormit après avoir réfléchi à l'origine des choses. Une lourde torpeur s'empara de son corps ; mais son esprit montait dans l'espace.

Alors, il lui sembla qu'un être sans forme déterminée l'appelait par son nom.

— Qui es-tu ? demanda Hermès effrayé.

— Je suis l'Intelligence souveraine ; que désires-tu ?

— Contempler la source des êtres, connaître Dieu.

siège la science, mais la science seule ne suffit pas, et c'est pourquoi j'ai des griffes de lion ; je suis armé pour l'action. Mais ces pattes ne sont aussi solides que parce qu'elles sont greffées sur mes flancs de taureau. Je poursuis mon but laborieusement, avec la patience du bœuf qui trace son sillon. Et quand m'arrive quelque défaillance, j'agite mes ailes d'aigle, je m'élance dans le domaine de l'intuition, je scrute les secrets de la vie universelle, puis je reprends mon œuvre en silence — science, force, patience, idéalité, voilà ce que je suis, moi le sphinx, moi l'Egypte.

(1) Cette vision n'a été écrite sur aucun papyrus. Elle fut gravée, en signes symboliques, sur les stèles de la crypte du temple d'Osiris. De pontife en pontife, l'explication en était transmise oralement, et c'était sur la plate-forme du temple, dans les tièdes splendeurs des nuits égyptiennes, que l'hiérophante la répétait aux initiés qu'il y conduisait à la fin de la dernière épreuve (Ed. Schuré).

Aussitôt, Hermès se sentit inondé d'une lumière ineffable où flottaient des ombres transparentes...

Puis, soudain, des ténèbres descendirent sur lui.

Alors, s'éleva de l'abîme une voix, *le cri de la lumière*, et des profondeurs humides s'élança un feu subtil qui, soulevant Hermès, l'emporta dans les hauteurs éthérées. Des chœurs d'astres s'épandaient dans l'espace et *la voix de la lumière* remplissait l'infini.

— As-tu compris ce que tu as vu ? demanda la voix.

— Non, répondit Hermès.

— Tu vas l'apprendre. La lumière que tu as vue, tout d'abord, c'est l'intelligence divine qui renferme toute chose en puissance. Les ténèbres, c'est le monde matériel où vivent les hommes de la terre. Et le feu que tu as vu jaillir des profondeurs, c'est le Verbe divin. — Dieu est le Père, le Verbe est le Fils, leur union, c'est la Vie.

— Fais-moi voir la vie des mondes, demanda Hermès, le chemin des âmes, d'où vient l'homme et où il retourne.

Alors Hermès vit un spectacle merveilleux. L'espace infini, le ciel étoilé l'enveloppait de toutes parts.

— Maître, demanda Hermès, comment s'accomplit le voyage des hommes à travers tous ces mondes ?

— Vois-tu, reprit la voix, cette semence lumineuse qui tombe des hauteurs éthérées ? Ce sont des « germes d'âmes ». Elles flottent comme des vapeurs légères, heureuses, mais ne connaissant pas leur bonheur. Et en tombant de sphère en sphère, elles revêtent des enveloppes toujours plus lourdes. Dans chaque incarnation, elles acquièrent des sens corporels conformes aux milieux qu'elles habitent.

A mesure qu'elles entrent en des corps plus épais, elles perdent le souvenir de leur céleste origine. De plus en plus enivrées par la matière, elles se précipitent, avec des frissons de volupté malsaine, à travers les régions de la douleur, de l'amour et de la mort, jusque dans la geôle terrestre où tu gémis toi-même et où la vie divine ne te semble qu'un vain rêve.

L'âme est fille du ciel, mais son voyage est une épreuve.

Vois cet essaim d'âmes qui essaient de remonter vers les régions éthérées. Les unes sont rabattues vers la terre, comme des tourbillons d'oiseaux que chasse la tempête. Les autres, à grands coups d'ailes, atteignent la sphère supérieure. Elles recouvrent le sens des choses et deviennent lumineuses, car elles possèdent le divin en elles-mêmes. Les âmes les plus pures, éparpillées dans les sphères comme des gerbes d'étincelles, remontent jusqu'au Père, parmi les puissances, puissances elles-mêmes. Et là où tout finit, tout recommence éternellement.

Et Hermès entendit le chœur des sphères qui disaient ensemble : Sagesse ! Amour ! Justice ! Splendeur ! Science ! Immortalité !

Voilà quelle fut la vision d'Hermès.

C'est dans cette vision, ce rêve, cette révélation... et qui, à coup sûr, vaut bien les visions d'Ézéchiel ou celles de l'Apocalypse, que fut puisée la doctrine qui, sur les pas des peuplades émigrantes, se répandit sur toutes les plages de la Méditerranée, fut acceptée par les diverses civilisations et que modifia chaque peuple, suivant son caractère, ses mœurs et ses aptitudes.

C'est ainsi qu'elle devint monothéiste en Judée et polythéiste en Grèce, sans que l'économie fondamentale en ait été foncièrement altérée.

Après les invasions dont les tempêtes se déchaînèrent sur l'Egypte, l'école d'Alexandrie en recueillit quelques parcelles dont hérita le christianisme naissant, tandis que, d'autre part, les initiés échappés de la terre des Pharaons dévastée firent pénétrer dans l'Hellade les principes fondamentaux de la doctrine hermétique.

Toujours est-il que, malgré la confusion inextricable d'empires fondés par les uns, renversés par les autres, conquis, perdus, reconquis, de cultes rivaux qui s'imposent ou se défendent, de races ennemies qui s'oppriment et s'égorgent tour à tour, que malgré ces tueries sauvages et ces torrents de sang que fit couler pendant des siècles la mêlée des peuples forcenés — toujours est-il que les mêmes doctrines, ou peu s'en faut, furent enseignées au fond de tous les sanctuaires.

Les symboles se ressemblent chez tous les peuples, les légendes se répètent, les dogmes se copient. L'Inde a comme l'Egypte, la Chaldée et la Judée, son Noé qui repeuple la terre après le déluge. Comme le Noé de la Bible, le Noé des Brahmanes, Satyaurata, a trois fils. Après la sortie de l'arche — car il y a aussi une arche là-bas — il boit du mead (liqueur de riz), s'enivre et s'endort nu. Son fils Charma — vous pourriez prononcer Cham — se moque et appelle en riant ses frères qui s'indignent et couvrent de leurs vêtements leur père en rupture des plus élémentaires bienséances. Au réveil, Noé-Satyaurata, étant informé des faits, maudit de tout cœur le fils irrévérencieux : « Tu seras, lui dit-il, le serviteur des serviteurs de tes frères. »

L'histoire d'Adam et d'Eve, y compris la tentation du serpent, se retrouvent mot pour mot dans les fables orientales. Ce ne sont pas seulement les doctrines et les légendes, mais encore les mêmes usages qui se retrouvent en tous pays. Tout indique qu'un courant traditionnel tout à la fois intellectuel et moral est descendu des hauts plateaux de l'Asie et s'est répandu sur toute la terre habitée, modelant les intelligences, identifiant les points de vue et façonnant les civilisations.

Encore est-il heureux qu'au milieu d'extravagances puériles se soient répandues certaines idées préservatrices, transmis certains pressentiments dont l'universalité présente un caractère étrange et exceptionnel.

C'est ainsi qu'à la base de toutes les religions connues, pour aussi informes qu'elles soient, se retrouve le dogme fondamental de l'Etre infini d'où procèdent les êtres.

— De Brahm, vient l'œuf du monde, dit l'Indien.

— De Knef, vient l'œuf du monde et l'univers, répète l'Egyptien.

— L'Eternel a créé Ormuzd et Ahriman, proclament les mages.

— L'Etre incréé a créé tout, disent, chacune en sa langue, Babylone, Tyr et Sidon.

— C'est d'Esus que coule la vie, affirment les Druides, dans leurs forêts de chênes.

— Jupiter est le principe et le régulateur du monde, disent les vieux poètes grecs, se faisant l'écho des doctrines orphiques.

Mais n'anticipons point. Quittons l'Orient et passons en Europe.

Voici la Grèce. Sur les flots bleus de l'une des plus belles mers qui soient au monde, elle étale ses promontoires et ses golfes déchiquetés, semblables aux découpures d'une gigantesque feuille de mûrier (Morée), et de ses côtes ciselées, aux îles innombrables qui l'enguirlandent de leurs récifs, vont et viennent les vagues qui les battent harmonieusement de leurs remous, les frangent de leur écume d'argent.

Que n'a-t-on pas dit de ce pays de la beauté, de sa mer et de son ciel qui mêlent leur azur, de ses montagnes de marbre sculpté que l'aurore teinte de rose, que le crépuscule drape de velours violet?

C'est sous l'inspiration de cette nature incomparable que s'est formé le génie de la race hellénique, souple, ondoyante, éloquente, artiste sans rivale et dont l'imagination créatrice sut si bien illustrer cette terre que la nature avait déjà faite si belle. Tout y était spectacle, et le regard, enivré de sa lumière élyséenne, flottait, s'égarait de la mer aux montagnes, du peuple de blanches statues qui remplissait les villes, aux lignes fières de l'Acropole ou à la colonnade du Parthénon.

La Grèce était habitée, depuis des milliers d'années, par une population de race blanche voisine des Gètes, des Scythes et des Celtes primitifs. Cette race issue de mélanges multiples formait comme la résultante de toutes les civilisations antérieures. Des colonies venues de l'Inde, de l'Egypte, de la Phénicie, lui avaient apporté leurs idiomes, leurs coutumes, leurs innombrables divinités. De tous ces croisements était sorti un peuple affiné, compréhensif dont la langue harmonieuse imitait toutes les voix de la nature, depuis le gazouillement des oiseaux, jusqu'au murmure des vagues se brisant aux rivages. C'est en cette langue souple et claire, et sous l'inspiration de son génie lumineux, que la Grèce sut traduire les beautés et les mystères parfois obscurs de la doctrine orientale. Orphée, Homère, c'est-à-dire la musique et la poésie, chantèrent à la terre ravie des strophes de l'harmonie divine dont s'enivra l'âme de l'Hellade (1).

Cette âme n'a pas été généralement comprise. La plupart des historiens n'ont vu que la Grèce extérieure, sous les rayons éclatants de son soleil, une Grèce dont le casque empanaché étincelait dans la poussière de ses fêtes, de ses jeux héroïques ou de ses champs de bataille.

Certes, ils sont sublimes, ils sont immortels et sonnent comme une fanfare, les noms prestigieux de Marathon, des Thermopyles, de Salamine, de Platée ou de Mycale; mais c'est aussi dans ses temples qu'il faut aller chercher l'âme de l'Hellade religieuse, dans les sanctuaires de Jupiter à Olympie, de Junon à Argos, de Cérès à Eleusis, d'Apollon à Delphes et de Minerve à Athènes.

« Cérès et Proserpine, lisons-nous dans Michelet (2) (qui lui, non plus, n'a pas compris suffisamment la Grèce des sanctuaires, ne s'occupant presque toujours que des fantaisies exotériques de sa mythologie), Cérès et Proserpine, la terre d'en haut et la terre d'en bas, étaient fort redoutées. Sans l'une on ne vit pas et l'autre tôt ou tard

---

(1) La Grèce si petite a fait plus que tous les empires. Avec ses œuvres immortelles, elle a donné l'art qui les fit, l'art surtout de création, d'éducation, qui fait les hommes.

Elle est (c'est son grand nom) le *peuple éducateur* (Michelet).

(2) *Bible de l'Humanité.*

nous reçoit au royaume sombre. La guerre, l'invasion, qui ne respectent rien, s'arrêtaient devant leurs autels. On les constitua les gardiennes de la paix. Elles eurent nombre de sanctuaires, dans la pélasgique Dodone, dans la mystérieuse Samothrace où elles s'adjoignaient aux génies du feu, dans la volcanique Sicile, et spécialement au grand passage qui ouvrait ou fermait la Grèce, au défilé des Thermopyles. D'Eleusis, elles couvraient l'Attique. »

Qu'il est restreint, dit M. Ed. Schuré, le nombre de ceux qui ont compris la grandeur et la majesté de cette figure d'Orphée, chez lequel on s'obstine à ne voir que le « troubadour » de la Grèce, l'homme à la lyre, apprivoisant de ses mélodies magiques les lions et les panthères des forêts.

Ecoutez-le, alors qu'il raconte, à l'un de ses disciples de Delphes, la mort de sa chère Eurydice :

« ... Après avoir vu ce que nulle bouche ne doit répéter, je remontai dans la grotte sacrée de Trophonius où je tombai dans une léthargie profonde. Pendant ce sommeil, m'apparut Eurydice. Elle flottait dans un nimbe pâle, comme un rayon lunaire, et me dit : « Pour moi, tu as bravé l'enfer, tu m'as cherchée chez les morts. Me voici ; je viens à ta voix. Je n'habite pas le sein de la terre, j'erre dans l'espace, en pleurant comme toi. Si tu veux me délivrer, sauve la Grèce, en lui donnant la lumière. Alors, moi-même retrouvant mes ailes, je monterai vers les astres et tu me retrouveras dans la lumière des dieux. Jusque-là, il me faut errer dans la sphère trouble et douloureuse. »

Je voulus la saisir, mais elle s'évanouit comme une ombre. J'entendis seulement comme la vibration d'une corde qui se brise ; puis une voix faible comme un souffle, triste comme un baiser d'adieu, murmura : — Orphée !

A cette voix, je m'éveillai. Ce nom prononcé par une âme avait changé mon être. Je sentis passer en moi le frisson sacré d'un immense désir et le pouvoir d'un amour surhumain. Eurydice vivante m'eût donné l'ivresse du bonheur ; Eurydice morte me fit trouver la vérité. C'est par amour que j'ai revêtu l'habit de lin et me suis voué à la grande initiation de la vie ascétique. C'est par amour que j'ai cherché la science divine, que j'ai traversé les cavernes de Samothrace, les puits des Pyramides et les tombeaux de l'Egypte. J'ai fouillé la mort pour y chercher la vie, et par delà la vie j'ai vu les limbes, les sphères lumineuses, l'Ether des dieux. La terre m'a ouvert ses abîmes, le ciel ses portiques flamboyants. J'ai arraché la science cachée sous les momies. Les prêtres d'Isis et d'Osiris m'ont livré leurs secrets. Ils n'avaient que ces dieux, moi j'avais Erôs. Par lui, j'ai épelé le verbe d'Hermès et le verbe de Zoroastre.

Mais l'heure est venue de confirmer ma mission par ma mort. Encore une fois, il me faut descendre aux enfers pour remonter au ciel (Poèmes orphiques) (1).

La lyre d'Orphée, cette « voix des temples inspirés », a-t-elle jamais rendu des sons plus déchirants et plus profonds ? Ne sont-ce pas des accords mourants que l'on croit entendre, en lisant cette page mélancolique, si tendre et de si haute inspiration religieuse ?

(1) *Les Grands Initiés*.

Parmi les philosophes grecs, au-dessus de Socrate, au-dessus de Platon et combien plus haut qu'Aristote, rayonne la grande figure de Pythagore, maître en toutes sciences de l'époque : mathématiques, médecine, physiologie. Ce fut bien autre chose en astronomie. Il dépassa à un tel point son siècle et l'antiquité elle-même, que son système, ébauche grandiose de ceux de Copernic et de Galilée, anticipa de deux mille ans sur les découvertes de la science moderne.

Avant tout autre, il déclara que la terre tourne sur elle-même, en même temps qu'elle gravite autour du soleil, que c'est à cet astre que la lune emprunte sa lumière, que les étoiles sont des soleils, centres de systèmes planétaires dont il reconnut l'habitabilité ; notions exactes sur la nature des comètes et les phénomènes des éclipses — telles furent les conquêtes de ce prodigieux génie.

Grand initié des temples d'Egypte et de Babylone, il sut par son intelligence souveraine, créatrice et ordonnatrice, comprendre mieux que tout autre l'âme de la Grèce et lui appliquer la pensée religieuse un peu flottante de ses devanciers.

Pythagore fut le maître de la Grèce laïque, comme Orphée avait été le maître de la Grèce sacerdotale. Ce fut lui qui, secondé, plus tard, par Socrate et Platon, ses héritiers intellectuels, élargit la sphère d'action des doctrines secrètes. Il coordonna les inspirations orphiques en un système qu'il entoura de preuves scientifiques, et c'est avec une brûlante ardeur de propagande qu'il en vulgarisa les principes fondamentaux d'un bout à l'autre du monde antique.

C'est dans la colonie dorienne de Crotone, voisine de

Sybaris, que Pythagore fonda un institut pour l'initiation laïque de la jeunesse, avec l'arrière-pensée de transformer peu à peu l'organisation politique des villes grecques du golfe de Tarente.

C'est là que s'accomplit la grande œuvre de Pythagore.

« Elle brillait sur la colline, parmi les cyprès et les oliviers, la blanche demeure des frères initiés. D'en bas, du rivage, on apercevait ses portiques, ses jardins, son gymnase. D'en haut, de la terrasse supérieure, l'on dominait la ville avec son Prytanée, sa place publique, son port, tandis qu'au loin s'étalait le golfe enchâssé dans ses roches brunes comme dans une coupe d'agate et que la mer Ionienne fermait l'horizon de sa ligne d'azur ». (1)

Et c'est là, sur cette merveilleuse terre d'Italie qui rappelait toutes les splendeurs de la Grèce, que Pythagore initiait à sa doctrine des théories de jeunes femmes et des groupes d'éphèbes qui, chaque jour, allaient accomplir leurs rites, les unes au temple de Cérès, les autres au temple d'Apollon.

Le maître leur enseignait que l'homme a reçu de Dieu sa partie invisible, immortelle, active qui s'appelle *l'esprit*, en même temps que sa partie visible, périssable, passive qui s'appelle *le corps* et que ces deux éléments sont rattachés, l'un à l'autre, par un troisième élément intermédiaire issu du fluide cosmique ou éther et qui n'est autre chose que *l'âme*, sorte de corps éthéré que l'esprit se « tisse », se confectionne lui-même.

Quand survient la mort, le corps retourne à la terre,

(1) *Les Grands Initiés.*

tandis que l'esprit et l'âme, indissolublement liés, s'élèvent vers les sphères divines. Mais cette ascension de l'âme qui constitue le drame grandiose de la vie n'a qu'un mode de réalisation : la « transmigration des âmes ».

Cette doctrine généralement connue — disons plutôt méconnue — sous le nom de « métempsycose » est la partie de la doctrine occulte qu'ont le plus outrageusement travestie les littérateurs et les philosophes, aussi bien dans l'antiquité que dans notre âge moderne, où semblent vouloir rivaliser d'incapacité le scepticisme systématique et l'inaptitude à comprendre les notions spiritualistes les plus accessibles.

Ce qu'enseignait Pythagore et ce qui constitue le fondement même des traditions ésotériques, c'est la doctrine de la vie ascensionnelle de l'âme, à travers une série d'existences successives que rattache les unes aux autres la poursuite d'un but unique : l'épuration et le perfectionnement de l'individualité humaine.

Ce que racontait donc Pythagore à ses jeunes initiés, c'était l'histoire céleste de *Psyché*, — nom que les Grecs donnaient à l'âme.

Psyché est une parcelle individualisée de la grande âme du monde, une étincelle du foyer divin. Pour arriver à la situation qu'elle occupe en ce monde, il a fallu qu'elle traversât tous les règnes de la nature, qu'elle gravît toute l'échelle des êtres. Tout d'abord, force aveugle, étincelle endormie dans le minéral, puis individualisée dans le végétal, puis galvanisée par l'instinct, puis rendue efficiente par la sensibilité et enfin réveillée par l'intelligence de l'animal et de l'homme, elle finit par arriver à la lucidité consciente de soi, terme définitif de cette longue et lente élaboration.

A son origine donc, l'inconsciente Psyché n'a été qu'un souffle qui passe, qu'un germe qui flotte, qu'un faible oiseau battu des vents qui émigre d'existence en existence... et la voilà cependant qui, à l'heure ineffable de la résurrection — après des millions d'années, peut-être ; mais qu'importe ? — est devenue la fille de Dieu et ne reconnaît plus d'autre patrie que le ciel. Et c'est pourquoi la poésie grecque, d'un symbolisme si profond, a comparé l'âme à l'insecte ailé, tantôt ver infime et tantôt papillon céleste. Combien de fois a-t-elle été chrysalide avant l'éclosion libératrice ? Elle ne le saura jamais, peut-être ; mais ce qu'elle sait, ce qu'elle sent, c'est qu'elle a des ailes !

« L'homme renaît, tout est dans ce mot.

Nous étions les générations du passé, nous serons les générations de l'avenir. Nous récoltons ce que nous avons semé autrefois ; ce que nous semons aujourd'hui, nous le récolterons plus tard. — Si la justice n'est pas là, qu'on me dise alors où il faut la chercher.

L'homme renaît, augmenté par son courage, ennobli par sa constance, élaboré par ses douleurs. La mort n'est pas, ce n'est qu'un mot. Chaque existence est une étape sur le chemin de la perfection. Il y a des traînards sur ce chemin, il y a même des déserteurs ; mais tôt ou tard, les premiers arrivent et les seconds reviennent.

L'âme humaine peut descendre et reculer ; mais elle ne saurait abdiquer. Elle peut oblitérer sa conscience, abrutir sa raison, amoindrir sa liberté, redescendre peut-être, par une série de lamentables dégradations, jusqu'à ces races semi-animales d'où l'homme a lentement émergé. Mais cet homme ne peut supprimer son principe. Il ne saurait perdre que ce qu'il a acquis par lui-même ; or, il ne peut reculer au delà du point d'où il est parti, car ce point ne lui appartient pas » (1).

Voilà ce que disent les philosophes modernes, après avoir médité sur ce que nous ont enseigné les théosophes anciens.

Ah ! c'est qu'il nous importe à tous de savoir ce qu'a été le vertigineux passé de notre âme : or nous la connaissons, maintenant, la douloureuse et glorieuse histoire de Psyché, la divine.

C'est sa descente et sa captivité dans la chair, ses souffrances, ses luttes, son triomphe, sa réascension graduelle et son retour final à la lumière, c'est ce drame poignant de la vie qui était représenté dans les mystères d'Eleusis.

Doctrine toujours semblable à elle-même, malgré les modifications qu'y apportèrent les civilisations diverses, — la même en Grèce, la même en Egypte, la même dans l'Inde, — et qu'on peut résumer en trois lignes : Juste appréciation de la mort et de sa véritable nature ; connaissance des vies successives ; communications révélées entre les vivants et les habitants de l'Au delà.

C'est en cela que consistent les dogmes des mystères ésotériques que Sophocle appelait « les espérances de la mort » et telle fut la doctrine pythagoricienne dont Socrate et Platon se firent les interprètes en Attique, mais bien plus timidement que ne l'avait fait le maître. Socrate ne se fit pas initier. Platon fit un voyage en Egypte, fut admis aux mystères et puis il revint en Grèce, où il fonda son académie. Mais en qualité d'initié, il crut devoir garder une certaine réserve, réserve telle que,

---

(1) *Les Grands Mystères*.

dans son système philosophique, la grande doctrine demeure singulièrement obscure et voilée (1).

Quant à Rome, elle eut comme adeptes plus ou moins déclarés, plus ou moins éclairés surtout, Cicéron, Ovide, Virgile, Tacite, qui dans leurs œuvres parlent fréquemment de songes, d'apparitions et d'évocations de morts.

Mais nous avons encore d'autres voix à entendre.

Les siècles ont passé. Un peu avant notre ère, dit M. Léon Denis (2), en même temps que la puissance romaine monte et s'étend, on voit la doctrine secrète reculer et perdre de son autorité. Les vrais initiés se font rares. La pensée se matérialise. L'Inde est endormie dans son rêve ; la lampe des sanctuaires égyptiens s'est pour toujours éteinte ; la Grèce livrée aux rhéteurs et aux sophistes insulte les sages, proscrit les philosophes et profane les mystères. Les oracles sont muets; la superstition, l'idolâtrie et la luxure ont envahi les temples et l'orgie romaine se déchaîne sur le monde avec ses saturnales et leur bestiale ivresse. Du haut du Capitole, la louve repue domine peuples et rois. César empereur et dieu trône dans une apothéose sanglante.

Et ailleurs et partout, quel désordre dans le chaos des agglomérations humaines, véritables troupeaux affolés, enivrés de haines et de colères. Chaque peuple avait ses

(1) Ce qu'Orphée a révélé par d'obscures allégories, dit Proclus, Pythagore l'enseigna ouvertement après avoir été initié aux mystères orphiques et Platon en eut pleine et entière connaissance par les écrits orphiques et pythagoriciens.

(2) *Après la mort.*

dieux représentant ses désirs et ses passions, incarnant ses instincts, résumant ses puissances mauvaises. Ces religions partielles plus ou moins barbares avaient groupé des races, créé des nationalités, établi des empires. Et tous ces groupes, serrés autour de leurs prêtres fanatiques, se ruaient les uns sur les autres au nom de leurs dieux plus féroces encore que leurs adorateurs. Combien de fois ne vit-on pas dans le sein même d'une nation des sectes rivales, divisées par d'ineptes arguties, noyer dans le sang leurs inconscientes et stupides fureurs ?

Et c'est alors que naquit le Christ, dès longtemps annoncé, tout au moins pressenti, par les anciens prophètes (1).

Mélange de mazdéisme, de brahmanisme, de bouddhisme et de l'idéalisme de Platon, la grande religion occidentale est presque exclusivement aryenne. Outre les emprunts faits à l'Inde antique, nous avons pris au bouddhisme son cérémonial, ses ornements, ses couvents de moines et de nonnes.

Le Zend-Avesta nous a donné son paradis, son enfer, son prince des ténèbres, sa liturgie et ses anges gardiens. Les platoniciens ont fourni l'évangile de saint Jean, quintessence de la métaphysique chrétienne. Si l'on restitue d'autre part à la Perse la chute adamique d'où est née l'idée du rédempteur, il ne reste guère à l'actif de la Judée que le Dieu des psaumes funèbres et l'esprit d'intolérance et de fanatisme inculqué à l'Église de saint Pierre. (Eugène Nus.)

Aussi, a-t-on pu dire que l'ésotérisme coule à pleins

---

(1) Esaïe, LI, 1 à 5 ; LIII, 2 à 8.

bords dans l'économie chrétienne tout entière ; mais combien voilé sous les paraboles, dissimulé ou incompris par les traducteurs, défiguré surtout par les traditions ecclésiastiques.

Essayons de soulever un peu ce voile (1).

Jehoshoua, que nous appelons Jésus, de son nom hellénisé Ἰησοῦς, naquit à Nazareth. Il était fils de Myriam, que nous appelons Marie, femme du charpentier Joseph, une Galiléenne de noble souche et affiliée aux Esséniens.

La légende a enveloppé la naissance de Jésus d'un tissu de merveilles. Tâchons de dégager le sens ésotérique de la tradition juive mêlée à la légende chrétienne.

L'action providentielle qui préside à la naissance de chaque homme est plus visible à la naissance des hommes de génie dont l'apparition ne s'explique nullement par la seule loi de l'atavisme physique. Elle atteint sa plus grande intensité, lorsqu'il s'agit de l'un de ces divins prophètes destinés à changer la face du monde. L'âme élue pour une mission divine vient librement, consciemment, sur la terre ; mais pour qu'elle y entre en scène, il lui faut un vase d'élection, l'appel d'une mère d'élite qui, par le désir de son âme et la pureté de sa vie, attire, incarne dans sa chair l'âme de celui qui est destiné à devenir, aux yeux des hommes, un « fils de Dieu ». — Tel est le sens profond que renferme l'antique symbole de la Vierge-mère. Le génie indou l'avait exprimé déjà dans la légende de Krishna ; mais les évangiles de Mathieu et de Luc l'ont rendu avec une simplicité, une poésie bien supérieures.

(1) Ed. Schuré, *les Grands Initiés*. — C'est à cet auteur que nous empruntons les appréciations suivantes sur la personne du Christ.

Jésus grandit dans le calme de la Galilée. Son âme inquiète et curieuse cherchait, s'informait, voulait comprendre. De la bouche de ses parents, il apprit à connaître les Écritures en même temps que lui fut révélée l'étrange destinée du peuple de Dieu, dans les fêtes périodiques de l'année, telle que celle des Tabernacles.

Cette vie mystique s'alliait chez l'adolescent à une remarquable lucidité des choses de la vie réelle. Luc nous le représente à l'âge de douze ans « croissant en force, en grâce et en sagesse ». La conscience religieuse fut chez lui chose innée, intime, indépendante du monde extérieur ; mais la conscience messianique ne pouvait s'éveiller qu'au choc des impressions du dehors et sous l'influence d'une initiation spéciale.

Cette initiation lui fut donnée par les Esséniens qui, dans la vie retirée qu'ils menaient sur les rives de la mer Morte, avaient conservé la tradition des prophètes et le secret de la pure doctrine. Ce groupe d'initiés se livrait à l'exercice de la médecine, mais, se proposant un but plus élevé, il enseignait à un petit nombre d'adeptes les lois qui régissent l'univers et ce qu'il savait des mystères de la vie. Le culte que ces hommes simples et purs rendaient à Dieu était tout spiritualiste. Ils professaient le dogme fondamental de la doctrine pythagoricienne, c'est-à-dire la préexistence de l'âme et la série de ses vies successives, conséquence et raison de son immortalité.

C'est au milieu d'eux et sous leur direction que Jésus consacra à son initiation les années de son adolescence, sur laquelle les évangiles ont gardé un silence singulier, mais significatif. Il étudia leurs dogmes et s'exerça à la thérapeutique occulte.

Les preuves de cette préparation spéciale ne ressortent-elles pas de ce fait qu'immédiatement après sa rencontre avec Jean-Baptiste il prit en quelque sorte possession de son ministère et entra en Galilée avec une doctrine arrêtée, l'assurance d'un prophète et la conscience apparente de sa mission messianique, autant de témoignages de la parfaite orientation de son esprit.

Dès lors, il accepta le rôle redoutable de son incomparable mission à laquelle l'avaient prédestiné les siècles. Il s'y était suffisamment préparé. Possesseur de ce don mystérieux de seconde vue qui, de tous temps, a caractérisé les initiateurs, il allait et venait dans les foules, sondant les cœurs, réveillant les consciences, dans ce sentiment d'amour ineffable qu'il éprouvait pour ses frères en humanité, et quand il disait à l'un d'eux : Suis-moi, l'homme interpellé le suivait, magnétisé par le profond regard du maitre, du doux Rabbi qu'accompagnait tout un peuple électrisé par sa seule présence. Il guérissait les malades par imposition des mains, par un commandement, parfois par un simple regard.

Et combien douces étaient les paroles qui sortaient de ses lèvres :

« Venez à moi, disait-il, vous tous qui êtes malheu-
« reux et troublés et je vous soulagerai, car mon joug
« est aisé et mon fardeau léger. »

Jamais paroles semblables n'avaient été entendues. Jamais homme, avant lui, n'avait parlé comme cet homme. De ses adeptes, il n'exigeait ni serment d'obéissance, ni profession de foi ; il ne demandait qu'une seule chose : qu'on l'aimât et qu'on crût en lui. Merveilleuse puissance de l'amour ; n'était-ce pas là véritablement l'évangile, c'est-à-dire la « bonne nouvelle » ouvrant des horizons inconnus à tous les déshérités de la terre?

Mais le voici sur la montagne. Ses futurs initiés l'entouraient en silence. Plus bas, le peuple recueilli, attentif, attendait ses paroles.

Que va-t-il dire, le nouveau docteur? Que va-t-il ordonner, commander? Les jeûnes, les macérations, les pénitences publiques, ordinaire appareil de toutes les religions impitoyables, figuraient immanquablement au programme de tous les conducteurs des peuples...

Eh bien, non. Nulle prescription semblable à celles des docteurs pharisaïques, ni pénitences, ni expiations. Singulière hardiesse, en ce temps où tout culte se manifestait au dehors, alors que lui, tout au contraire — dangereux novateur ! — plaçait l'invisible au-dessus du visible et résumait toute sa doctrine par le précepte suprême, injonction pénétrante et divine: « Aimez-vous les uns les autres. »

Et sur la montagne, il disait : « Heureux les pauvres
« d'esprit (c'est-à-dire les humbles de cœur), car le
« royaume des cieux est à eux. Heureux ceux qui pleu-
« rent, car ils seront consolés. Heureux ceux qui ont
« faim et soif de justice, car ils seront rassasiés. Heureux
« ceux qui ont le cœur pur, car ils verront Dieu. —
« Aimez-vous, aimez Dieu par-dessus toute chose. Vous
« êtes tous frères, vous êtes tous *un*. Dieu est le père
« commun en qui tout s'unifie. »

Verbe éternel, parole nouvelle, révélation suprême que nulle autre ne dépassera.

« Jamais, dit Renan, l'on n'a été moins prêtre que ne le fut Jésus, jamais plus ennemi des formes qui étouffent la religion, sous prétexte de la protéger. Par là, il a posé une pierre éternelle, inébranlable fondement de la religion en esprit. L'idée d'un culte fondé sur la pureté du cœur et sur la fraternité humaine faisait par lui son entrée dans le monde — idée tellement élevée que l'Église chrétienne devait sur ce point trahir complètement ses intentions.

C'est pourtant bien le royaume de l'esprit qu'il fondait, et ce qui restera éternellement de lui, c'est la doctrine de la liberté des âmes.

« Femme, dit-il à la Samaritaine, crois-moi, l'heure
« est venue où l'on n'adorera plus ni sur cette montagne,
« ni à Jérusalem ; mais où les vrais adorateurs adore-
« ront le Père, *en esprit et en vérité.* »

Le jour où il prononça cette parole, il fut vraiment fils de Dieu. Il dit, pour la première fois, le mot sur lequel reposera l'édifice de la religion éternelle. Il fonda le culte pur, sans date, sans patrie, celui que pratiqueront toutes les âmes élevées jusqu'à la fin des temps. Non seulement sa religion, ce jour-là, fut la bonne religion de l'humanité, ce fut la religion absolue, et si d'autres planètes ont des habitants doués de raison, leur religion ne peut différer de celle que Jésus a proclamée près du puits de Jacob. »

Voilà quel est le résumé de l'enseignement public de Jésus. Mais à côté de celui-là, destiné à la foule ignorante et matérialiste, il en avait un autre, parallèle, explicatif du premier, qui en montrait les dessous et qui révélait à ses disciples les vérités spiritualistes qu'il tenait de la tradition ésotérique des Esséniens, comme aussi de son expérience personnelle.

Cette tradition, dit M. Ed. Schuré, ayant été violemment étouffée par l'Eglise, à partir du second siècle, la plupart des théologiens ne connaissent plus la véritable portée des paroles du Christ, avec leur sens double, parfois triple, et n'en comprennent que le sens primaire ou littéral Pour ceux qui connaissent la doctrine des mystères dans l'Inde, l'Egypte et la Grèce, la pensée ésotérique du Christ anime non seulement ses moindres paroles, mais encore explique presque tous les actes de sa vie. Déjà visible dans les trois synoptiques (Mathieu, Marc et Luc), elle perce tout à fait dans l'évangile de Jean.

Parmi les nombreux exemples que l'on pourrait citer, le plus caractéristique est celui que nous fournit l'entretien de Jésus avec Nicodème, pharisien instruit et cherchant à s'éclairer, mais qui, craignant de se compromettre, demanda un entretien secret au jeune docteur galiléen. Celui-ci le lui ayant accordé, Nicodème arriva la nuit. — Maître, lui dit-il dans un exorde quelque peu insinuant, nous savons que tu es un docteur venu de la part de Dieu, car personne ne saurait faire les miracles que tu fais, si Dieu n'est avec lui.

On connaît la réponse du Christ, réponse quelque peu énigmatique pour qui n'était point initié.

— En vérité, en vérité, je te dis que si un homme *ne naît de nouveau*, il ne peut voir le royaume de Dieu.

Stupéfaction de Nicodème! — Est-il possible qu'un homme rentre dans le sein de sa mère et naisse une seconde fois ?

— En vérité, répète Jésus, sans s'expliquer davantage, je te dis que si un homme ne naît *d'eau et d'esprit*, il ne peut entrer dans le royaume de Dieu. Ce qui est né de la chair est chair, mais ce qui est né de l'esprit est esprit.

Le vent souffle où il veut et tu en entends le bruit ; mais tu ne sais ni d'où il vient, ni où il va.

La voilà, la doctrine ésotérique. Jésus résume sous une forme symbolique l'antique doctrine de la régénération déjà connue dans les mystères. Renaître par l'eau et par l'esprit, être baptisé d'eau et de feu, marquait deux degrés de l'initiation, deux étapes du développement spirituel de l'homme.

Mais ce qu'il ne dit pas, retenu sans doute par la prudence habituelle aux initiateurs qui ne révélaient l'entière vérité qu'à ceux qui pouvaient la comprendre, ce qu'il ne dit pas à Nicodème, c'est que l'évolution de la personnalité humaine ne peut s'effectuer que par une succession de vies terrestres et, par suite, de renaissances corporelles, en des corps nouveaux où l'âme réincarnée subit les conséquences de ses existences antérieures et prépare les conditions de sa destinée future.

Et quant à ce vent, ou esprit, qui souffle où il veut, est-ce autre chose que l'âme qui, à la veille d'une nouvelle incarnation, choisit un nouveau corps, un nouveau champ de travail, de luttes et de rénovations, sans que les hommes sachent *d'où elle vient ni où elle va.*

Nicodème comprit-il ? Non, assurément ; mais il s'en alla rêveur, frappé, ému peut-être. Il crut peut-être sentir ce vent de l'Esprit « qui souffle où il veut », car, bien qu'il continuât à vivre parmi les pharisiens, il demeura fidèle à Jésus et, au jour de sa mort, vint, avec Joseph d'Arimathie, l'ensevelir pieusement, suivant la coutume juive, c'est-à-dire en l'enveloppant dans un linceul avec de la myrrhe et de l'aloès.

Et combien d'autres passages révélateurs pour qui

sait les comprendre, viennent ouvrir de larges échappées sur cette doctrine ésotérique qui forme comme la trame des enseignements évangéliques.

« C'est à vous, dit Jésus à ses disciples qui l'interrogeaient sur ses paraboles, c'est à vous qu'a été révélé le mystère du royaume de Dieu ; mais pour ceux qui sont du dehors, tout se passe en paraboles et en similitudes. » (Marc, IV, 10 à 13, et Mathieu, XIII, 11 et 13.)

« Il y a plusieurs demeures dans la maison de mon Père. Je m'en vais vous préparer le lieu, puis je reviendrai et je vous retirerai à moi, afin que là où je serai, vous vous trouviez aussi. » (Jean, XIV, 2 et 3.)

Plus de parabole ici. C'est en termes à peine voilés qu'est faite une allusion au vaste ciel, la maison paternelle, avec les mondes innombrables que peuplent des légions infinies. C'est là que sont ces demeures, ces stations temporaires, où les âmes évoluent dans la longue série de leurs vies successives (1).

Quand les disciples lui demandent « pourquoi les scribes disent qu'il faut d'abord qu'Elie revienne », il leur répond : « Elie est déjà venu ; mais ils ne l'ont point reconnu. » Et ils comprennent que c'est de Jean-Baptiste qu'il veut parler. Ne le dit-il pas ailleurs en termes formels, alors qu'il déclare « qu'entre tous les enfants des femmes, il n'en est point de plus grand que Jean-Baptiste. Et si vous voulez le comprendre, il est lui-même Elie qui devait venir. Que celui qui a des oreilles pour entendre, entende. » (Mathieu, XI, 14 et 15.)

---

(1) C'est en ces termes précis qu'Origène commente ce passage. « Le seigneur fait allusion aux stations différentes que les âmes doivent occuper après qu'elles ont été dépouillées de leurs corps actuels et qu'elles en ont revêtu de nouveaux. »

Ailleurs encore : « Je vous enverrai le consolateur. J'aurais encore beaucoup de choses à vous dire, mais vous ne pourriez les comprendre présentement. Quand l'esprit de vérité sera venu, il vous enseignera toute chose. » (Jean, xvi, 12, 13.)

Il serait vraiment difficile de parler plus clairement, et c'est bien vainement que l'Eglise, avec son parti pris de défigurer, de travestir le sens profond de cette déclaration, feint de n'y voir que l'annonce du Saint-Esprit descendu à peine deux mois plus tard sur les apôtres. Etait-ce donc en quelques semaines que l'humanité aurait pu acquérir la faculté de comprendre des choses qui, cinquante jours auparavant, lui demeuraient incompréhensibles ? Non, ce n'est pas de cinquante jours qu'il s'agissait, mais de l'infinie durée de l'évolution humaine, au cours de laquelle nous seront envoyées, successivement, telles révélations qui seront jugées nécessaires, et n'est-ce pas dans la vision de ces lointaines perspectives que Jésus concluait par cette affirmation hardie : « Le ciel et la terre passeront, mais mes paroles ne passeront point. »

Telle fut cette figure du Christ, étrange, mystérieuse, à nulle autre pareille, si simple dans sa modestie, dans son humilité, quand il allait, suivi de ses disciples, par les chemins poudreux de la Galilée, qu'il causait avec les pêcheurs du lac de Génésareth ou s'asseyait à la table des péagers — et d'autre part, si grande, par le mélange de ses douleurs, de ses fragilités humaines, avec les hauteurs de ses aspirations divines et les prodigieux coups d'ailes qui le soulevaient jusqu'au ciel.

Lui-même, il s'appelait « Fils de l'homme » et il avait raison, car en descendant parmi nous, pour y accomplir son glorieux sacrifice, il est devenu fils de notre humanité.

Ses disciples l'appelaient « Fils de Dieu » et les deux noms étaient exacts, car il était bien la synthèse incarnée de l'humain et du divin combinés. Il était la vivante attache qui relie le ciel à la terre, le trait d'union qui rend solidaires le monde visible et le monde invisible. Dans son corps et dans son âme, par son amour et sa pitié pour tous les déshérités dont il comptait les larmes et les sanglots, il a assumé toutes les douleurs, toutes les amertumes et tous les dégoûts de la terre, alors surtout que s'étalaient devant lui les bassesses, les fourberies et les cruautés de l'égoïste nature humaine. Mais, quand levant, vers le ciel, sa face pâle d'ascète, il voyait les Esprits descendre vers lui, comme le firent Elie et Moïse, sur le Thabor, qu'il sentait, sur son front de prédestiné, le rayonnement de la lumière d'en haut — alors il reprenait courage et poursuivait sa voie douloureuse. Le Thabor le consolait de Gethsémani.

Que de douleurs ; mais aussi quel triomphe !

Incarnant en lui les hautes pensées des initiateurs qui l'avaient précédé, arrachant les doctrines secrètes aux cryptes sourdes et aux muets sanctuaires, il arrêta les générations qui roulaient aux abîmes, leur fit rebrousser chemin sur le stade de la vie, brisa les idoles des vieux temples et, se faisant une voix de toutes les voix du passé, cria aux hommes affolés qui, tête basse, adoraient des dieux féroces devant des autels ensanglantés : « Là-haut, c'est là-haut qu'il faut regarder et y aimer l'unique Dieu, le vrai, le saint, le juste — votre Père qui est aux cieux ! »

Puis il mourut.

Il mourut comme les justes, comme les martyrs, poursuivi par la haine imbécile, livré par les traîtrises et les lâchetés, conspué, avili, outragé par une foule qu'enivrait, sans qu'elle sût pourquoi, une inepte et sauvage fureur.

— A mort le Christ ; mais que Barabbas soit relâché !

Le Christ fut donc flagellé, torturé, crucifié.

— Mon Dieu, pardonne-leur !

Ce dernier cri d'amour est la fin de son œuvre, la consécration de sa doctrine, dit E. Nus (1). C'est son supplice qui a fait croire ; c'est du haut de son gibet qu'il resplendit. Les peuples ne l'auraient pas vu, s'il ne fût monté sur la croix. La semence qu'il avait jetée dans les âmes ne pouvait germer qu'arrosée de son sang. Mais ce sang précieux, ce n'est pas à Dieu qu'il l'a donné ; Dieu ne réclame pas de sang. — C'est l'homme qui en avait besoin ; c'est à l'homme qu'il l'a offert.

Et c'est pour cela qu'il devait mourir.

Mais le tombeau ne le retint point — pas plus du reste qu'il ne retient les autres qui y descendent. La chair seule y demeure, car le périssable ne peut revivre ; mais ce qui lui échappe, c'est le corps fluidique, éthéré, médiateur plastique, corporéité diaphane qui, du seuil du

(1) *Les Grands Mystères*.

sépulcre, s'élance et retourne vers sa patrie d'origine.

Et c'est après cette résurrection spirituelle que le Christ, en son corps glorifié, réapparut à diverses reprises, se montra à ses apôtres, à plus de cinq cents frères réunis ensemble et à Paul lui-même, sur le chemin de Damas (I, Corinthiens, xv, 5 à 8.)

Voilà ce que fut le Christ, « cet homme incomparable » comme l'appelle Renan ; « le plus grand des révélateurs » comme l'appelle Eugène Nus ; « le plus grand des Fils de Dieu (1) » comme l'appelle Ed. Schuré.

Après la mort de Jésus commence une nouvelle phase.

C'est par un communisme naïf que débuta la révolution morale préparée par le Galiléen crucifié. Ce fut la période enfantine de la nouvelle humanité. Qu'importe le lendemain ? Les oiseaux du ciel s'inquiètent-ils de leur nourriture ? Les lis de la vallée ne sont-ils pas mieux vêtus que les rois ? — Spiritualisme dangereux. L'homme ne vit pas seulement d'amour et de foi, mais de travail et de science. Jésus sachant quel sort attendait ses adeptes

(1) Une remarque est indispensable ici sur le sens symbolique de la légende et sur l'origine réelle de ceux qui, dans l'histoire, ont porté le nom de *fils de Dieu*. Selon la doctrine secrète de l'Inde, de l'Égypte et de la Grèce, l'âme humaine est fille du ciel, puisque, avant de naître sur la terre, elle a eu une série d'existences corporelles et spirituelles. Le père et la mère n'engendrent que le corps de l'enfant, puisque son âme vient d'ailleurs. C'est donc en toute vérité que l'on a pu dire des grands prophètes et initiateurs qu'ils étaient fils de Dieu. — (Ed. Schuré.)

les avait détachés de la vie sociale pour les préparer au martyre. Ses paroles si mal comprises : « Je suis venu pour diviser et non pour unir » font allusion à la lutte qui s'apprête, lutte qui séparera l'époux d'avec l'épouse et le fils d'avec le père. N'en est-il pas ainsi dans toutes les querelles qui passionnent l'humanité?

Et ces querelles ne se firent pas attendre, suivies de persécutions qui déchaînèrent toutes les rages du fanatisme d'un bout à l'autre de la Syrie. Les fidèles se dispersent et vont jeter au loin le grain de la bonne parole. Saul, devenu Paul, après sa conversion, va planter en pleine terre païenne les premiers jalons de l'Eglise universelle ; mais la lumière qu'il répand n'est déjà plus celle que fit resplendir le Christ. Ce n'est plus la doctrine de Jésus, mais bien plutôt « une doctrine sur Jésus », où apparaissent l'adoration mystique du fils *unique* de Dieu, ressuscité *dans sa chair*, la théorie monstrueuse de la grâce et de la prédestination qui ouvrirent, pour des siècles, les disputes scolastiques et firent couler tant de sang sur cette terre, où, suivant le désir du doux Révélateur, ne devaient fleurir que la paix, la concorde et l'amour, ne devaient mûrir sous le soleil de justice que des moissons bénies et des fruits de consolation.

A partir de ce jour, la fantaisie des fanatiques mêle son alliage à la parole de vérité. Les conciles compléteront l'œuvre des ténèbres. Les dogmes parasites et subversifs viendront ensevelir, sous leurs malsaines frondaisons, le tronc de l'arbre divin planté sur le Golgotha. Le clergé se substitue aux laïques. Le clergé représente l'esprit ; les laïques, la chair. Or, ne sait-on pas que la chair est méprisable, perverse et maudite de toute éternité ? Si les humbles entrent encore dans le royaume des cieux, ce sont les superbes, sous leur tiare, qui leur en ouvrent les portes. L'orgueil, l'égoïsme et l'ambition sont les vertus maîtresses des « représentants » d'un Dieu d'amour et de justice. Faisant aux autres ce qu'ils ne voudraient pas qu'on leur fît à eux-mêmes, les « ministres du Christ », à peine échappés aux fureurs du paganisme, prennent les anciens bourreaux à leurs gages et leur livrent de nouveaux martyrs arrachés des parvis de l'Église elle-même. — « Les bêtes féroces ne sont pas plus redoutables que les chrétiens ne le sont les uns aux autres, » disait l'empereur Julien, prince éclairé et philosophe, si maltraité dans les chroniques cléricales pour avoir abandonné le prétendu « christianisme » par dégoût de ses disputes et horreur de ses excès.

Pendant l'agonie de l'empire romain, le sacerdoce, dit chrétien, s'organise. Les royaumes s'écroulent, les dynasties sont renversées — le clergé demeure debout.

Les évêques sont mêlés à toutes les luttes. Ils bénissent tous les drapeaux, consacrent toutes les usurpations, sanctionnent toutes les conquêtes, prêchent la paix ou fomentent la guerre, et font converger, vers leur but, les événements qu'ils n'ont pas préparés, mais dont ils profitent toujours.

Ce sont eux qui fondent la monarchie française, fille aînée de l'Église et bras droit de la papauté. Sous le bouclier qui élève le Mérovingien Clovis, sur la terre gauloise, vous n'apercevez que le glaive et la lance. — Regardez bien ! La crosse épiscopale est au milieu.
(Eugène Nus.)

Trois siècles plus tard, Pépin d'Héristal donne au pape Étienne III l'exarchat de Ravenne et le pouvoir temporel est fondé. Peu à peu, le successeur de saint Pierre s'attribue l'infaillibilité. L'an 1080 de Jésus-Christ, trois siècles après l'établissement du pouvoir pontifical, Grégoire VII fait décréter que « le pape est le seul dont tous les princes baisent les pieds, qu'il peut déposer les empereurs et qu'il est indubitablement saint par les mérites de saint Pierre ».

Et la terre entière tombe dès lors sous la domination du pape qui ordonne, dirige, bénit ou réprouve, manipule les consciences, ouvre ou ferme à son gré les portes du paradis, domine l'homme par l'excommunication, asservit la femme par le confessionnal, surveille la famille, fait la police du foyer... Honte et misère ! — Voilà ce que le sacerdoce a fait de la petite Église sainte et pure, fondée là-bas, sur les bords du lac de Génésareth, par l'humble Fils de l'homme qui d'un mot a résumé sa doctrine : « Aimez-vous les uns les autres. »

Et c'est ainsi que dix-neuf siècles se sont écoulés ; dix-neuf siècles d'autorité pour l'Église, dont douze de pouvoir absolu. Pendant douze cents ans, l'Église a dominé, pétri à sa guise l'âme humaine et la société. Tous les pouvoirs étaient dans sa main. Toute autorité était en elle ou venait d'elle. Elle régnait formidablement sur les esprits et sur les corps par la parole et par le livre — par le fer et par le feu.

Or, qu'a-t-elle fait de cette société, de ces troupeaux humains dont elle avait la garde, de cette Église qui, de son propre aveu, lui avait été confiée par saint Pierre, par les apôtres, par le Christ lui-même ? Qui a-t-elle dirigé, instruit, consolé, sauvé ? N'est-ce point sous l'inspiration de l'esprit des ténèbres, avec la complicité du diable qu'elle a inventé et avec le contrepoids de l'enfer attaché à l'engin formidable dont elle s'est toujours servi, qu'elle a mené les peuples à l'idolâtrie, à l'avilissement et à la superstition ? (Léon Denis.)

Elle n'a eu pour lumière que la sinistre lueur de ses torches, pour autels que les bûchers de ses inquisiteurs et pour victimes expiatoires que les moutons bêlants de ses propres troupeaux. Existe-t-il non pas seulement un seul prêtre, mais un seul évêque qui, en dehors de ses momeries réglementaires, possède sur les conditions morales de la vie présente et de la vie d'outre-tombe la notion la plus élémentaire qu'aurait pu lui enseigner le moindre initié des anciens sanctuaires, le plus humble des diacres de l'Église primitive ?

Ah ! ces voix du passé, ces voix réconfortantes et consolatrices dont nous avons cherché à recueillir les plus faibles échos dans notre course à travers le monde, en quels cris discordants de fureur et de haine se sont-elles transformées !

Une seule nous reste encore, c'est la voix de notre terre de France, de notre vieille Gaule où flottent encore, dans le feuillage des vieux chênes, les souvenirs et qui sait ? les esprits familiers, peut-être, qu'y évoquaient autrefois nos ancêtres les Druides.

La vieille foi de nos aïeux n'a laissé que très peu de traces matérielles.

Comme l'ont fait toutes les religions antiques, le druidisme réservait aux seuls initiés l'explication des mystères sacrés et n'admettait dans ses collèges que ses néophytes éprouvés (1).

Mais, dans cette race celtique, tenace et dure comme le granit de ses montagnes, les empreintes ne s'effaçaient pas. L'initiation druidique ne céda que par contrainte à l'invasion chrétienne, et si la célèbre hérésie du moine breton Pélage (qui en celte s'appelait *Morgan*, c'est-à-dire le maritime), hérésie prétendue qui « niait le péché originel et soutenait que par ses seules forces l'homme peut arriver à la perfection », fut si ardemment adoptée dans notre Bretagne française, qui pourrait nier que cette insurrection dogmatique, attirant sur elle les foudres de trois conciles, fut suscitée et maintenue par le vieux levain druidique fermentant encore dans les cœurs armoricains?

Pendant tout le moyen âge, l'initiation druidique continua dans le pays de Galles, constituant une sorte de franc-maçonnerie qui se donnait pour mission la conservation des débris de la vieille tradition nationale. Ce travail des bardes gallois, qui chantaient dans toute la Gaule les merveilles du culte d'Hésus, fut résumé vers la fin du xvıı^e siècle, dans un manuscrit intitulé : *Mystère des Bardes de l'île de Bretagne.*

L'enseignement druidique procédait par *triades*, où étaient divisés leurs aphorismes en trois points principaux,

---

(1) Les seuls renseignements historiques que nous ayons sur leur doctrine nous sont fournis par Jules César qui, dans ses *Commentaires*, nous apprend que les Druides enseignaient non seulement l'immortalité, mais encore la transmigration des âmes, à travers les mondes. Les autres chroniqueurs romains reconnaissent comme exacte l'attestation de César.

nets, catégoriques et privés de tout commentaire (1).

Selon la doctrine contenue dans les triades, l'âme se forme au sein de l'abîme ; elle y revêt les organismes élémentaires et n'acquiert la conscience de sa liberté qu'après de longues luttes livrées aux bas instincts et aux tyrannies de la matière.

Ecoutez le chant bizarre, étrange, mais moins allégorique qu'il n'en a l'air, du barde Taliésin, célèbre dans toute la Gaule ancienne :

« Existant de toute ancienneté au sein du vaste océan,
« je suis né des formes élémentaires de la nature. J'ai
« joué dans la nuit. J'ai dormi dans l'aurore. J'ai été
« couleuvre dans le lac, aigle sur la montagne, loup-
« cervier dans la forêt. Puis, marqué par l'esprit divin,
« j'ai acquis l'immortalité. J'ai vécu dans cent mondes.
« Je me suis agité dans cent cercles. »

La philosophie des Druides (2), reconstituée dans toute son ampleur, s'est trouvée conforme à la doctrine secrète de l'Orient comme aux aspirations des spiritualistes modernes. Comme eux, ils affirment les existences progressives de l'âme sur l'échelle des mondes.

Cette doctrine virile inspirait à ses adeptes un courage indomptable, une telle intrépidité qu'ils marchaient à la mort, comme on va à la fête. Alors que les Romains matérialistes se couvraient de boucliers, se bardaient de fer ou d'airain, nos pères, la tête haute et regardant le ciel, combattaient demi-nus et la poitrine découverte. Ils s'enorgueillissaient de leurs blessures et regardaient

(1) Voici l'une de ces triades si éloquentes dans leur hautaine et magistrale concision : « Trois choses sont nées en même temps : L'Homme, la Lumière et la Liberté ».

(2) Léon Denis, ouvrage cité.

comme une lâcheté d'user de ruse à la guerre comme le faisaient leurs ennemis. Leur certitude des vies à venir était si profonde, qu'ils se prêtaient de l'argent « remboursable en d'autres mondes ». Aux mourants, ils confiaient des messages pour leurs amis défunts. Ils laissaient les dépouilles des guerriers morts, éparses sur les champs de bataille. « Ce ne sont, disaient-ils, que des « enveloppes déchirées. »

Les Druides étaient en communication incessante avec le monde invisible. Ils évoquaient les morts, dans l'enceinte des menhirs qu'avaient alignés ou groupés avant eux les peuples des âges de pierre. Les Druidesses et les Bardes y rendaient leurs oracles, sous la lueur spectrale qu'y répandaient les nuits lunaires.

Vercingétorix s'entretenait, sous les ramures des forêts, avec les âmes des héros morts en défendant la patrie. Avant de soulever les Gaules contre César, il se rendit dans l'île de Sein, antique demeure des Druidesses et là, au milieu des éclats de la foudre, lui apparut un génie qui lui prédit sa défaite et son martyre (1) ; mais en vrai Gaulois qu'il était, il n'hésita pas un instant à poursuivre jusqu'au bout son œuvre patriotique.

Au milieu de ces inspirés, de ces illuminés de tous les siècles, quelle belle place ne faut-il pas faire à notre pure et glorieuse Jeanne d'Arc? Dès les premiers siècles de notre ère, paraît-il, des prophéties avaient annoncé sa venue, et c'est aussi sous un chêne, le « chêne des fées », qu'elle entendit souvent « ses voix ».

Aucun témoignage de l'intervention des habitants d'un

(1) Léon Denis, Bosc, Bonnemère.

monde supérieur, dans la destinée d'un peuple, n'est comparable à celui que nous fournit l'histoire héroïque et touchante de la vierge de Domrémy. C'est par la voix d'une humble fille du peuple, mais prédestinée à cette œuvre unique dans l'histoire, que les puissances invisibles ranimèrent une nation démoralisée, firent surgir l'idée de patriotisme inconnue jusqu'alors et sauvèrent la France d'une fatale et peut-être mortelle dislocation.

« La vérité, dit fièrement Jeanne devant ses abomina-
« bles juges, c'est que Dieu m'a envoyée, et que ce que
« j'ai fait est bien fait. »

Résumons. La doctrine ésotérique, mère des religions, inspiratrice de la philosophie grecque, revêtant des apparences diverses, ici déguisée sous les mythes, là-bas enveloppée de symboles, tour à tour cachée et révélée, mais partout et toujours semblable à elle-même, dans son essence originaire, a traversé la terre d'orient en occident, relevant les cœurs, éclairant les consciences et traçant d'un bout du monde à l'autre son sillage de lumière divine.

Cette doctrine secrète, *la doctrine*, sans autre désignation — car il n'y en a qu'une — n'est pas seulement une science, une philosophie, une morale, une religion ; elle est la science, la philosophie, la morale, la *religion* dont toutes les autres ne sont que des préparations ou des dégénérescences, des expressions partielles ou défigurées, selon qu'elles s'acheminent vers elle ou qu'elles en dérivent, à l'état de parodies grotesques.

« Dans la série des grands initiés, Rama ne nous

montre que les abords du temple ; Krishna et Hermès en donnent la clé ; Moïse, Orphée et Pythagore en montrent l'intérieur. Jésus-Christ nous en ouvre le sanctuaire.

« Et que l'on ne s'imagine pas qu'ils ne furent que des contemplatifs, ces hommes prédestinés, des rêveurs impuissants et inutiles, des fakirs hypnotisés, des anachorètes stupéfiés par leurs hallucinations, ou des fous juchés sur leurs colonnes, comme Siméon le Stylite(1). Non, ce furent de puissants mouleurs spirituels, de prodigieux éveilleurs d'âmes, d'incomparables fondateurs et organisateurs de sociétés. » (Ed. Schuré.)

A ce « problème de la vie » dont nous avons fait le titre du chapitre précédent, les voix ont répondu. Le voilà résolu, nous en connaissons l'x troublant et ineffable.

Ces voix faibles encore qui vagissaient sous les cèdres de l'Himalaya — simples soupirs des ascètes vers de plus hautes destinées — les voilà qui s'enflent, résonnent, tonnent, font voler en éclats les murailles des cryptes et les voûtes des sanctuaires.

L'âme immortelle — la mort vaincue — la vie triomphante — l'abîme comblé entre la terre et le ciel qui

(1) Siméon, né vers l'an 390 à Sisan, sur les confins de la Cilicie, mort en 459, s'est rendu célèbre par ses austérités, ne faisant qu'un repas par semaine. Il finit par quitter sa chaumière et se retira sur le chapiteau d'une haute colonne (appelée *Stulos* en grec), du haut de laquelle il haranguait ses fidèles. Il vécut ainsi trente-six ans ; changea trois fois de colonne et demeura vingt-deux ans sur la dernière, où on le trouva mort.

n'est plus ni fermé, ni trop loin, puisqu'il descend vers nous — ces trépassés que l'on croyait ensevelis pour jamais sous la pierre de leur sépulcre et qui, plus vivants que nous-mêmes, sont au milieu de nous, nous aiment, nous inspirent et nous crient, parfois, du sein de leur lumière, à nous qui trébuchons dans l'ombre : « Prenez donc courage, frères ! la mort, c'est le réveil ; le dernier râle n'est qu'un cri de délivrance, et le sépulcre, rien d'autre que le seuil de l'immortalité !...

— Voilà ce que nous ont dit les voix.

Révélations inouïes ! va-t-on dire, incompréhensibles mystères ou dérisoires mystifications !

Quoi, des Esprits au milieu de nous, le ciel sur la terre, l'invisible et le visible confondus, des *voix* comme au temps de Jeanne d'Arc, des apparitions comme au moyen âge, des incantations comme à Cumes, ou à Delphes, ou à Thèbes, ou à Memphis ?...

Parfaitement. Entendons-nous toutefois. Il y a des abîmes entre les âges que vous évoquez et l'époque où nous vivons.

Là-bas, superstitions, le plus souvent ; mais, ici, vérité.

Vous vous récriez naturellement et, non sans ironie, vous demandez : Pourquoi donc, s'il vous plaît ?

— Pourquoi ? Ah ! la réponse est facile. Ne voyez-vous donc pas qu'en dehors des initiés sérieux, hommes de désir et de conscience élevée, tous les autres qui évoquaient les morts faisaient des incantations, assistaient aux mystères, offraient des sacrifices, apportaient scrupuleusement du riz et du lait sur la tombe des ancêtres, ne faisaient tout cela que machinalement, sans conviction et sans foi ? C'était pour obéir aux prêtres, pour accomplir les rites imposés — sans parler même de désirs plus ou moins honteux et de préoccupations inavouables — que ces pratiquants automatiques s'acquittaient de leurs « devoirs religieux ». Et c'est là qu'était la superstition.

Ces hommes ne cherchaient que le visible, ne s'attachaient qu'à la lettre. Or, ne sait-on pas que la lettre tue et que l'esprit seul vivifie ?

C'est par le formalisme que sont morts les vieux cultes, avec leurs dogmes autoritaires et leurs doctrines manipulées dans les officines sacerdotales. C'est par le sacerdoce qu'ils sont morts comme c'est par le sacerdoce que le catholicisme périra (1).

Pratiquer, c'est souvent se dispenser de croire. Les cultes, en tant que forme, sont la négation de toute spiritualité, et tant que les hommes s'obstineront à ne pas comprendre l'une des plus profondes paroles du Christ : « Un temps viendra où les vrais croyants ado-
« reront le Père en esprit et en vérité ; » tant qu'ils ne chercheront, dans les pratiques extérieures du culte, qu'un oreiller pour leur paresse morale, ou qu'un odieux trafic en échange duquel ils espèrent obtenir, en ce

---

(1) Le protestantisme lui-même, bien que beaucoup plus spiritualiste, a, lui aussi, pour ver rongeur un certain dogmatisme qui pourrait lui devenir fatal. Lui aussi — je parle du protestantisme orthodoxe — a conservé le fétichisme irréductible de la formule, la tare d'une foi irraisonnée, en un mot le *credo quia absurdum* d'un « augustinisme » inconscient.

monde, la considération de leurs semblables, et, dans l'autre, leur part de paradis ; tant que leur foi intéressée rappellera celle des prétendus croyants de l'ancien monde qui ne consultaient les oracles qu'en vue des profits qu'ils espéraient en retirer, — toute religion humaine demeurera stérile.

Les religions du passé, ni plus ni moins que les religions modernes, ont fait fausse route et ont entraîné à leur suite tous leurs adeptes dévoyés. Du fétichiste grossier, au prêtre qu'asservit et aveugle un dogmatisme irréductible, s'étendent les attaches d'une parenté indéniable. L'humanité, une dans ses erreurs et ses tendances héréditaires, n'a jamais su ou voulu se « mettre au point », et c'est pourtant là qu'est le secret de la vie.

D'où viennent le parti pris, l'obstination de ceux qui, invinciblement, piétinent sur place, sinon de l'incapacité involontaire ou systématique où se trouvent certains hommes — savants compris — d'envisager les choses comme elles sont, d'accepter les modifications et les améliorations qu'imposent la vie, la loi du progrès, l'éternel *devenir* des hommes et des mondes... O esprit humain, ton nom est ROUTINE !

Mais à quoi sert de discuter ? Laissons les morts ensevelir leurs morts.

CHAPITRE III

LE PLAN DIVIN. — HISTOIRE DE PSYCHÉ

Psyché, nous la connaissons ; c'est l'âme humaine. Pythagore nous en a déjà parlé et après lui nous allons raconter la prodigieuse histoire de l'évolution de cette âme qui, pour théâtre gigantesque, n'a rien moins que l'univers.

Cet univers, le voilà. Dans son infinie majesté, il se déroule devant nous. Dans l'espace illimité, qui n'a d'autres bornes que celles que nous impose le vertige de l'incommensurable, tournent par tourbillons nébuleuses éparses, constellations groupées, mondes ou terres qui, à chacun des soleils, forment une cour de satellites. Pour aussi loin que puissent l'imaginer les conceptions les plus audacieuses, ces groupes se succèdent, se renouvellent, se multiplient par delà toutes bornes, franchissant toutes limites.

Cet espace infini, éternel, incréé, aurait-il pu demeurer vide — sombre abîme sans bords, morne océan sans fond ?...

Je ne sais ; mais ce qu'il y a de certain, c'est que le

voici tout palpitant de vie, tout ruisselant d'êtres et de choses, et sans chercher les causes de son existence, contemplons-le dans la prodigieuse accumulation de ses astres que remplissent d'innombrables séries de créatures, et qui, depuis le minéral inerte, jusqu'au végétal, jusqu'à l'animal, jusqu'à l'homme, jusqu'à l'esprit invisible, multiplient indéfiniment leurs variétés d'espèces, de genres, de formes et de dimensions dont aucune classification ne saurait hiérarchiser les catégories.

Ce qui, tout d'abord, nous écrase — on l'a dit et répété cent fois — c'est l'idée de l'immensité. Nous habitons l'espace, nous vivons dans le temps, et nous ne pouvons nous faire une idée ni du temps, ni de l'espace. Devant ces deux conceptions, notre infime cervelle humaine demeure réfractaire.

C'est vainement que nous essayons de nous former des images figuratives, que nous tentons, par exemple, de nous représenter, pour la compréhension de l'espace, une sphère dont les rayons s'en iraient jusqu'à l'infini.

Inutile conception. Pour qu'une sphère puisse mériter ce nom, il faut qu'elle ait une circonférence et dans cette circonférence une infinité de rayons convergeant vers un centre commun. Or, dans l'infini, il n'y a pas de rayons, puisqu'il n'y a pas de centre.

« Le centre de l'infini est partout, sa circonférence nulle part. » C'est Pascal qui l'a dit et nous pouvons l'en croire sur parole. Cela ne nous dit pas grand'chose ; mais pour aussi négative qu'elle soit, c'est encore une définition.

Pour l'infini de la durée, mêmes difficultés. C'est bien vainement qu'on partage le temps en fractions quelconques dont l'accumulation puisse représenter une incalculable étendue. L'imagination s'épuise en additions indéterminées et le problème n'est pas même effleuré.

Cela me rappelle un conte allemand, un conte de mon enfance et qui me faisait ouvrir des yeux !...

Il y a, disait le conteur d'outre-Rhin, sur le rivage d'une mer qui se trouve à l'autre bout du monde, une montagne de diamant, sorte de cube d'une hauteur de mille lieues. Tous les cent mille ans, un petit oiseau vient s'aiguiser le bec sur l'une des arêtes de la montagne.

Eh bien ! quand le bloc entier sera usé par ce frottement rapide et léger, une seule seconde de l'éternité se sera écoulée.

Fort bien, pourrait-on dire à l'auteur du conte ingénieux, l'image est saisissante, mais inexacte de tout point, car ce ne sera nullement une seconde, pas même la moindre fraction de seconde, qu'aura duré l'usure de la montagne de diamant.

Les savants eux-mêmes ont essayé de trouver des images suggestives.

« Cherchons, dit M. C. Flammarion, à nous faire une idée de cette prodigieuse chose qui s'appelle l'espace infini.

« Supposez que notre terre tombe dans l'espace — ce qu'elle fait du reste en compagnie du soleil et de l'amas d'étoiles qui constitue notre nébuleuse — supposez donc qu'elle tombe en ligne droite, pendant un nombre de milliards de siècles qu'il vous plaira d'imaginer. Eh bien ! après cette effroyable chute dans le gouffre toujours béant où elle est descendue avec une rapidité d'un million de lieues par jour, savez-vous où elle en serait ?

Non seulement elle n'aurait pas atteint le fond de l'abîme et ne se serait pas éloignée du centre — en admettant qu'il y ait un centre — mais elle se trouverait, quant à sa place relative dans l'espace, dans des conditions identiques à celles où elle se trouvait, avant de s'aventurer dans ce fantastique voyage. »

Il n'y a que deux mots, dans notre langue humaine, qui puissent répondre aux impressions qu'engendre l'idée d'infini, ce sont les mots *toujours* et *jamais*.

Toujours s'écoule et se perpétue le temps et jamais ne se termine l'évolution de sa durée.

Toujours on peut voyager dans l'espace et jamais cet espace ne peut être franchi.

C'est ainsi qu'iront à tout jamais et d'un vol foudroyant, au travers des steppes de l'infini, tous ces globes géants dont se composent les tourbillons des cieux.

Et pourquoi ne tombent-ils pas? demandent les enfants, demandent aussi les hommes. L'on comprend en effet que ce problème ardu ait été la pierre d'achoppement où sont venues butter toutes les curiosités et toutes les incertitudes. L'on comprend même que, dans leur stupéfaction inquiète, les hommes de tous les siècles aient forgé des hypothèses quelconques, voire même puériles ou grotesques, pour tâcher d'expliquer sur quel point d'appui pouvait reposer notre globe.

Pour les uns, c'était une haute montagne qui lui servait de piédestal.

— Mais sur quoi reposait la montagne?

Pour d'autres, c'est sur le dos d'un gigantesque éléphant qu'elle s'appuyait, alors que l'éléphant lui-même se tenait sur une tortue non moins colossale.

— Mais sur quoi reposait la tortue ?

Pour d'autres encore, c'était le géant Atlas qui, sur ses épaules de titan, supportait l'écrasante planète.

— Mais sur quoi donc Atlas arc-boutait-il ses jambes, et d'autant plus qu'outre la terre il supportait encore le ciel, pour supplément de charge ?

Insanités baroques, enfantines imaginations, qui par leur folie même témoignent de l'angoisse de l'esprit humain qu'écrasait comme une montagne ce miracle incompréhensible.

Eh bien ! nous avons changé tout cela. Nous avons mis ce pauvre Atlas aux Invalides que nul ne méritait plus que lui, renvoyé la tortue, remercié l'éléphant et remis la montagne à sa place.

Grâce aux astronomes, et particulièrement à M. C. Flammarion, le savant vulgarisateur de choses que lui révèlent de mystérieux interlocuteurs (1), nous savons aujourd'hui que nul appui n'est nécessaire et que c'est bien dans l'espace que flotte notre terre qui pèse cependant cinq mille huit cent soixante-quinze sextillions de kilogrammes.

La chose s'explique tout naturellement, mais encore faut-il en indiquer les raisons. Eh bien ! la pesanteur n'est qu'une propriété relative. Nous n'avons donc qu'à supposer que la matière est demeurée complètement inerte, c'est-à-dire dépourvue de toute pesanteur, pour comprendre que ces globes, ces soleils, quelque énormes et pesants qu'ils puissent être, seraient demeurés immobiles à l'endroit même où ils ont été formés. En l'absence de toute

(1) Voir *Lumen.*

force agissant du dehors, quelle cause aurait pu les tirer de leur immuable inertie ?

Le verbe *tomber* n'a pas de signification absolue. Un corps ne tombe pas spontanément, activement ; il ne le fait que si quelque force l'entraîne hors de sa position primitive. S'il tombe en bas, c'est parce que ce bas l'attire. Or, pourquoi tomberait-il et où tomberait-il dans l'espace infini, puisqu'il n'y a dans cet espace ni *haut*, ni *bas*, ni région supérieure, ni région inférieure, vers laquelle pourraient être attirés les objets abandonnés à leur propre pesanteur. Or cette pesanteur n'existe pas, nous l'avons supprimée par hypothèse, et dans ces conditions notre terre sans pesanteur flotterait dans l'infini, comme le fait dans notre atmosphère le fragment de duvet qui çà et là voltige au gré du moindre souffle.

Il n'y a donc qu'une force qui puisse détruire la stabilité des corps inertes, cette force, c'est l'*attraction*, et c'est elle qui, suivant l'hypothèse de Newton, domine, régit et coordonne l'univers.

Pas toute seule, à la vérité.

Si elle existait seule, nous verrions de singulières choses dans notre pauvre univers désemparé. Les physiciens nous ont appris que tous les corps s'attirent mutuellement en raison directe des masses et en raison inverse du carré des distances.

Eh bien ! dans cet univers que nous avons laissé tout à l'heure inerte, immobile et comme suspendu dans l'infini, introduisons tout à coup cette formidable loi d'attraction. Que va-t-il se passer ? Chacun des globes soudainement attiré, en raison directe des masses, se précipiterait sur son voisin le plus gros, c'est-à-dire le plus attractif, — ce voisin fût-il éloigné de plusieurs millions de lieues. — Vous faites-vous une idée de cette sarabande fantastique ? La lune tomberait sur la terre, la terre et les planètes sur le soleil, le soleil sur un soleil plus gros que lui, et tous ainsi les uns sur les autres, si bien que la loi d'attraction amenant une conflagration inimaginable, aurait pour résultat final l'amoncellement en un seul bloc de tous les astres épars dans l'immensité !

Voyez-vous ce globe gigantesque, produit de tous les globes agglomérés, et qui, ne sachant plus où aller, resterait tout seul, au sein de l'infini, dans l'impuissance de sa formidable masse chaotique ?

Heureusement qu'elle n'agit pas toute seule, cette redoutable force d'attraction. L'organisateur de l'univers lui a donné un correctif. A la force attractive, s'opposent d'autres forces adverses provenant de l'expansion répulsive de la chaleur des soleils, comme aussi des pressions élastiques de l'éther auxquelles les physiciens attribuent une grande importance. Toujours est-il que ce n'est pas en ligne droite que se meuvent les astres. Soumis aux multiples actions de forces compensatrices, ce sont des courbes qu'ils décrivent et le plus souvent des courbes fermées, c'est-à-dire ellipsoïdes. Contre les attractions centripètes, luttent des forces centrifuges qui en contre-balancent l'effet. Et c'est ainsi que s'est établi cet équilibre grâce auquel les terres et les soleils et leurs tourbillons gravitent dans l'espace, dans des conditions de stabilité tout autrement rassurantes que celles qu'auraient pu nous garantir la montagne, la tortue, l'éléphant et le valeureux Atlas, lui-même, que nous avons mis à la retraite.

Or, force attractive d'une part, force répulsive de

l'autre, qu'est-ce que tout cela, sinon le *mouvement*, dans sa générale application ?

Force et mouvement, nous disent les physiciens, sont les agents suprêmes de l'ordre universel. Ces deux agents n'en constituent qu'un seul selon toute apparence ; aussi voyons-nous ce mouvement organisateur animer d'une éternelle vibration la matière infinie qui, de la plus infime molécule, jusqu'aux soleils, jusqu'aux nébuleuses, tourbillonne dans l'immensité avec cette indéfectible harmonie qui défie l'éternité.

C'est avec une rapidité foudroyante qu'évolue chaque étoile, escortée de ses satellites. Aussi, de quelle formidable envolée s'élance chacune d'elles, au travers de l'infranchissable.

Notre soleil, qui cependant est l'une des étoiles qui marchent le moins vite, n'en parcourt pas moins ses soixante millions de lieues par an, s'en allant dans la direction de la constellation d'Hercule, tout en tournant sans doute autour d'un autre soleil plus grand qui, lui-même, peut-être, gravite dans l'orbe d'un autre soleil dominateur... Arrêtons-nous ici.

Et qu'est-elle encore cette vitesse qui nous emporte, en comparaison de celle d'Arcturus, par exemple (de la constellation du Bouvier), qui parcourt dix-huit cent mille lieues par jour, ou celle encore de cette autre étoile (portant le n° 1830 du catalogue de Groombridge) qui, d'un élan furieux, dévore deux millions huit cent vingt mille lieues par vingt-quatre heures !

Et songez qu'on appelle « étoiles fixes » ces voyageuses échevelées. Si prodigieusement vaste est leur champ de course, qu'elles nous semblent immobiles au dôme velouté de nos nuits silencieuses et ne semblent pas avoir changé de place, depuis les siècles qu'on les observe (1).

Immensité, majesté, ce n'est point assez dire, — c'est splendeur qu'il faut ajouter. Si les systèmes stellaires se ressemblent par la fougue vertigineuse de leurs mouvements, combien diffèrent-ils entre eux par l'indescriptible variété de leurs constitutions.

Les soixante-quinze millions de soleils que renferme l'amas stellaire de notre nébuleuse entraînent à leur suite des tourbillons de planètes dont aucune ne ressemble à ses voisines, pas plus que ne se ressemblent entre elles les diverses humanités écloses à leur surface.

Dimensions, matériaux, densités, chaleur, lumière, années, saisons, climats, mesures proportionnelles des êtres vivants, tout diffère d'un monde à l'autre. Tandis que notre soleil nous éclaire d'une lumière blanche, il en est d'autres qui sont bleus, qui sont rouges, qui sont verts, d'un jaune d'or ou d'un violet d'améthyste. Il y a des mondes qui ont deux ou trois soleils; il en est d'autres auxquels dix ou douze lunes font de merveilleuses nuits multicolores. A côté de systèmes composés de terres comme la nôtre, il en est d'autres qui sont gazeux, d'autres qui ne sont que vapeurs. Il y a des étoiles d'azote, il y a des comètes d'acide carbonique...

La quantité de lumière n'est pas toujours proportionnelle au volume des corps éclairants. Il y a des soleils gigantesques, mais relativement légers, qui n'émettent

(1) On compte dans notre voie lactée plus de soixante-quinze millions de soleils. Les plus éloignés nous envoient leur lumière en cent mille ans et la lumière parcourt trois cent mille kilomètres par seconde.

que des rayons calorifiques, alors que d'autres, de dimensions bien moindres, brillent d'un éclat extraordinaire.

Les deux étoiles les plus éblouissantes de notre ciel sont Canopus de la constellation Argo et Sirius de la constellation du Grand-Chien. La première est trois fois plus éclatante que le brillant Alpha du Centaure. La seconde l'est quatre fois davantage, et, en tenant compte des distances que l'on est parvenu à mesurer, il résulte que la lumière propre de Sirius est soixante-quatre fois plus intense que celle d'Alpha et cent quatre-vingt-douze fois plus que celle de notre soleil dont le volume est deux mille fois moindre que celui de l'énorme Sirius, — alors cependant que notre astre central est treize cent mille fois plus gros que notre humble planète.

C'est ainsi que des différences de toutes natures éclatent d'un astre à l'autre et les spécialisent dans la vaste collection céleste. Ce sont ces différents états, où l'électricité, par ses accumulations diverses, joue le rôle prépondérant, qui établissent entre les soleils ces diversités de couleurs dont la gamme est infinie.

Inutile donc de chercher à décrire ces spectacles incomparables. Il nous faudrait la langue que parlent les mystérieuses populations de ces régions ultra-terrestres, pour essayer de peindre, pour trouver des comparaisons, pour tenter l'expression de l'inexprimable. Tous les joyaux étincellent dans l'écrin des cieux ; toutes les floraisons éclatent aux parterres de l'empyrée.

Voilà le théâtre de la vie. Passons au drame qui s'y déroule, d'éternités en éternités.

Dans l'infini, rayonne le Foyer de vie. C'est la cause des causes, l'Être en soi, l'Harmonie-Unité, l'Ame du monde dont l'absolue personnalité échappe à toute définition, mais qu'on pourrait, ce semble, désigner approximativement, pour la rendre accessible à notre infirme entendement, par l'expression trilogique : Puissance — Justice — Amour (1).

Emanant de ce Facteur primordial, mais coexistant avec lui de toute éternité, étaient, sont et seront l'esprit et la matière.

Essentiellement, ces deux mots n'expriment qu'une idée, ne caractérisent qu'une entité. Il n'est que temps d'en finir avec ce dualisme dont les deux termes antithétiques et réputés irréconciliables ont fait trébucher tous les systèmes de philosophie, depuis Aristote et Platon, Descartes, Leibniz (2) et Malebranche, jusqu'à nos modernes professeurs en Sorbonne qu'affole encore, à l'heure qu'il est, ce casse-tête irréductible.

Ce dualisme est aujourd'hui réduit. L'esprit et la matière sont inséparables. Force et matière ne peuvent se concevoir elles-mêmes qu'accompagnées de l'esprit. La force n'est que l'activité de l'esprit et les deux termes

---

(1) Ajoutons quelques définitions, bien que toutes soient impuissantes à désigner l'*Innommable*.

Qu'est-ce que Dieu ? a-t-on demandé aux Esprits, et voici ce qu'ils ont répondu :

Unité absolue, infinie, partie de tous les touts, tout de toutes les parties. Vie universelle, divine puissance, mouvement infini, force unique, morale éternelle, foi unitaire, vérité absolue, Dieu!

(2) Reconnaissons toutefois que c'est à Leibniz que nous devons cette admirable et profonde parole : « L'esprit, le plus pur qui soit, ne peut se concevoir qu'accompagné de force et de matière. »

se confondent. Plus d'abîme entre l'esprit et la matière. Par une matérialisation graduelle, le premier va jusqu'à la seconde en ce sens que celle-ci n'en est que la métamorphose ou, si l'on préfère, l'incarnation, le dynamisme.

Il est aujourd'hui démontré, scientifiquement, que la matière existe à tous les degrés de raréfaction, depuis l'état initial jusqu'à celui de la matière pondérable. Depuis des siècles, les savants affirmaient, certifiaient que la matière ne comporte que trois états réglementaires : solide, liquide, gazeux. Or, voici que l'on en admet quatre, aujourd'hui, depuis que la « matière radiante » a été découverte par W. Crookes, l'illustre chimiste et physicien anglais. Les atomes de cette matière, dans un vide dont l'extrême raréfaction leur rend toute liberté, vibrent avec violence, s'enflamment et produisent des radiations électriques d'une puissance jusqu'alors inconnue.

Or, au delà de ce quatrième état, il en est d'autres encore. Par une série continue de « spiritualisations » successives — parmi lesquelles viennent se ranger à leurs places respectives les fameux corps impondérables (1) dont les physiciens ne savaient trop que faire — l'on arrive à cet éther mystérieux, reconnu indispensable pour la justification de certains phénomènes inexpliqués (2).

(1) La chaleur, la lumière, le magnétisme et l'électricité.
(2) Parmi les merveilles qu'enregistre la science moderne, en voici une autre et combien saisissante :
Il résulte des recherches et des expériences du D*r* H. Baraduc, que cette chose inconnue qu'on appelle *éther, force-substance, force vitale, Akasa,* etc., vibre à l'unisson de nos vibrations intérieures

Dès le xvi° siècle, Paracelse était arrivé à admettre un agent universel, au moyen duquel s'opèrent les métamorphoses des corps. Les physiciens du xviii° siècle crurent au vide absolu des espaces célestes. Cependant, lorsque l'on constata que la lumière n'est pas l'émission d'une matière lumineuse en soi, mais la vibration d'un fluide impondérable, l'on fut contraint d'admettre que ce fluide subtil remplit l'espace entier, pénètre tous les corps et nous transmet les ondes calorifiques et lumineuses.

Newton alla plus loin. Hardiment, presque audacieuse-

psychiques, si bien que tout se passe comme si les actions intimes qui agitent l'être humain avaient un écho, un retentissement et comme une sorte d'image, dans le fluide invisible qui nous entoure ; comme si enfin la force vitale humaine puisait dans cet éther son alimentation, par un mouvement d'échange continuel — identique à celui que nous opérons dans l'atmosphère pour entretenir la vie des poumons — par une véritable *respiration fluidique* de l'âme humaine !

L'on pourrait, dit le D° Baraduc, trouver, dans cette *aura*, l'explication des impressions inconscientes que nous éprouvons en présence de personnes inconnues, suivant que leur atmosphère fluidique est ou non douce, pure, violente, lourde, en un mot plus ou moins sympathique à la nôtre. Ne serait-il pas permis de rechercher également, dans ce phénomène, l'explication de ces récits fantastiques qui nous laissaient toujours plus ou moins incrédules, comme ces visions de voiles de lumière, ces nimbes de gloire qu'ont pu entrevoir parfois certains êtres spéciaux, voyants ou illuminés.

Voilà donc que nous trouvons, sur les plaques photographiques, la représentation de nos divers états d'âme, indiqués par ces *Forces courbes cosmiques*, comme les appelle le D° Baraduc, qui ouvrent un champ illimité à toutes les hypothèses comme aux révélations ultérieures de mystères aussi merveilleux qu'inexplorés (Paul Ollendorff, éditeur).

ment, il appela cet éther *sensorium Dei*, le « cerveau de Dieu », c'est-à-dire l'organe par lequel la pensée divine, agit dans l'infiniment grand, comme dans l'infiniment petit.

C'est cette « lumière astrale » comme l'appelait Paracelse, ce fluide impondérable, cette lumière invisible, mais qui est au fond de toutes les scintillations et de toutes les phosphorescences, qu'on retrouve dans certaines expériences physiologiques (celles du physicien allemand Reichenbach, entre autres) et qui joue des rôles divers dans l'électricité, dans le magnétisme terrestre, comme dans le magnétisme animal.

L'intérêt des expériences de Reichenbach, ajoute M. Ed. Schuré, est d'avoir montré la transition de la vision physique à la vision astrale qui peut conduire à la vision spirituelle. Elles font entrevoir de plus les raffinements infinis de la matière impondérable et nous amènent à la concevoir tellement fluide, subtile et pénétrante qu'elle devient en quelque sorte homogène à l'esprit et lui sert de vêtements de densités différentes.

Cette intuition remonte à un temps immémorial et se retrouve dans les plus antiques mythologies. Elle circule dans les hymnes védiques, sous la forme d'Agni, le feu primordial et universel. Elle s'épanouit dans la religion de Zoroastre, comme aussi dans le culte de Mithras. Dans les cryptes de l'Égypte, les initiés cherchaient cette même lumière dans le mythe d'Osiris. Lorsque Hermès, dans sa vision célèbre, demande à contempler l'origine des choses, il se sent tout d'abord plongé dans les ondes éthérées d'une lumière ineffable où se meuvent toutes les formes vivantes. Après quoi, plongé dans les ténèbres de l'épaisse matière, il entend une voix et il reconnaît la « voix de la lumière ».

C'est qu'elle règne partout, la grande âme du monde, la Cybèle-Maïa des mythologies grecque et romaine, la substance vibrante et plastique que manie à son gré le souffle de l'Esprit créateur. Elle est la médiatrice entre l'invisible et le visible, entre l'esprit et la matière, — la grande matrice de vie, où évolue et palpite l'univers.

Condensée en masses énormes dans l'atmosphère, elle y éclate dans les roulements de la foudre. Bue par la terre, elle y circule en courants magnétiques. Subtilisée dans le réseau nerveux de l'organisme animal, elle y transmet ses sensations au cerveau, puis ses volontés aux muscles.

Bien plus encore, et c'est ici que nous montons aux plus hautes conceptions que puisse suggérer cette prodigieuse découverte, c'est encore et toujours cette âme épandue qui forme des organismes spéciaux semblables aux corps matériels, en fournissant la substance nécessaire, infiniment souple, élastique et toujours appropriée dans sa merveilleuse plasticité, à ces corps fluidiques des âmes que l'Esprit se « tisse » à lui-même en ses incessantes manifestations.

Selon les âmes qu'il revêt, ce fluide s'affine ou s'épaissit en gammes montantes ou descendantes de raréfactions et de condensations graduées. Non seulement il « corporise » l'esprit et spiritualise la matière, mais il reflète en sa substance éthérée les pensées et les volontés humaines qu'il enregistre, conserve et perpétue. La force et la durée de ces images — images que Platon appelait *idées* — sont proportionnelles à l'intensité de la volonté qui les a produites... Et en vérité, y a-t-il un autre moyen d'expliquer la suggestion et la transmission à distance de toutes les forces psychiques, ce principe de l'ancienne magie, aujourd'hui constaté et reconnu par la science (1).

Descendons de ces hauteurs, contre lesquelles s'insurgent, cela va sans dire; les routines irréductibles et je ne sais quel scepticisme de commande qu'il est de bon goût d'afficher *a priori*, sans études préalables, sans examen, sans nul contrôle.

Nier a toujours été et sera, d'âge en âge, la ressource à bon marché et la consolation facile des intelligences myopes et des cerveaux à suture prématurée.

Eh bien! en dépit des uns et des autres, nous pouvons établir qu'il n'y a dans les conclusions ci-dessus, pour aussi hardies qu'elles paraissent, rien que ne confirment les tendances de la science moderne. Nous avons pris pour base le principe de l'unité de substance, et c'est cette unité si longtemps entrevue et pressentie qu'adoptent définitivement, quoique de mauvais gré peut-être, certains savants consciencieux qui ne peuvent plus nier l'existence inéluctable d'une substance invisible, impondérable, si subtile qu'elle échappe à tout contrôle, si ténue qu'elle pénètre tous les corps, si immatérielle, enfin, qu'on la confondrait avec le vide absolu, si la lumière n'en faisait vibrer les ondes éthérées. Et c'est de cette matière *cosmique* ou *astrale*, les astronomes eux-mêmes nous le déclarent, que se forment, par lente condensation, les nébuleuses, les soleils et les planètes.

(1) *Les Grands Initiés*. Voir les Bulletins de la Société de psychologie physiologique autrefois présidée par Charcot. — Voir surtout le beau livre de M. Ochorowicz: *De la Suggestion mentale*.

La raréfaction de la matière s'étend donc à des limites incalculables.

« Si l'on supposait toute la matière de notre système solaire uniformément répandue dans l'espace qu'enferme l'orbite de Neptune, il en résulterait une nébuleuse gazeuse qui serait quatre cent millions de fois moins dense que l'hydrogène, lequel pèse lui-même quatorze fois moins que notre air atmosphérique (1). La matière dans un tel état doit être ultra-radiante et présenter tous les caractères de la force. Et encore n'en est-elle pas la forme primordiale, puisqu'elle a encore un poids. Or l'on sait qu'elle peut affecter des états où elle ne pèse plus, alors qu'elle se présente à nous sous la forme des quatre corps impondérables, qui sont évidemment des modifications de l'éther ou fluide universel (2).

Bien que relativement matériel, ce fluide se distingue de la matière par des propriétés qui lui appartiennent en propre, — propriétés essentiellement plastiques. Il est susceptible, en d'innombrables combinaisons où l'esprit et la matière s'associent, s'identifient dans une certaine mesure, de produire, sous l'action de l'esprit, l'infinie variété des êtres. Sans cette matière quintessenciée, agent universel de l'esprit, la matière grossière et pondérable demeurerait en état perpétuel de division où toute force resterait neutralisée. C'est l'esprit -- force et mouvement — qui communique à la matière et ce mouvement et cette force. Or l'attraction est une force. Sans l'esprit, la matière ne pourrait donc acquérir les propriétés de la pesanteur, propriété toute relative, nous

---

(1) Flammarion, *le Monde avant la création de l'homme.*
(2) G. Delanne, *l'Évolution animique.*

l'avons dit. La pesanteur en soi, en dehors des sphères d'attraction, n'existe pas plus que les couleurs, les odeurs, les saveurs, les qualités vénéneuses ou salutaires, en dehors des organes destinés à les percevoir. La formule bien connue *tout est dans tout* n'est nullement une image, c'est une absolue réalité.

Il est temps de conclure. Ce que nous appelons vibration lumineuse, vibration calorifique, fluide électrique, fluide magnétique, agent vital, force animalisée, corps vivants, corps inorganiques, ne sont que des modifications moléculaires de la substance universelle, et toutes les propriétés de la matière émanent de vertus essentielles qui résument toutes les énergies et n'ont d'autres noms que la force et le mouvement.

Qu'en résulte-t-il ? C'est que la matière n'est en somme que la « corporisation » de l'esprit qu'elle individualise et qui s'y incarne, au gré de sa volonté.

De la matière, passons à l'esprit.

Ce qui différencie l'esprit de la matière, c'est l'intelligence. L'esprit est le principe intelligent de l'univers. La matière n'en est que l'élément passif; mais ils sont inséparables l'un de l'autre. Ce n'est que par leur union que l'esprit peut *intelligenter* (1) la matière dont l'animalisation, d'autre part, ne peut s'effectuer que par l'intervention du principe vital, ce « quelque chose », comme l'appelle Claude Bernard, « qui n'existe pas dans les « corps inorganiques, mais qui, opérant dans les tissus « vivants, avec une sorte de méthode particulière, crée

---

(1) Expression employée par les Esprits, *Livre des Esprits* (Allan Kardec), p. 10.

« les organes et les répare, quand ils ont été détériorés « par l'usure de la vie ».

Voilà donc la science qui de nouveau vient nous prêter son concours. Comme les physiciens et les chimistes l'ont fait pour l'unité de substance, comme les astronomes l'ont fait pour la constatation de l'éther ou substance cosmique dont l'univers est pénétré, voici le plus grand des physiologistes qui vient nous déclarer que les formules des laboratoires sont insuffisantes pour expliquer la vie, que la matière ne se suffit pas et que les lois d'une physiologie transcendante doivent venir remplacer celles dont une chimie matérialiste avait cru pouvoir décréter l'indiscutable et souveraine puissance.

Ce qui fait la matière vivante, c'est la collaboration de l'esprit par voie d'intime pénétration. Et n'est-il pas étonnant de voir que cette conclusion dernière n'est que l'efflorescence de cette vieille doctrine ésotérique dont le nouveau spiritualisme est et demeure l'unique héritier?

La métaphysique nouvelle proclame que le vide est un non-sens. Dans l'espace empli jusqu'aux bords d'esprit et de matière confondus, il n'y a plus que des différences de densité. Comprend-on maintenant cette parole profonde des Védas : « Dieu *compacta* les éléments des choses futures. » N'est-ce pas dire que mue par Dieu se servant de cette force d'attraction ou de condensation qui est la force divine par excellence, la substance impondérable a progressivement changé d'état, devenant *compacte* en comparaison de sa manière d'être antérieure (1)?

(1) Autres paroles :
« Tout est dans l'éther, tout vient de l'éther. » (Formule indoue.)
« Portion toute-puissante des soleils et des terres, ardeur vivante de tout ce qui respire, Éther, noble élément du monde ! » (Hymnes orphiques.)

Certes, cette antique doctrine ressuscitée est pour nous science nouvelle, mais c'est une science qui repose sur une base solide, qui porte avec elle ses pièces justificatives, ses certificats d'origine et qui se rattache à toutes les données de l'astronomie, de la physique, de la chimie, de la dynamique, aussi bien qu'elle nous fournit la solution des plus difficiles problèmes de la biologie, de la physiologie et de la morale philosophique.

Chose merveilleuse, dit Eugène Nus, de voir la science des derniers siècles reprendre la tradition interrompue par les folies du polythéisme et l'étouffante nuit du moyen âge. Képler, Newton, Laplace, Herschell, Lavoisier, Berthelot, Claude Bernard, William Crookes, confirment les premières intuitions de l'humanité. Le voile dont s'entourait Isis, la nature mystérieuse, la vie cachée de la vieille Égypte, ce voile s'est déchiré de haut en bas. Nous voyons, nous entendons, nous savons — et ce sont les Esprits eux-mêmes qui nous ont révélé ces choses (Allan Kardec).

Et l'on s'étonne et l'on s'exclame ! — Eh ! pourquoi donc, bonnes gens ?

Pour ceux qui admettent la persistance de la vie — nous n'avons pas à nous occuper des autres — et croient à la filiation des idées à travers les siècles, est-il donc si étrange d'accepter l'héritage qui nous est gratuitement offert et d'ouvrir simplement les yeux devant les phénomènes de reviviscence qui se comptent par centaines et par milliers d'un bout à l'autre de notre globe émerveillé ?

Si l'âme survit, et les preuves surabondent, si nu abîme ne sépare le monde des vivants du monde des trépassés dont la vie est bien autrement intense que la nôtre, pourquoi s'insurger contre l'idée si naturelle qu'ils hantent notre terre et vivent avec nous d'une espèce de vie commune ? Il n'y a vraiment là ni miracle, ni impossibilité, ni déraison d'aucune sorte. Nous ne voyons là qu'un fait, étrange à la vérité, mais qu'il serait vraiment puéril de repousser, uniquement parce qu'il est étrange, alors que les prodigieuses découvertes de la science moderne ont pu nous habituer, déjà, à nous incliner devant de véritables révélations qui ne sont certes pas moins inouïes que celles qui nous sont proposées dans les meilleures conditions de certitude et de crédibilité.

La science manquait aux religions du passé ; le sentiment religieux manque à la science d'aujourd'hui. En un mot, les sciences existent, mais la Science n'est pas faite. Le jour où elle le sera, elle perdra son nom de science et s'appellera *religion*. Ce sera la dernière, l'incontestable, la seule.

Eh bien ! si cette science-religion n'est pas encore faite, elle se fait.

A côté du fluide universel, il y a l'intelligence universelle, — deux océans superposés ; mieux que cela, deux océans qui mêlent leurs ondes confondues.

C'est de ce vaste foyer d'intelligence, sorte de matière cosmique intellectuelle, s'il est permis de s'exprimer ainsi, qu'émanent les Esprits. Ils s'en différencient par l'individualisation. Les Esprits sont indépendants du monde corporel, mais leur action réciproque est de nature permanente. Ils sont d'essence indestructible, au même titre que la force et le mouvement.

Les Esprits sont partout. De leurs légions infinies, ils

peuplent les espaces où, comme dans les pluies d'étoiles filantes, se croisent les sillages de leurs « lueurs », de leurs « flammes colorées », de leurs « étincelles éthérées », autant d'images qu'emploient les Esprits eux-mêmes pour caractériser leur nature.

Rapides comme la pensée, ils traversent les espaces, passent au travers des corps matériels et volent de monde en monde, flottant dans l'univers fluidique, où ils puisent l'indéfectible énergie de leur divine organisation.

Car ils ont une organisation. Pour aussi éthérés qu'ils soient, les Esprits ne sont nullement, comme on se l'imagine, ces pures abstractions, ces vagues entités psychologiques dont les philosophes spiritualistes peuplaient autrefois le mystique univers de leur rêve.

Non, l'âme des incarnés n'est pas une abstraction. Exclure de la notion d'esprit toute idée de matière, quelque subtile qu'elle puisse être, c'est se contenter d'une négation, c'est s'enliser dans l'absurde. Si l'âme humaine continue d'exister comme être particulier, chaque âme est nécessairement distincte des autres âmes. L'idée de distinction impose l'idée de limite et de forme ; or, forme et limite impliquent la notion de matière. L'âme est donc toujours substantielle, c'est-à-dire esprit et matière en ses éléments constitutifs.

Cette matière est raffinée autant qu'on puisse l'imaginer, d'une spiritualité qui dépasse même toute conception humaine, mais c'est toujours la substance indiscutable.

Si les désincarnés ont abandonné aux vers du sépulcre leur enveloppe charnelle, ils ont gardé leur corps fluidique analogue à leur corps périssable, mais inséparable à tout jamais de leur principe psychique.

Grâce à la merveilleuse gamme de condensations, à tous les degrés de laquelle peuvent s'effectuer des incarnations d'esprit, l'âme est un être concret possédant une individualité d'autant plus nette et délimitée qu'elle est essentiellement personnalisée par la volonté qui en est la faculté souveraine.

Invisibles et impondérables à l'état ordinaire, les désincarnés peuvent à leur gré se matérialiser plus ou moins par la condensation de leur substance fluidique se manifester à nous dans des conditions d'extraordinaire réalité, — se faire voir, entendre, devenir palpables et laisser leur image sur les plaques de nos appareils photographiques, comme aussi leur empreinte dans des récipients de paraffine ou de plâtre où se moule leur passagère matérialité.

Ce peuple des Esprits, qui n'a donc rien de chimérique, se mêle à nous sur cette planète qu'ils ont habitée ou sur laquelle beaucoup d'entre eux reviendront s'incarner. Nous-mêmes, nous l'avons habitée bien des fois, au cours des siècles écoulés, et tels souvenirs mystérieux subitement évoqués, telles notions d'origine inexplicable, tels rêves qui nous hantent, telles aptitudes dont l'acquisition nous demeure inconnue, ne sont rien d'autre que des visions rétrospectives, que des images réapparues, que des lambeaux, enfin, de nos existences précédentes qui, de temps à autre, viennent flotter devant nos yeux, ou surgir inopinément du fond de notre mémoire ou subconscience. Aussi, quelle vérité profonde se cache dans la phrase bien connue de Platon : « Apprendre, c'est se souvenir. »

L'existence est-elle autre chose qu'une longue éducation ? Il se fait, au cours de nos vies successives, une accumulation d'empreintes dont s'enrichit, à mesure, notre organisation fluidique. Notre mémoire, cette faculté mal connue et sur la nature de laquelle tant de théories ont été émises, n'est, en somme, que la collection de ces innombrables empreintes, de ces notes que nous retrouvons inscrites sur ce mystérieux *agenda* où nos vies écoulées ont pour jamais fixé leurs ineffaçables souvenirs.

Nous vivons donc, ici-bas, au milieu d'une légion d'Esprits, mais de natures essentiellement diverses. L'autre monde a ses limbes comme celui-ci, ses étages inférieurs et ses sphères lumineuses. Les Esprits enveloppés, voilés, grossiers et alourdis par la matière, séjournent dans les bas-fonds de la vie d'outre-tombe, où, là comme ici, les retient la fatalité. Ce n'est pas un état de souffrance. Ils n'ont pas même conscience de la lumière d'en haut qui les éblouirait sans les éclairer. Les infériorités s'attirent. La clarté offense les yeux faibles. La matière et ses séductions avilissantes les enlizent dans les marécages. Le monde des sens les subjugue. S'ils ont une tendance, c'est à retomber sur la terre, bien plus qu'à s'élever dans les régions sereines où l'idéal leur servirait de pôle.

Ils montent peu à peu cependant, comprennent, voient, regrettent et désirent. Plus ils s'élèvent et plus haut ils aspirent, attirés par les séductions de la beauté morale dont s'enivrent progressivement les candidats à l'immortalité.

L'âme, entité double, organisme spirituel qu'individualise une enveloppe éthérée, a le pouvoir d'approprier cette enveloppe à la nature du globe qu'il habite momentanément. Dans la série des matérialisations, chaque Esprit choisit à sa convenance le degré conforme à l'usage qu'il doit en faire, et c'est dans cet état de corporéité proportionnelle qu'il vient accomplir parmi nous la mission qui lui a été départie. C'est dans cet incarnation relative qu'il « habille sa spiritualité ».

La diversité des Esprits ne saurait donc se décrire. Égaux à l'origine, c'est-à-dire au sortir de l'océan psychique d'où jaillit en cataracte continue le torrent des vies sidérales, ils sont créés simples et ignorants, dans une sorte de neutralité initiale, mais possesseurs d'énergies qui leur appartiennent en propre.

L'on a souvent parlé du chant des sphères, si nous parlions, nous, du chant des âmes?

S'il m'était permis d'assimiler la vie de chacune d'elles à une espèce de mélodie symbolique, je comparerais les facultés latentes qui sommeillent en nous à une sorte de *clavier* étalé sous nos mains. Sur ce clavier, dont chaque note serait une virtualité possible, nous pourrions improviser ou déchiffrer lentement l'idée mélodique qui servirait de thème à notre vie morale, et c'est quand nous l'aurions formulée nettement, puis développée en variations harmonieuses, que nous pourrions joindre notre chant personnel aux symphonies de l'universel concert.

Cette image n'est que la pure et simple réalité. C'est sous l'entière autonomie de son libre arbitre que chaque âme peut disposer de ses énergies innées, suivant ses tendances, ses goûts, ses aspirations hautes ou basses, sa volonté faible, médiocre ou de trempe supérieure ; si bien que l'Esprit — et c'est là qu'éclate toute l'importance de son glorieux apanage — dans la souveraineté de sa liberté divine, l'Esprit se crée et crée sa destinée.

De là ces innombrables catégories d'Esprits qui peuplent les régions invisibles de l'au-delà et que différencient les degrés de perfectionnement qu'ils ont conquis par leur volonté.

S'il en est de purs et de lumineux, combien d'autres qui, cédant à mille suggestions mauvaises, n'ont pas su ou pas voulu s'affranchir des séductions de la matière. Ceux-là sont demeurés ignorants, égoïstes, grossiers, jaloux surtout et par suite malfaisants à l'égard des Esprits incarnés qu'ils ont laissés sur la terre et qu'ils poursuivent de leurs rancunes, les mystifiant, les obsédant sans trêve ni merci, pour se venger parfois de tels méfaits dont ils ont été victimes au temps de leur incarnation (1).

(1) Les cas d'obsession se comptent par centaines. Maisons hantées, maléfices plus ou moins diaboliques, persécutions de toute nature, — tels sont les méfaits variés par lesquels se manifeste la malveillance des désincarnés irascibles. Je pourrais, à l'appui de ces faits, citer l'histoire de tel de mes amis que persécutent odieusement une bande de vauriens désincarnés qui ne lui laissent parfois la paix, ni le jour ni la nuit, et lui crient à l'oreille les insultes les plus outrageantes. Ces citations pourraient être nombreuses, mais je n'ajouterai qu'un fait recueilli dans le *Livre des Médiums* d'Allan Kardec, page 320.

Je le résume en quelques lignes.

Plusieurs sœurs, vieilles filles vivant ensemble, étaient depuis des années victimes de mystifications intolérables : vêtements dispersés jusque sur les toits, coupés, déchirés, criblés de mille trous, quelque soin qu'elles prissent de les enfermer sous clé; meubles déplacés, vaisselle brisée, etc., etc. Ces dames, reléguées dans une petite localité de province, n'avaient jamais entendu parler de spiritisme. Elles crurent tout d'abord être en butte à des plaisanteries de mauvais goût ; mais la persistance de ces méfaits,

Les Esprits se classent dans l'espace, en raison de la densité de leurs corps fluidiques corrélative à leur degré d'épuration.

Les Esprits mauvais, enveloppés comme d'une vapeur lourde qui les entraîne vers les régions inférieures, doivent s'y incarner de nouveau pour se dépouiller de leurs imperfections.

L'âme pure, au contraire, revêtue d'un corps éthéré, participe aux sensations de la vie spirituelle, s'élève dans les sphères lumineuses où la matière a été vaincue.

L'âme, parvenue à sa vie supérieure et parfaite, collabore avec Dieu, coopère au gouvernement des mondes, dirige leurs évolutions, veille au progrès des humanités et à l'accomplissement des lois éternelles (Léon DENIS).

C'est à ces différentes catégories d'Esprits, dont l'homme a gardé comme un confus souvenir, qu'il a donné toutes sortes de noms : bons ou mauvais génies, esprits follets, lutins ou farfadets, diables, malins ou

---

en dépit de toutes les précautions imaginables, leur ôtèrent cette idée. Ce ne fut que longtemps après que, sur certaines indications, elles crurent devoir s'adresser à nous (c'est Allan Kardec qui parle) pour connaître la cause de ces obsessions et les moyens d'y porter remède.

La cause n'était pas douteuse; mais le remède était plus difficile. L'Esprit malveillant, évoqué pour la circonstance, se montra d'une grande perversité et animé d'une haine persistante — quelque peu justifiée selon toute apparence, — car il avoua sans ambages qu'il prenait, quoique un peu tard, une revanche légitime, ayant été, de son vivant, le souffre-douleur de ces femmes, acariâtres, égoïstes, malveillantes et armées d'une langue redoutable dont les blessures étaient envenimées.

démons (1), longue nomenclature qui, partant du pire esprit impur, s'élève jusqu'à ceux qu'on appelle des anges, des archanges ou des séraphins, — autant de personnalités invisibles mais légendaires qui ont joué un rôle si important dans les diverses mythologies plus ou moins religieuses et jusque dans la vie des peuples modernes.

Presque tous les grands initiés, réformateurs et fondateurs de religions, dit l'auteur plus haut cité, étaient de puissants médiums, en communion constante avec les invisibles dont ils recevaient des inspirations. Leur vie entière est un témoignage de l'existence du monde des Esprits et de ses constants rapports avec l'humanité terrestre.

Ainsi s'expliquent — étant faite la part des exagérations et des légendes — nombre de faits historiques qualifiés de surnaturels et de merveilleux. L'existence du corps fluidique et des lois de la médiumnité nous fait comprendre à l'aide de quels moyens s'exerce, à travers les âges, l'action des Esprits sur les habitants de notre terre. L'Égérie de Numa, les songes de Scipion, les génies familiers de Socrate, du Tasse, de Jérôme Cardan, les voix de Jeanne d'Arc, les inspirés des Cévennes, la voyante de Prévorst, la Katie King de William Crookes et mille autres faits analogues, considérés à la

(1) Est-il besoin de dire, même en passant, que le personnage semi-mythologique et semi-religieux, appelé Arhimane en Perse, Thyphon en Égypte, Méphistophélès en littérature et Satan au moyen âge (celui-là même à la face duquel Luther crut devoir lancer son encrier dans une crise d'hallucination), ne fut, en tous temps et en tous lieux, que la personnification abstraite du *mal* faite suivant l'état d'esprit des peuples que hantait cette allégorique et grimaçante figure ?

lumière du spiritualisme moderne, perdent désormais aux yeux du penseur tout caractère surnaturel et mystérieux.

Et maintenant que faut-il pour que les Esprits dévoyés franchissent les cercles de l'épuration (1) ?

Il faut qu'ils s'incarnent de nouveau, subissent d'autres épreuves, se purifient au feu de la douleur, et c'est dans cet état d'incarnation nouvelle où ils apportent toutes leurs passions, tous les ferments de leur corruption endémique qu'ils donnent, aux habitants des mondes où ils retournent, l'odieux spectacle de leurs hypocrisies, de leur cupidité, de leur égoïsme, de leur sensualité grossière et qu'on voit surgir, de certains milieux véritablement démoniaques, ces sinistres figures de criminels et de despotes qui, dans les foules terrifiées ou sur certains trônes odieusement célèbres, laissent de larges taches sanglantes. — Candidats au bagne ; têtes qu'attendent l'échafaud sur la terre, ou de terribles expiations dans leurs existences ultérieures.

C'est parce que l'épuration est si lente, que s'ouvre pour l'évolution de chaque être l'incalculable série des siècles disponibles.

Pour devenir ce qu'elle est dans la moyenne des créatures humaines, il a fallu que Psyché traversât tous les règnes de la nature, à travers d'innombrables existences. L'esprit qui manipule les mondes et les êtres se

(1) L'on appelle *erraticité*, en langage spiritualiste, l'état transitoire des âmes dés-incarnées qui *errent* dans les espaces interplanétaires en attendant de nouvelles incarnations.

manifeste par des intensités diverses. Force latente dans le minéral et dans le végétal, elle s'accentue dans la nervosité animale, puis marche sans recul à l'individualité consciente au cours de cette lente et pénible élaboration. L'étincelle animique, qui sommeille dans tous les règnes de la nature, s'éveille progressivement, mais combien pâles sont ses premières lueurs au sortir des origines confuses. Ce n'est qu'au bout de périodes immenses que les germes éclosent, que les transitions s'effectuent. Ce n'est qu'après de véritables révolutions cosmiques que s'opère le passage d'un règne à l'autre, de planète en planète supérieure. Lente, prodigieusement lente, est cette ascension solennelle.

Les vies, sans se ressembler, se suivent et s'enchaînent, régies par la loi fondamentale de la « répercussion héréditaire ». C'est pendant des siècles, des cycles plutôt, que l'homme conservera ses instincts, ses propensions, ses facultés progressivement évoluées. Tout se correspond, tout se rattache, tout fait écho dans l'éternité. Tel mot, telle pensée, tel désir, tel acte, insignifiant ce semble, renaîtra, retentira dans ces échos qui jamais ne s'éteignent. Pythagore affirmait que les injustices apparentes, que les répartitions inégales et qui semblent si choquantes, trouvent leur explication rationnelle et justificative dans ce fait que toute existence est la récompense et plus souvent encore l'expiation de celle qui l'a précédée.

L'âme, dans sa complète liberté, peut non seulement avancer, mais rétrograder aussi, suivant sa volonté indolente, indécise ou perverse. La liberté rend toute régression possible. Sur la route montante, l'âme finit par arriver à la pleine conscience de ses pouvoirs et s'élève à une hauteur d'où elle ne descend plus. Mais il y a aussi sur le chemin tel tournant funeste et tragique, où l'âme dévoyée peut revenir sur ses pas.

D'existence en existence, alors, elle roule aux abîmes, perd son humanité, redevient démoniaque, rentre peut-être dans l'animalité, car la chaîne est continue (1), et retombe aux bas-fonds...

Et c'est alors qu'il *faut* remonter. L'indestructible monade vivante peut déchoir, mais s'anéantir, jamais ! Il lui faut recommencer l'effroyable ascension à travers mille épreuves, de règne en règne, de cercle en cercle dont chacun peut durer des siècles et des siècles.

Le voilà le véritable enfer, selon les lois de l'évolution, et combien plus logique est-il que celui qu'ont inventé les dogmes. (Ed. Schuré.)

Heureusement que reviennent aussi, parmi nous, sur la terre qu'elles ont habitée déjà, des âmes pures, bienfaisantes, conductrices des autres âmes, — tels ces grands génies de tous les siècles, initiateurs des peuples, phares de l'humanité, étoiles de première grandeur dans les constellations de l'empyrée spirituel.

Ce sont eux qui, par nous qu'ils inspirent et dirigent, poursuivent leur œuvre providentielle, par l'entremise de nouveaux collaborateurs qu'ils ont eux-mêmes choisis, — merveilleuse association des âges, fraternité des mondes qui, aux champs de l'inépuisable vie, font mûrir la moisson sacrée.

C'est ainsi que se manifeste et s'explique le grand

(1) Les animaux sont parents des hommes, disent les mystères antiques, comme les hommes sont les parents des dieux.

mystère des réincarnations successives. Œuvre sainte et divine, car c'est dans un esprit de justice suprême tempéré par d'incessantes manifestations d'amour, en même temps que dans un sentiment de respect absolu pour les libertés individuelles, que l'Ordonnateur du plan divin a institué cette grande et merveilleuse école de perfectionnement ininterrompu.

C'est en partant des formes les plus rudimentaires de la basse animalité dont elle s'assimile les ruses, les instincts et les férocités, mais dont elle franchit les espèces, en s'enrichissant des aptitudes de l'animalité supérieure, c'est en gravissant tous les échelons de l'échelle vivante que notre Psyché, dont nous racontons toujours l'histoire, finit par arriver au cycle de l'humanité.

Là s'élargissent les horizons. L'âme et son corps fluidique acquièrent de nouveaux sens, entrevoient les lueurs de l'aube qui faiblement rayonne dès le seuil du monde moral. Psyché sent éclore et palpiter en elle sa conscience engourdie qui lentement se dégage de la gangue matérielle. L'âme désormais humaine s'élève dans la lumière et conquiert sa spiritualité. La chrysalide déchirée s'est ouverte sous le battement des ailes. Le cycle humain s'est achevé. Puis, au bout de chacune de ces étapes, intervient la mort libératrice qui donne un repos momentané à cette âme surmenée par sa longue et douloureuse ascension.

La mort libératrice, ai-je dit ; elle ne l'est que pour les âmes qui soupirent après la liberté.

Les autres ont conservé leurs chaînes, les chaînes de cette matière dont elles sont esclaves, à ce point qu'elles en subissent encore, même par delà le sépulcre, l'étreinte tenace, les désirs avilissants, les passions inexorables.

Les sensations de faim, de froid, de douleur et aussi de convoitises bestiales, subsistent pour les plus grossières d'entre elles. Leur organisme fluidique dont elles ne se rendent pas compte les déconcerte et les paralyse. Leurs perceptions sont obtuses. Leurs aspirations sont nulles, — « âmes vendues au mal », comme dit l'Écriture. Elles ne savent rien de la vie de l'espace. Tout est ténèbres en elles et autour d'elles. C'est bien dans les « ombres de la mort », dans leur horreur inéluctable, qu'elles flottent éperdues.

C'est donc qu'il faut recommencer, pauvre Psyché avilie dans ta fange, recommencer à gravir, à remonter le rocher de Sisyphe qui roule et redescend toujours... Non, pas toujours.

A Sisyphe le vaincu, à l'éternel condamné du Tartare, succédera, un jour ou l'autre, l'Hercule émancipateur, symbole de l'effort victorieux, de la force indomptée. Plus de forfaits inexpiables. La roche obstinée s'arrêtera dans sa chute, retenue par le bras invincible. Mais que d'efforts pour la remonter jusque là-haut ; que de luttes et de révoltes vaincues par le fouet cinglant des douleurs ; que de défaites avant le triomphe final, et combien coûte cher aux fiers obstinés la conquête certaine... mais si lointaine, de leur héroïque immortalité !

La voilà bien, dans son entière réalisation, la souveraine équité, l'idéale justice. Chaque âme, maîtresse de sa destinée, peut subir, souffrir, résister, combattre, gravir la pente ardue et parvenir enfin aux lumineuses sommités.

Il n'est pas de puissance arbitraire qui prédestine les uns à d'interminables épreuves, tout en réservant aux autres des béatitudes imméritées. Il n'y a plus ici de dieu fantasque qui ouvre à ceux-ci les portiques dorés du paradis, alors qu'il pousse sur ceux-là les verrous d'un enfer sans issue. Nulle injuste répartition dans l'accomplissement de l'œuvre suprême. Nuls privilégiés dans le champ où, sous l'œil d'un maître équitable, travaillent également les ouvriers de la première et de la dernière heure.

Nous savons d'où nous venons, ce que nous sommes et quel est notre but. Nous savons qu'au sortir de chaque incarnation nouvelle l'âme emporte avec elle tout le bagage des vertus conquises, des trésors accumulés. Nous savons enfin que la douleur est le creuset où s'effectue toute purification, la fournaise où fond l'égoïsme, où se dissout l'orgueil, où s'apprend l'humilité, et c'est à notre conscience seule qu'il appartiendra de se prononcer sur la sincérité de nos efforts. Il n'y a là ni rédemption, ni miracle, ni mystère. Il n'y a que la justice, — l'absolue justice de Dieu.

Chaque fois que sonne, pour l'un de nous, l'heure de la délivrance et que retombe la pierre du sépulcre qui ne garde que notre enveloppe périssable, c'est à cette heure-là que s'élance son âme une fois de plus victorieuse et qu'elle voit se dérouler devant elle le tableau récapitulatif de ses vies précédentes. Toutes les fautes commises, échelonnées sous ses yeux, lui donnent le moyen de les réparer. Le bilan s'établit. La balance se fait entre l'effort imposé et les résultats acquis. Chaque étape franchie trace les conditions dans lesquelles sera parcourue la nouvelle étape à franchir. Chaque jour prépare son lendemain.

« Après la mort, suit le jugement » disent les Écritures. Eh bien ! le voilà le jugement et c'est nous-mêmes qui le prononçons.

Il est vrai que nous ignorons, pendant notre séjour terrestre, ce qu'ont été nos vies antérieures. Nous n'avons pas conscience des fautes accusatrices qui expliqueraient et légitimeraient nos douleurs actuelles. Mais ne vaut-il pas mieux qu'il en soit ainsi ? Nous en serions terrassés.

Et, d'autre part, n'avons-nous pas déjà les uns contre les autres assez de rancunes, de jalousies et de haines ? Quelle société serait possible, si chacun de nous pouvait lire, non seulement dans son passé, mais encore et par suite dans le passé des autres ? Savons-nous ce que nous avons fait ou subi dans les périodes barbares dont nous sortons à peine ? En supposant que nous puissions oublier les blessures qu'on nous a faites, pourrions-nous passer l'éponge sur les sévices que nous avons infligés ? Quelle honte et quels remords lancinants ! Les meilleurs d'aujourd'hui furent peut-être les pires d'autrefois, et quel obstacle pour notre progrès intime et personnel, alors que nous serions d'autant plus troublés et repentants que nous avons aujourd'hui la conscience plus délicate. Lequel de nous pourrait supporter, sans fléchir, le souvenir cuisant de ses douleurs, accepter le stigmate ... plus écrasant encore de ses défaillances, de ses ......es ou de ses perversités ?

Ce qui nous endurcit et nous livre au mal, pieds et poings liés, n'est-ce pas souvent l'horreur que nous inspire notre avilissement ? Combien se laissent sombrer dans l'abime, parce qu'ils désespèrent de pouvoir remonter et demandent alors, à la fièvre du crime, un remède contre les affres du remords.

7.

Puisque ce passé terrifiant s'est effacé de notre mémoire, il s'efface aussi de notre conscience momentanément inconsciente. L'âme qui renaît dans un corps nouveau hérite sans doute de ses culpabilités anciennes, mais au moins est-elle libérée du souvenir immédiat de ses actes et n'est plus responsable que de son avenir.

« Une loi physique, d'accord avec la loi morale, ajoute Eugène Nus dans quelques belles pages que je me plais à résumer ici, s'oppose heureusement à ce que l'âme incarnée ait la disposition de ses souvenirs. L'homme que je suis en ce moment est en quelque sorte une individualité nouvelle dont le cerveau ne peut reproduire que les impressions qui l'ont affecté. La mémoire des faits antérieurs est ensevelie dans les profondeurs de l'être. Ce n'est que lorsqu'elle est dégagée du corps opaque que l'âme se retrouve et se reconnaît.

Ainsi, nous alternons, dans cette vie, de la veille au sommeil et du sommeil à la veille, et ces deux états constituent deux modes d'existence bien distincts, deux ordres de fonctions tout différents. Parce que nous perdons en dormant le sentiment de notre existence réelle, le *moi* conscient cesse-t-il d'exister? Il est d'une autre façon, il persiste dans la mémoire qui peut sommeiller aussi, mais qui se réveillera. Il n'a plus la notion lucide de la marche de sa vie et de l'enchaînement de ses pensées, mais dans un autre milieu il pense encore, il perçoit, il agit, il rêve... et le réveil le remet en possession de la plénitude de son être.

N'y a-t-il pas là un emblème de la grande et double vie, une page de vérité que Dieu nous a donné à lire et nous invite à méditer?

L'âme recouvre donc, au sortir de cette existence, la

mémoire du passé, mémoire progressive qui se développe à mesure qu'elle monte. Et il faut qu'il en soit ainsi. Le souvenir est une condition essentielle de l'immortalité, parce que le souvenir c'est la conscience et que, sans la conscience, l'immortalité n'est plus qu'un mot.

A travers les alternances et les transformations, c'est toujours le même être et la même vie. Dans l'histoire générale de l'espèce, chaque individu a ses annales personnelles, gravées en lui, dans son organisme fluidique. Il y a des moments où le livre se ferme, mais c'est pour se rouvrir, chaque fois augmenté d'une nouvelle page.

Ce n'est pas seulement l'homme qui renait et se perpétue, ce sont aussi les hommes, dans les rapports de solidarité qui constituent l'unité de la confédération des êtres.

Au delà des tombeaux, la société humaine continue. La grande famille s'achemine vers le Père, par le progrès dû aux communs efforts. A mesure que les êtres montent et s'éclairent, la solidarité s'accroît. L'unité harmonique tend à se constituer de plus en plus, par la concentration des esprits et des consciences dans une foi générale, en même temps que par la distinction des énergies et des aptitudes. C'est cette hiérarchie naturelle qui maintient dans les deux vies la variété des types et la diversité des fonctions, car ces fonctions sont multiples.

Dans le monde des Esprits dominés par l'Esprit suprême, l'activité est éternelle. Tous les jours, des globes s'organisent, des êtres nouveaux apparaissent, des consciences se forment, des âmes éclosent pour se développer, c'est-à-dire pour travailler. »

Sur cette idée de l'activité des âmes, nous sommes en complet désaccord avec la plupart des religions. Presque toutes ont proscrit le travail de leur ciel. Moïse a été plus loin ; en le déclarant un châtiment infligé par Dieu, il l'a flétri sur la terre.

Cet avilissement du travail dans les appréciations humaines et dans les dogmes prétendus divins a amené des conséquences absolument désastreuses. C'est cette fausse conception des lois fondamentales de la vie qui, par toute la terre et sous toutes les formes possibles, a organisé tous les systèmes d'oppression aristocratique, toutes les castes dédaigneuses des faibles, des petits, des parias méprisés, des prolétaires condamnés au travail, alors qu'aux grands de la terre étaient réservés l'oisiveté, les loisirs, les richesses surtout, incessamment renouvelées par l'exploitation des misérables. Voilà ce qu'a fait Moïse, ou tout au moins l'auteur de la genèse, en déclarant que l'homme, parce qu'il était maudit, « ne mangerait plus son pain, désormais, qu'à la sueur de son visage ».

Grâce au progrès des sciences, à l'émancipation de la raison et au relèvement de la conscience, cette phase douloureuse de l'humanité touchera bientôt à sa fin. Les idées erronées se rectifient. L'esprit moderne a réhabilité l'activité humaine et sanctifié le travail. La malédiction biblique est effacée : ce n'est plus le travail qui flétrit, ce n'est plus l'oisiveté qui honore. A ce progrès de la conscience humaine doit correspondre un progrès dans les formes qu'elle donne à son idéal, et ce n'est que par la mise en action de toutes les énergies de la vie qu'elle peut arriver à le conquérir.

L'idéal est-il autre chose que l'efflorescence de toutes

ces énergies dont nous avons été dotés dès l'origine ? Perfectibilité, volonté, liberté, n'est-ce point là notre apanage ? Mais c'est avec lenteur qu'évoluent toutes ces forces innées. La liberté elle-même, ce ressort de toute activité, ce levain de toutes les virtualités, n'existe tout d'abord dans l'homme qu'à l'état de germe latent. Il la contient comme le gland renferme le chêne. Résultante du développement de la vie, elle est proportionnelle à ce développement. Être libre, c'est pouvoir, mais pour pouvoir il faut connaître. L'intelligence et la raison donnent la mesure à la liberté. La liberté morale est aux facultés ce que la liberté physique est aux organes.

« Raison, conscience, liberté, responsabilité, ces agents divers de la vie morale grandissent en même temps, émergeant peu à peu de l'instinct, de l'ignorance et de l'égoïsme qui les enveloppent et les oppriment.

Quand l'homme a senti palpiter en lui sa conscience, qu'il a éprouvé une joie ou une tristesse à la suite d'un acte accompli ; quand il a eu en lui une notion, tant confuse et trouble soit-elle, de quelque chose qui est le bien, de quelque chose qui est le mal, la liberté commence, la lutte s'engage entre la matière et l'esprit, — longue et terrible guerre où bien des batailles seront perdues, — mais c'est Dieu qui relève les morts (1). »

Mais pour ce grand combat de l'existence, objectera-t-on, tous ont-ils au moins reçu bravoure égale et armes pareilles ?

Les âmes ne peuvent être identiques, même à leur origine, puisque la variété, une variété illimitée dans ses manifestations, est une des lois de l'inépuisable créa-

(1) *Les Grands Mystères*

tion. La vie ne se répète jamais. Si les âmes naissantes paraissent se ressembler, tout d'abord, elles se différencient bien vite, par les procédés qu'emploie leur évolution. La diversité des natures, qu'explique l'inégalité des forces, doit forcément se manifester par des directions appropriées et des fonctions proportionnelles.

Qu'importe, après tout, si la responsabilité se mesure aux aptitudes ? (1)

Par le mal, du reste, comme par le bien, toutes les âmes sont et demeurent solidaires. Chacune agit sur les autres et toutes, par l'engrenage même de leurs forces, concourent au développement de l'espèce. Il faut qu'à la vertu le vice serve de repoussoir. Pour qu'il y ait des martyrs, il faut bien qu'il y ait aussi des bourreaux. Qui nous dit que les victimes d'aujourd'hui n'ont pas été les oppresseurs d'hier, et qu'aux persécuteurs ne soit pas réservée pour plus tard la juste revanche du martyre !

Malgré tout et en dépit de sa lenteur, la justice immanente arrive à son jour indiqué. Le progrès se réalise et graduellement s'accentue. L'ascension de l'âme est en raison directe des notions que lui fournissent les souvenirs de ses existences antérieures, et ce n'est qu'au bout du stade parcouru qu'elle peut se retourner, regarder et comprendre.

Certes, elle sera solennelle, la leçon que nous donnera l'extraordinaire et terrifiant *panorama* de nos vies soudainement évoquées. Quel spectacle que celui de cette série d'incarnations dont les fantômes surgiront

---

(1) Voir la parabole des *Talents*. Mathieu, chap. xxv, 14-29.

de tous nos sépulcres entr'ouverts. Nous comprendrons alors l'insuffisance de nos efforts ; nous compterons nos défaillances, depuis l'époque mille fois séculaire, où — qui saurait lire dans la nuit des abîmes ? — où, sous la carapace hideuse du mégalosaure ou de l'iguanodon, nous rampions, gueule ouverte et dents aiguisées, dans les marécages des forêts de l'âge tertiaire...

Nous pourrons constater dans quelle mesure nous avons tâché de nous dégager des férocités d'une si oppressive bestialité, reconnaître ce qui nous en est resté, pendant des siècles, quelles violences, quelles passions abjectes nous a transmises cet héritage redoutable... et voir, enfin, sourdre, du fond de nos cœurs de « civilisés », la bête humaine qui s'y déguise parfois si mal, sous son masque d'hypocrisie (1).

Sous ces stigmates d'infamie, quelles hontes brûlantes et quels remords corrosifs ! Mais en revanche, quelle idée grandiose et réconfortante nous donnera de l'importance de notre destinée, cette longue série de siècles que le Dispensateur a mis à notre disposition, pour donner à notre liberté la marge immense, l'infinie latitude nécessaire à la conquête de notre immortalité. Heureux, quand nous pourrons constater que nous nous sommes épurés d'existence en existence, que nous avons abandonné, sur la route, les scories de notre âme et que malgré nos lenteurs, coupées de défaillances, nous gravitons vers ces hauteurs sereines, où pourra s'effectuer la communion de notre âme avec la grande Ame

---

(1) « Tu portes au dedans de toi, disait Épictète, le sanglier d'Érymanthe, l'ours des cavernes et le lion de Némée, — Dompte-les. »

universelle, foyer d'où elle jaillit autrefois, infime étincelle — mais étincelle impérissable.

Combien d'erreurs, de discussions et de malentendus ont divisé les esprits, égaré les consciences, sur cette question capitale de préexistence, de vies successives et de survie définitive. Le spiritualisme moderne est en mesure d'élucider la question, de la discuter et de conclure.

Jusqu'ici, les matérialistes ont cherché le secret de la vie universelle, non dans les causes supérieures, mais dans les effets tangibles que dissèque le scalpel et que pèse la balance.

Les chrétiens, de leur côté, l'ont cherché dans le brouillard des régions métaphysiques où s'entre-choquent les arguments, mais où domine et se perpétue l'hypothèse.

Nos procédés sont différents ; notre enquête est menée dans un esprit tout autre. Nous savons, de source certaine, que la cause effective du monde réside dans le monde lui-même qu'elle enferme et pénètre, dont elle est l'âme et le foyer.

Trop longtemps on a cru, sans preuves, et soutenu, sans arguments plausibles, que l'œuvre divine s'encadrait dans le cercle restreint de notre économie terrestre. L'on n'a pas voulu comprendre que ce n'est que dans l'enchaînement et la collectivité des vies solidaires que se révèle l'universelle harmonie, que s'effectue l'évolution générale.

Ce n'est ni dans le temps, ni dans l'espace limités, que peut être mesurée l'œuvre divine. C'est dans l'infini qu'elle s'épanouit, en gerbes de soleils, en jaillissements d'âmes. La création est éternelle, antérieure à tout temps, débordant toute durée, et c'est outrager la raison la plus élémentaire que de nous la présenter comme sortant à l'improviste de je ne sais quel néant subitement fécondé — accouplement de mots antithétiques, invention vaine et creuse dont l'imagination la plus complaisante ne saurait accepter la chimérique fantaisie.

Avec tous ses mondes visibles et invisibles, ses populations planétaires, l'univers n'est pas autre chose qu'un immense atelier, l'atelier de l'éternelle vie. Chaque globe, roulant dans l'étendue, emporte avec lui des sociétés humaines dont le développement, la valeur morale et le degré de perfection varient de monde en monde, depuis notre infime planète, pauvre grain de sable où s'agite une des agglomérations les plus inférieures de la hiérarchie cosmique, jusqu'à ces globes énormes, resplendissants, où rayonnent les plus glorieux représentants des confédérations célestes (1).

Mais tout progresse et se transforme, notre terre comme les autres terres, et nous-mêmes, comme les frères qui nous ont devancés.

Hommes et mondes naissent, vivent et meurent. Alors que certains astres s'éteignent, d'autres astres s'allument dans l'étendue. « Il y a dans le ciel des berceaux et des tombes, » a dit le poète. Mais, tandis que ces mondes vieillis se disloquent, s'effondrent et sèment aux abîmes leurs débris et leurs poussières, nos âmes, victorieuses du temps et de l'espace, poursuivent leur course vers d'autres cieux où, sous les rayons de jeunes soleils, évoluent de plus glorieuses humanités.

(1) Paraphrase de quelques belles pages de M. Léon Denis (*Christianisme et Spiritisme*).

C'est ainsi que s'accomplissent, sur un plan dont iui seul connait les secrets, les volontés de l'Organisateur. C'est ainsi, qu'à jamais, se poursuivra l'œuvre de vie ; car, dans les solitudes de l'espace fécondé, c'est par poignées que l'auguste Semeur lance à larges volées la poussière de ses mondes, ces « demeures célestes » où se parachèvent les divinités — et c'est devant le grand orgue de l'univers, c'est sur son incommensurable clavier dont chaque touche est un tourbillon de soleils et de terres, que l'Artiste suprême joue, d'âge en âge, l'hymne éternel de la genèse infinie.

Le voilà, le plan divin.

CHAPITRE IV

L'ÉPOPÉE DE LA VIE

La vie, c'est le drame par excellence. Rien de plus grand ni de plus solennel. C'est pour ce drame qu'a été organisé l'univers.

Naître, vivre, mourir, — mais mourir pour renaître et revivre, et cela d'éternité en éternité... Spectacle grandiose que se donne à lui-même le Créateur qui, à juste titre, a pu se déclarer satisfait de son œuvre.

« Et Dieu vit que cela était bon, » nous déclare naïvement la Genèse. Et cela est bon en effet, plus que bon, grand, sublime en tous sens, en puissance, en justice, en amour.

Et la Genèse dit encore : « Dieu se reposa au septième jour. » C'est ici qu'elle se trompe. Le soleil du dernier jour ne se lèvera jamais sur l'œuvre infinie. Il faudrait pour cela que l'éternité finisse.

Nébuleuses après nébuleuses, tourbillons après tourbillons, soleils et terres se succéderont et sur ces terres et sur ces soleils, sans relâche, naîtront des âmes qui sur le chemin de l'infini monteront vers la divinité.

Naître, vivre et mourir, pour renaître, avons-nous dit. Parlons d'abord de la naissance.

LA NAISSANCE

Par légions infinies, flottent dans l'espace des âmes désincarnées. Toutes savent plus ou moins à quel degré de développement elles sont parvenues. Toutes savent que la loi du progrès est la loi même de la vie, et s'il en est, parmi les plus imparfaites, qui hésitent, reculent, devant les inéluctables épreuves, il en est beaucoup d'autres qui, éprouvant le besoin d'avancer, désirent poursuivre leur évolution. Au surplus, pour chacune d'elles, l'heure sonne tôt ou tard à l'horloge de l'infinie durée.

Quoi qu'il en soit, c'est dans le trouble et l'angoisse que les Esprits s'y préparent. Sur le seuil d'une nouvelle vie, sait-il, le futur réincarné, quel sera le résultat de la nouvelle épuration qu'il va subir ? Va-t-il avancer ou rester stationnaire, lutter avec courage ou abdiquer misérablement et, comme tant d'autres, s'abandonner à un tel point qu'il ira peut-être jusqu'au suicide, pour se débarrasser d'une existence dont il se sentirait incapable d'affronter les redoutables péripéties ?

Mais voici que l'heure est venue. Il lui faut obéir à l'impulsion qui lui est suggérée d'en haut. Un Esprit, désigné dès longtemps, va se joindre au corps d'un enfant dans le germe duquel vont commencer les premières vibrations de la vie fœtale.

Ce n'est pas sans secours, ni encouragements, que le triste exilé du ciel va affronter ses nouvelles épreuves.

Les Esprits qui l'aiment, l'entourent, assistent à son départ du monde invisible. Quelques-uns, même, le suivent jusque dans la vie. Il n'en est pas moins vrai que devant la solennité de cet acte commencent pour lui les douloureux tressaillements, combien plus profonds que ceux de la mort elle-même ! La mort, c'est la délivrance, tandis que la réincarnation n'est pas autre chose, en somme, que l'écrou du nouveau prisonnier. Combien sont avisées ces peuplades sauvages qui, par des chants d'allégresse, glorifient la délivrance du moribond, tandis qu'elles entourent de leurs lamentations le berceau du nouveau-né.

Des limbes mystérieux de la préexistence, l'Esprit est descendu sur la terre, entraîné par une force contre laquelle il n'essaie même pas de lutter. La chair va reconquérir ses droits que lui avait arrachés la mort.

C'est ici que se manifeste dans son action souveraine le phénomène complexe des matérialisations graduées que nous avons appelées la gamme des condensations.

Entre la matière grossière du nouveau corps et la nature éthérée de l'Esprit, qui donc interviendra ? Par quelles concessions réciproques d'assimilation, les deux éléments disparates vont-ils se rapprocher, se confondre dans leur association ? Qui donc va résoudre ce redoutable problème qui, depuis que les hommes se sont mis à réfléchir, constitue l'inexorable pierre d'achoppement de toutes les philosophies, de toutes les dogmatiques, de tous les rêves stériles et douloureux de l'ascète dans sa cabane, du moine dans sa cellule, du théosophe dans son hypogée ?

Que faut-il pour réconcilier ces vieux adversaires,

unir ces deux contrastes, cet Esprit et cette matière, dans des conditions telles que le premier puisse agir sur la seconde... sinon un intermédiaire participant de leur double nature ?

Eh bien ! il existe cet intermédiaire.

Il y a des milliers d'années qu'il a été révélé à l'humanité et s'est manifesté à elle, par des communications, des apparitions, des influences, des inspirations parfois mal comprises, mais efficaces malgré tout. C'est par sa nature mixte, par sa constitution semi-matérielle et semi-spirituelle, qu'il sert de trait d'union entre les deux termes d'un dualisme que l'on s'obstine à considérer comme irréductible.

Cet intermédiaire est le *corps fluidique ou éthérique*, appelé « périsprit » par les spirites, « corps spirituel » par l'apôtre Paul et les Pères de l'Église, « corps astral » par les astrologues... les noms abondent. C'est lui qui joue le rôle capital dans le phénomène de la réincarnation. Il est le modèle, le moule, sur lequel la matière se concrète, le corps physique s'organise. Il dispose les molécules suivant un dessin, un plan préconçu, et c'est à lui que fait allusion un remarquable passage de Claude Bernard dont il sera question plus loin.

Organisme éthéré, issu du fluide qui remplit l'univers, ce corps spirituel, associé au corps matériel, est la forme préexistante et survivante de l'organisme humain. Cette enveloppe, de « matière quintessenciée », va être désormais l'inséparable vêtement de l'Esprit qui, dès cette heure d'incarnation, s'appelle *l'âme* -- cette âme qui, suivant la définition qu'en ont donnée les Esprits eux-mêmes, n'est rien moins qu'une « portion de substance que Dieu distrait de la force universelle et attribue à chaque individualité » (1).

C'est toujours cette Psyché dont la longue histoire n'est pas autre que celle des humanités.

Histoire saisissante et tragique! Hier encore, elle était libre, aujourd'hui elle n'est plus qu'une captive emprisonnée dans la matière, enlacée par les replis de l'organisme au travers duquel il lui faudra désormais vivre, respirer, penser. A mesure qu'elle se développe, elle sent bien grandir en elle-même une lueur tremblotante qu'elle appelle sa conscience, mais elle se débat toujours sous l'étreinte, et ce n'est que de loin, pour ainsi dire, qu'elle entend les appels de l'invisible génie intérieur dont la présence ne se fait sentir que « par le battement de ses ailes », comme dit Pythagore.

C'est tantôt le corps qui l'oppresse, la violente, l'enflamme de ses passions charnelles; tantôt c'est l'esprit qui l'attire en des régions si hautes qu'elle oublie momentanément le corps. Mais combien souffre-t-elle de ces déchirements, au milieu desquels elle cherche obstinément le bonheur — c'est-à-dire la liberté de ses ailes.

---

(1) Rappelons, pour éviter toute confusion, qu'un *Esprit* est l'un des êtres intelligents qui peuplent le monde invisible, que *l'âme* est ce même Esprit, après son incarnation, que le *corps fluidique* ou *éthérique* sert d'intermédiaire entre l'âme et le corps; de telle sorte que l'homme, organisme triple, se compose d'une personnalité corporelle, d'une personnalité mentale ou psychique et d'une personnalité fluidique ou éthérique, de matérialité variable, relative et à tout jamais inséparable, soit de l'Esprit désincarné, soit de ce même Esprit incarné qui dès lors prend le nom d'âme, nous venons de le dire.

Qui saura jamais dire de quelles facultés mystérieuses, inconnues à la terre, est douée cette triple personnalité?

Dès que commence à s'effectuer, sous l'action du corps fluidique, le groupement moléculaire d'où surgira le corps du nouvel incarné, et que, sous l'influence du fluide vital, s'organise et se façonne la matière animalisée, un trouble profond s'empare de l'âme que paralyse une sorte de torpeur. Ses facultés se voilent ; sa mémoire s'évanouit, sa conscience s'obscurcit et la pauvre Psyché s'endort et rêve dans sa nouvelle chrysalide.

Elle n'a pas encore perdu le souvenir de sa patrie céleste. Il est encore visible à ses yeux, le guide spirituel qui lui a désigné la femme qui allait devenir sa mère (1)... Elle se promet de ne pas oublier la lumière dans le monde des ténèbres !... Mais quel trouble, au seuil de ce monde nouveau !

Pendant des années, de longues années d'enfance débile, elle devra préparer son nouvel organisme, l'adapter à ses futures fonctions. Elle le sait, mais elle se résigne, se rappelant peut-être malgré son engourdissement qu'elle n'ignorait pas, en descendant sur la terre, combien rude est l'école par où doivent passer les réincarnés.

C'est ici-bas qu'est véritablement ce « purgatoire », dont les religions mal informées ont fait comme le vestibule du paradis ; et c'est là qu'il nous faut renaître et

---

(1) Pour l'homme et la femme vraiment initiés, dit Ed. Schuré, qui savent que l'âme de l'enfant préexiste à sa naissance terrestre, la conception devient un acte sacré, l'appel d'une âme à l'incarnation.

Entre l'âme incarnée et la mère, il y a presque toujours un profond degré de similitude. Comme les femmes mauvaises et perverses attirent les Esprits démoniaques, les mères tendres attirent les divins Esprits. Aussi sainte et divine est la tâche de la mère qui à son enfant doit créer une demeure nouvelle, lui adoucir sa prison et lui faciliter l'épreuve. — (*Les Grands Initiés.*)

qu'il nous faut souffrir. N'en faisons-nous pas tous les jours la douloureuse expérience ? C'est là que tout se liquide, se rachète, se répare... sans préjudice d'ultérieures purifications. A chacune des fautes autrefois commises correspond une punition proportionnelle. L'abus des richesses, l'orgueil, l'égoïsme, la cruauté ont pour contreparties vengeresses la misère, les humiliations, l'égoïsme des autres et les sévices des impitoyables. Ce qu'on a infligé, on le subit. Et si notre œil était doué d'une certaine double vue spéciale, nous distinguerions, sous la face grotesque ou bestiale des infirmes, des idiots et des fous, des âmes en travail de réhabilitation qu'humilie l'abjection et que torture l'impuissance.

Ne rions pas de ces misérables. Dans ces sépulcres de chair, sous ces larves hideuses, nous pouvons supposer des culpabilités ; mais ce sont des culpabilités qui souffrent, gémissent, expient et qui sollicitent notre pitié.

———

L'union complète de l'âme avec le corps ne s'effectue qu'au moment de la naissance. Ce n'est qu'alors que se noue définitivement l'attache fluidique qui, pendant la vie fœtale, s'était progressivement resserrée. L'âme incarnée dont l'enveloppe, hier encore éthérée, peut se matérialiser de plus en plus, finit quelquefois par s'enlizer dans le limon terrestre et y être marquée de stigmates plus ou moins persistants.

C'en est donc fait. L'âme et le corps, indissolublement associés par le fluide vital dont les pénètre le corps fluidique, concourent ensemble à la création du type individuel qui va caractériser le produit de cette incarnation nouvelle. Oui, nouvelle, car combien d'autres l'ont précédée.

Chose étrange, nous pouvons en suivre la trace dans cette espèce de revision sériaire que refait chaque mammifère au cours de sa vie fœtale. L'homme a été successivement monère, mollusque, poisson, reptile, quadrupède, et c'est par ces formes zoologiques que repasse le fœtus humain avant sa naissance, récapitulant ainsi les états successifs qui caractérisent sa race (1).

Si les divers organismes matériels qui constituent comme la trame de l'organisme humain s'enchaînent les uns aux autres, il en est de même pour la filiation de ses facultés intellectuelles. Les acquisitions faites dans le passé demeurent latentes, mais elles persistent dans leur intégrité première. Ce sont elles qui constituent ce fonds de l'être intellectuel que l'on appelle le *caractère*, en même temps que persistent certaines aptitudes fort

---

(1) Cette récapitulation des formes zoologiques dont la vie fœtale nous donne le spectacle est à coup sûr l'un des phénomènes biologiques les plus extraordinaires que nous ont révélés les physiologistes modernes. Il est d'autant plus intéressant pour nous, qu'il concorde de tous points avec les données de la doctrine ésotérique qu'il éclaire, explique et confirme. Les fœtus des mammifères et de l'homme offrent successivement, c'est-à-dire à leurs différents âges, de si étranges ressemblances avec ceux des animaux inférieurs, qu'un embryologiste célèbre déclarait que, s'il n'avait pris soin d'étiqueter tous ses bocaux, il lui eût été impossible de distinguer l'embryon humain de ceux des mollusques, des poissons, des reptiles et enfin des quadrupèdes eux-mêmes, loups, tigres ou lions dont les fœtus à telle heure de leur évolution intra-utérine sont identiques à celui du « roi de la création ».

diverses, bonnes ou mauvaises et d'origine mystérieuse, qui se révèlent parfois dès les plus jeunes années.

Notre entendement n'est nullement cette *table rase* imaginée par les philosophes modernes. Psyché n'arrive pas sur la terre, blanche, pure et dépourvue de toute acquisition. Elle y apporte non seulement des prédispositions heureuses ou fatales, mais encore des passions, parfois des vices qui, endormis dans les profondeurs du corps éthérique, peuvent, dans les milieux corrupteurs de la terre, se révéler avec une intensité redoutable. N'y a-t-il pas toutes sortes d'histoires de jeunes criminels dont la précocité déconcerte et épouvante ?

Aux acquisitions du passé, viennent s'ajouter les acquisitions de la nouvelle vie. Au grand-livre du corps éthérique, toutes seront enregistrées intégralement, et, par des vibrations associées, feront surgir certains états de conscience qui, faisant suite aux états anciens, souderont les unes aux autres impressions, sensations et connaissances dont la chaîne, partant des bas-fonds de la vie élémentaire, s'allongera et montera jusqu'aux plus hauts degrés que puisse atteindre la vie spirituelle.

L'on pourrait, dans une certaine mesure, comparer le corps éthérique à une sorte de phonographe où les anciennes vies ont gravé leurs empreintes et dont les résonances, se mêlant aux résonances nouvelles, assurent la persistance de tous les souvenirs associés.

N'est-ce pas ainsi que s'explique l'étonnante précocité de certains enfants qui, ainsi que nous le verrons plus loin, apportent, en venant au monde, tout un bagage de prédispositions extraordinaires ? Procédés scientifiques, aptitudes littéraires, dons artistiques, tout surgit et se révèle dans ces « petits prodiges », qui semblent n'avoir qu'à naître pour mettre en harmonie ce clavier de facultés innées... tels, un Pic de la Mirandole qui, à seize ans, connaissait tout ce que l'on savait à son époque, un Pascal qui retrouvait, à treize ans, le traité des sections coniques d'Euclide, un Mozart qui, à douze ans, composait un opéra, tel encore de nos jours ce jeune Inaudi, simple berger, sans culture intellectuelle, qui, à l'âge de quinze ans, — à l'époque où je l'ai connu, — effectuait en quelques minutes, parfois en quelques secondes, les calculs les plus prodigieux. Ces privilégiés de la nature ne se souviennent pas de leurs vies antérieures, mais dans leur corps fluidique sommeillent des vibrations qui, à la première incitation, se réveillent et font fonctionner leur cerveau.

D'autre part — et c'est ici que se présente la difficile et complexe question de l'hérédité — il peut se produire un phénomène de nature toute spéciale. Je veux parler de l'hérédité exclusivement matérielle.

L'Esprit, à la vérité, façonne à son gré le corps que lui ont transmis ses progéniteurs, mais ces derniers ne nous transmettent bien souvent que les éléments de notre organisme corporel. L'âme vient d'ailleurs, indépendante et préexistante.

Ne voit-on pas, dans nombre de familles, des enfants qui, émanant de la même origine ancestrale, ne se ressemblent en rien, ni par leurs goûts, ni par leurs caractères, ni par leurs aptitudes, ni par leurs prédispositions morales ou immorales — pas plus du reste qu'ils ne ressemblent à leurs parents.

Ces phénomènes ne sauraient en rien nous surprendre. S'il est facile de démontrer, preuves en main, que l'organisme matériel lui-même se montre souvent réfractaire aux lois de l'hérédité, combien serait-il plus facile encore d'établir que l'hérédité intellectuelle échappe à toute contrainte, s'affranchit de toute filiation vraisemblable.

L'histoire abonde en ces exemples négatifs.

Qui trouve-t-on dans la descendance directe du sage et avisé Périclès ? L'on y trouve deux sots ayant noms Parallas et Antippas, plus encore un certain Clinias, extravagant à l'état normal et fou furieux par intermittence. L'intègre Aristippe engendre l'infâme Lysimachos ; Thucydide, l'inepte Milésias. Phocion, Sophocle, Socrate, Thémistocle donnent le jour à des fils indignes et le frère d'Alexandre le Grand s'appelait Arrhidée l'Imbécile.

Dans le domaine des sciences, c'est de toutes parts que l'on voit surgir le génie de parents incapables de transmettre des facultés dont ils étaient complètement dépourvus ; et quand on demande à l'histoire ce que furent les pères de fils illustres tels que Bacon, Copernic, Descartes, Galvani, Hegel, Kant, Képler, Locke, Malebranche, Réaumur, Spinosa et tant d'autres... l'histoire répond : pères inconnus, de médiocre valeur, parfois même inintelligents (1).

Je n'ignore pas que certaines objections ont été faites.

— La question n'est-elle pas à double face, disent nombre de gens qui protestent et non sans raison. Combien de fois n'a-t-on pas constaté qu'il existe d'indéniables transmissions héréditaires de facultés intellectuelles ou morales ? Combien n'a-t-on pas vu de savants,

---

(1) Voir le savant ouvrage de M. G. Delanne, *l'Évolution animique*.

fils de savants, et d'artistes, fils d'artistes, comme il y a des scélérats et des bandits, fils de bandits et de scélérats ?

Qui n'a entendu parler des cinquante musiciens distingués que l'on compte dans l'étonnante famille des Bach, en Saxe-Weimar, ou des nombreux artistes sortis de celle des Médicis, de Florence ? S'il y a des races maudites et stigmatisées de tares ineffaçables, il en est d'autres, en revanche, qui sont singulièrement privilégiées. L'hérédité ne se borne pas à marquer de ses empreintes les seules formes extérieures. Par delà les ressemblances du son de la voix, des goûts, des couleurs, des proportions ou des attitudes, il en est d'autres plus profondes. S'il y a des familles dont les membres ont six doigts à chaque main et des hommes porcs-épics, comme les célèbres Lambert, de Londres, il y a de glorieuses ressemblances et d'héroïques héritages transmis par tels pères à leurs descendants.

— Oui, répondrons-nous, la question est double en effet ; mais si la physiologie reste muette devant ce problème complexe, le spiritualisme est là pour le résoudre.

Dans tout organisme humain se trouvent en présence deux éléments bien distincts : la faculté fonctionnelle d'une part, l'organe matériel de l'autre.

La première appartient à l'âme, le second est fourni par le corps. Pour que l'âme puisse mettre en jeu ses facultés, il lui faut des instruments matériels, un cerveau qui pense, des yeux, des oreilles qui voient et qui entendent, des bras, des mains qui exécutent, tout un organisme apte à manifester les conceptions du philosophe, du poète et de l'orateur, les lignes et les couleurs du peintre, les mélodies du musicien, et c'est pour la réalisation de ces œuvres multiples que s'associent les trois éléments constitutifs de l'homme : son âme, son corps éthérique et son corps matériel.

Associés, certes, ils le sont. Ensemble, ils agissent ; ensemble, ils se perfectionnent. L'âme élevée se fait un corps éthérique à son image, lequel à son tour se façonne un corps aux muscles dociles dont un entraînement, savamment gradué, peut développer jusqu'au degré le plus étonnant la souplesse et la dextérité.

Nous savons, d'autre part, qu'en vue de sa nouvelle incarnation un Esprit suffisamment développé peut se choisir sur la terre le milieu le plus apte à faciliter son perfectionnement. N'est-il pas dès lors tout naturel qu'il cherche à se procurer, dans telle famille où ont été cultivées les plus hautes facultés intellectuelles, telle matière affinée, tel organisme délicat dont les aptitudes lui sont garanties par la préformation d'une race ainsi privilégiée ? — (Voir la note 3.)

Et voilà ce qui nous explique que, sans qu'il soit porté atteinte à l'indépendance absolue des Esprits, l'on rencontre des philosophes fils de philosophes, des artistes fils d'artistes ou encore des inventeurs issus d'inventeurs, comme ce fils déjà célèbre du prodigieux Edison.

Indépendamment des Esprits errants, peu avancés, qui, ne comprenant pas la grande loi de l'évolution, flottent dans l'indécision de leur incapacité, il en est d'autres, bien plus imparfaits encore, qui seraient tout disposés à revenir sur la terre, pour s'abandonner aux appétits de leur chair mal éteinte, aux sollicitations de leur corps éthérique lui-même, encore tributaire d'une matière impérieuse et corruptrice. Mais en revanche, en dehors de ces groupes corrompus et corrupteurs, il y a aussi des catégories d'Esprits plus élevés qu'unissent certaines affinités spirituelles et qui forment des confédérations supérieures, où certains d'entre eux prennent leurs dispositions pour se réincarner dans des milieux conformes à leurs besoins et à leurs aspirations.

C'est donc l'âme, enveloppée de son corps fluidique, qui va tout diriger dans le corps de cet enfant où nous l'avons vue descendre. Suivant ses capacités acquises et les prédispositions qu'elle apporte sur la terre, Psyché va lutter ou se laisser vaincre et, dans ce dernier cas, se sentir emporter, comme la feuille au vent, par les ignorances entêtées, les tergiversations des prétendus sages et les amères négations des sceptiques. Vainement elle cherchera au travers de ses sensations fugitives et de ses pensées inconsistantes cette petite étoile qu'elle portait en elle, mais qui dès le seuil de sa nouvelle existence s'est éclipsée subitement.

Ah ! c'est qu'il fait sombre dans ce sépulcre de chair où elle vient de s'ensevelir, et c'est avec une angoisse au cœur qu'elle s'efforce de se rappeler ce qu'elle fut dans le monde lumineux qu'elle vient de quitter. Tout n'est-il pas circonscrit pour elle, dans le cercle étroit que vient de lui ouvrir la naissance? Ses forces ne seront-elles pas paralysées à tout jamais par ces liens de chair, par ces incapacités de l'enfant qui, pendant des mois et des années, aura tout à apprendre, parce qu'il a tout oublié, et qui de même qu'il traîne sur le sol ses membres inhabiles, devra chanceler dans ces brumes où tâtonne son intelligence et où se désespère son incurable débilité ?

Voilà ce que nous apporte la naissance. Aussi quelle tristesse dans le regard humain, lorsqu'il cesse de rire ! Tout au fond de l'œil rêveur et mystérieux de l'enfant, ne nous semble-t-il pas voir son âme inquiète qui, visiblement s'informe, voudrait comprendre, mais jamais ne devine le problème de sa destinée ?

Va, pauvre petit soldat de la vie, — car la vie est une bataille — ne perds pas courage ! C'est au bout du chemin qu'est la délivrance ; c'est à travers les planches disjointes des portes du sépulcre que transparaîtront les divines lueurs.

LA VIE

Qu'est-ce que la vie ? demandions-nous au début de ce livre, et l'on sait dans quels sentiments de désespoir, d'exaspération, d'ironie amère ou de nihilisme intransigeant, il a été répondu à cette question.

Eh bien ! ceux qui ont répondu de la sorte sont tout simplement des gens... mal informés. — J'aurais pu, à l'adresse de certains d'entre eux, employer une qualification plus énergique ; mais n'offensons personne. — Quoi qu'il en soit, c'est dans un tout autre esprit qu'il fallait répondre — et c'est dans cet esprit-là que nous répondrons.

« La terre est une terre d'épreuves, une vallée de larmes et de misère, » gémissent les pauvres gens.

Ces pauvres gens sont dans le vrai et leurs souffrances sont bien faites, hélas ! pour justifier leurs lamentations.

Hâtons-nous toutefois de remettre les choses au point. Oui, la terre est un lieu d'épreuves, un séjour d'expiations ; mais ces expiations et ces épreuves n'ont jamais été comprises par les dogmatistes plus ou moins assermentés qui ont bien daigné nous communiquer leurs conclusions.

Il ne s'agit nullement de nous interpeller les uns les autres, comme le font les trappistes, et de nous répéter, sans trêve, leur macabre et monotone apostrophe : « Frère, il faut mourir ! »

A quoi donc rime cette abdication prématurée et de quel droit invoquer ce lâche et coupable suicide ?

Eh non, frère, il ne faut pas mourir ; tout au contraire il faut vivre ! Vivre pour accomplir notre tâche, vivre pour alléger les douleurs et essuyer les larmes, vivre pour nous aider et nous aimer et marcher ensemble, la main dans la main, vers les cimes altières qu'il nous faut escalader.

Il est absurde de s'imaginer qu'il n'y a de possible, ici-bas, que les lamentations et les larmes ; lamentations lâches qu'ont mises à la mode, d'une part, tous ces prétendus désespérés, fils posthumes de Schopenhauer, nihilistes en disponibilité, sceptiques blasés prêts à toute capitulation et qui, sincères ou non dans leur découragement volontaire, jettent leurs armes au plus fort de la bataille — et d'autre part, tous ces pleurards de sacristies dont l'âme déliquescente s'abandonne, renonce à tout effort et s'en remet passivement à la « pure grâce », au « bon plaisir » de leur dieu anthropomorphe fantasque et vindicatif.

Que signifie donc cette doctrine immorale et débilitante qui table sur les aléas d'un pardon que l'on n'ob-

tient qu'à genoux, d'un paradis que l'on n'achète que
par d'avilissantes et hypocrites humilités ?

Séchez donc vos larmes et, debout, devant les réalités
de la vie, sachez voir et comprendre, et admirer à l'occasion ce que nous offre le présent, ce que nous promet
surtout l'avenir. Il y a, sur notre terre, de merveilleux
spectacles à contempler et des heures exquises à passer,
quand on a des yeux pour s'enivrer du beau, une intelligence pour apprécier le vrai, un cœur pour aimer le
juste et le bon.

Le spiritualiste — qui n'est en somme qu'un homme
bien informé — n'est pas plus un ascète égoïste, qu'un
fakir qu'hypnotisent de stériles et grotesques contemplations. Il vit avec intensité, parce qu'il comprend
le sens de la vie, et ce qui le distingue des insouciants,
des fanatiques et des sceptiques, c'est qu'il voit un ciel
sur sa tête, c'est qu'il n'étouffe pas dans l'atmosphère
opaque où trébuche la foule, c'est qu'il y a pour ses
yeux des fenêtres ouvertes sur l'azur, des échappées
plongeant dans l'infini. Il n'a pas le front nimbé de l'auréole des saints ou des martyrs ; mais il sait vers quel
but il a le droit de lever la tête. Par-dessus les misères
humaines et par delà les brumes grises, ce qu'il aperçoit
et contemple, c'est une étoile qui lui sourit, l'étoile du
pôle, l'étoile de l'idéal.

Il est donc bien entendu que notre terre est une prison ; mais elle est fort belle, après tout. Savez-vous ce
qui la dépare ?... Ce sont les prisonniers qu'elle renferme.

Ah, les vilaines gens et les mauvais cœurs ! Petitesses,
jalousies, rancunes, égoïsmes, haines, injustices, mépris

des faibles et adulation des forts, passions farouches et bestiales ivresses... la voyez-vous se dérouler, devant vous, cette gamme chromatique d'horreurs, avec leurs teintes et leurs demi-teintes savamment nuancées?

« Quelle avidité de proie, quelle cruauté ! Quelles embuscades tendues de tous côtés ! Quels plis et quels replis pour étouffer les faibles !

— De qui parlez-vous? Est-ce de l'homme ou de l'animal ?

— De l'homme. (Ed. Quinet.) (1). »

Mais laissons les forçats et revenons au bagne. Bagne splendide ; à quoi servirait de le contester ? De la plaine à la forêt, de la forêt à la montagne et de ses crêtes neigeuses aux bleus horizons des mers, certes le spectacle est vaste et les magnificences abondent.

Il est bien vrai que notre atmosphère trop peu nutritive nous oblige à creuser la terre, pour y chercher un supplément de nourriture et que la terrible pesanteur qui nous attache au sol nous oblige à y ramper péniblement. N'importe, elle est splendide, notre terre, et combien dramatique est son histoire dans les annales du ciel.

Écoutez-en le résumé rapide.

Formée d'un lambeau de soleil que lança dédaigneusement dans l'espace le roi superbe de notre système planétaire, elle obéit à l'impulsion donnée et tournoya dans l'orbite du foyer générateur.

Vapeur incandescente, tout d'abord, puis tourbillon lumineux, puis radieuse étoile, elle rayonna pendant des

(1) *La Création.*

millions de siècles dans les abîmes de l'éther glacial. Lentement elle s'y refroidit, lentement s'y condensa. D'une blancheur éclatante au début, couleur des jeunes étoiles, blanche comme Sirius, glorieux frère de notre soleil, elle prit la teinte dorée de ce dernier, puis passant au rouge vif, graduellement assombri, elle finit, en s'encroûtant de ses propres scories qui flottaient à sa surface, par faire un globe brûlant où des torrents de vapeurs successivement condensées en déluges, puis de nouveau vaporisées, s'élevaient et retombaient en cataractes, pour s'élever encore au milieu des plus inimaginables déflagrations de tonnerres et d'éclairs qui, se ruant les uns sur les autres, se foudroyaient entre eux.

Cent fois chassée par la croûte incandescente, remontant pour retomber sans cesse, la mer affolée finit par s'étaler sur le globe graduellement refroidi.

Il s'étendit largement, l'océan des premiers âges, et la terre uniformément plate disparut sous les eaux. Dans ces eaux tièdes, électrisées, frémissantes d'énergies génésiques, se forma le protoplasma, masse gélatineuse, océan de vie amorphe et confuse dont les remous visqueux alourdissaient les flots.

Dans cette matière vivante, des noyaux se formèrent, s'entourant de membranes où la cellule, reine du monde, capsule de vie, apparut et s'organisa dans sa toute-puissance.

De ces cellules se peupla l'océan. Monères, amibes, éponges, algues et fucus tapissèrent les bas-fonds, en même temps que de microscopiques animalcules bâtissaient de leurs coquilles mortes les assises des futurs continents.

A la tête de ces premiers fondateurs du globe, était le trilobite. Il a une carapace, il se dirige dans les eaux et son œil est le premier qui se soit ouvert sous les lueurs du ciel.

Les montagnes étaient encore enfouies sous la vase des marécages. Çà et là émergeaient quelques plages où s'attachaient des plantes marines arrachées par la tempête. Ce fut le règne des cryptogames. Puis, de toutes parts, surgirent, s'élancèrent les fougères géantes dont se composèrent les premières forêts.

C'est alors que s'ouvrit l'ère des volcans. Momentanément ensevelis sous les eaux, tous ces titans révoltés, exutoires formidables d'un globe mal éteint, dressent sur les vagues leurs gueules enflammées, vomissent leurs scories, leurs laves, leurs basaltes et ébranlent la jeune terre de leurs convulsions désespérées. Dans cette lutte gigantesque des eaux contre le feu, beaucoup d'entre eux se sont éteints ; mais il en reste encore dans les flancs de notre planète assagie.

L'Hécla, l'Etna, le Vésuve, le Stromboli veillent encore sur notre Europe, et tandis que l'Erebus et le Terror fument aux confins des régions australes, flamboient et grondent dans le nouveau continent les centaines de volcans que Ritter appelle le *cercle de feu*. « Terrible
« illumination, ajoute Michelet, qui fait l'effroi du monde
« en fait aussi la sûreté. Les gardiens de l'Asie, de
« la Polynésie regardent ceux des Andes. L'Océanie
« criblée d'innombrables volcans éteints en a encore
deux cents en action (1). »

Dans les vases tièdes rampent quelques batraciens monstrueux, bientôt suivis par des reptiles plus monstrueux encore dont les hordes féroces, gueule béante,

(1) *La Montagne*.

ont rempli des périodes où les siècles s'amoncellent aux siècles. — Ce furent là nos ancêtres dont à la vérité nous ne saurions nous enorgueillir.

Puis vint la période des mammifères colosses : Mégathériums, Mammouths et Mastodontes dont les éléphants de nos jours ne sont que des diminutifs. Avec la faune se développa dans sa jeune puissance une flore luxuriante. Feuilles et fleurs enguirlandèrent la terre épanouie. Dans les forêts nouvelles, bien autrement riches que les forêts houillères, apparut l'oiseau dont l'aile s'élança d'une île à l'autre, déjà toutes fourmillantes d'insectes. Au-dessus de la terre, des forêts et des mers dont les vagues murmuraient aux golfes arrondis, s'étendit un ciel serein, resplendit un soleil radieux.

De cette terre jusqu'alors plate et uniforme, surgirent les jeunes montagnes. Le Jura se soulève. Les Pyrénées s'agitent et se dressent. Les Alpes, jusque-là humbles collines, se lèvent à leur tour. Hésitantes tout d'abord et ne montant que lentement, de nouveau elles s'agenouillent dans la mer Helvétique, puis se redressent enfin, hautes et fières, telles que nous les voyons aujourd'hui. En même temps, là-bas, se hausse le Caucase, tandis que le gigantesque Himalaya entasse sur ses contreforts ses cimes dominatrices et que sur l'autre face du globe les Cordillères des Andes, prises du même tressaillement, hérissent d'une Amérique à l'autre les vertèbres de leur échine colossale.

Le monde était désormais habitable. Le théâtre était préparé pour le dernier acteur, l'acteur du drame éternel.

Et c'est alors que l'homme apparut.

L'homme, non ; les hommes, car le mythique personnage qu'on appelle Adam ne fut, tant s'en faut, ni le seul, ni surtout le premier. Mais parlons de l'homme type que nous isolons de ses congénères.

De quelle gangue animale furent formés ses premiers tissus ? D'où émergeait-il, alors que pour la première fois son œil s'ouvrit à la lumière et que sa tête enfin se releva vers le ciel ?...

Avant lui, sur une terre basse, presque tous les êtres marchaient la tête inclinée vers le sol ; mais lui, il a dû naître sur quelque plateau, d'où il apercevait au-dessus de lui quelque contrée montagneuse qui attirait ses regards vers des lieux plus élevés (1).

C'est donc par l'homme que se termine la série zoologique. C'est lui, le dernier né, qui résume et parachève l'œuvre mille fois séculaire des solidaires évolutions.

« Le principe pensant, dit M. G. Delanne (2), a parcouru lentement tous les échelons de la vie organique ; c'est par une ascension ininterrompue pendant une série de siècles, qu'il a pu lentement fixer, dans son enveloppe fluidique, toutes les lois de la vie végétative, organique et psychique. Il a fallu recommencer bien des fois cette longue initiation pour que tous ces mouvements sentis, conscients, voulus, arrivassent à l'inconscience et à l'automatisme parfait qui caractérisent les réactions vitales et les actions réflexes. Ce n'est pas tout d'un coup que chaque être est arrivé à ce résultat, la nature ne fait point de miracle, elle va toujours du simple au composé. Pour qu'un organisme aussi complexe que l'homme, qui réunit les caractères les plus

(1) Ed. Quinet, *la Création ;* de Rossi, Congrès d'Anthropologie, 1867.
(2) *L'Évolution animique.*

élevés de toutes les créatures vivantes, puisse exister, il faut de toute nécessité qu'il ait parcouru toute la série dont il résume les états différents.

En arrivant à l'humanité, l'âme est déjà vieille ; son enveloppe a fixé sous forme de lois les états successivement traversés, et c'est peut-être à cette cause qu'est due l'évolution fœtale qui fait repasser l'embryon par tous les stades que l'âme a parcourus antérieurement. »

Le voilà maintenant dans la vie, cet enfant dont nous avons raconté la naissance, cet homme que les lois de son évolution ont ramené dans cette « vallée de larmes », où il nous faut revivre, nous tous réincarnés.

Eh bien, disons-le hautement, elle sera féconde et relativement heureuse pour lui, cette vie, s'il sait et veut en comprendre la signification.

Oui, noble et belle chose entre toutes qu'une vie droite, simple et pure, ouverte aux grandes pensées, accessible aux sentiments généreux. Combien nous console des laideurs humaines le spectacle réconfortant d'un homme qui sait d'où il vient, qui sait où il va, qui a su choisir la voie directe et y marche sans reculs, sans arrêts, sans capitulations de conscience.

Il est une chose qui pour lui prime toutes les autres et dont le nom résume toutes les obligations de la vie terrestre, *le devoir* (1).

(1) Dans une humanité suffisamment évoluée, dit le Dr E. Gyel, c'est-à-dire intelligente et bonne, le principe *d'obligation* fera place au principe de *liberté*. La notion du *devoir* disparaîtra presque entièrement, pour être remplacée par la notion de *l'amour*. Ce sera devenu, en effet, un plaisir de faire le bien et une souffrance de faire le mal.

Et pour le remplir, il a reçu en don suprême — véritable apanage divin — son intangible, son inaliénable liberté. Il a reçu plus encore, puisqu'il apporte, en venant au monde, les notions héréditaires, les impulsions innées de la loi morale ineffaçablement gravée dans son cœur. Ineffaçablement... pas toujours peut-être. Il peut défaillir, déchoir, s'avilir en des abjections anciennes, redescendre quelques échelons déjà franchis ; mais la douleur est là qui veille, feu purificateur qui affine, détache les scories et fait remonter à la surface celui qui sombrait aux bas-fonds.

Sous l'influence de cette inéluctable hygiène de l'âme que lui impose la loi de l'évolution, les perspectives changent, les horizons s'élargissent. Il ne s'agit plus ici de cette étrange dogmatique, base de nos religions modernes, qui transforment en facteurs d'un salut tout personnel les diverses tribulations de la terre, rapetisse cette œuvre que l'égoïsme seul inspire et dirige.

La philosophie de la doctrine ésotérique nous concède de plus hautes prérogatives. Ce que doit et peut rechercher l'homme, ce n'est plus ce bonheur exclusivement terrestre que rêvent les matérialistes, pas plus que ces joies problématiques qu'espèrent trouver les croyants orthodoxes au sein du paradis conçu par leur mesquine imagination.

Ce que l'homme veut, quand il a compris la vie, ce à quoi il applique toutes ses énergies, c'est le perfectionnement continu de sa personnalité, — noble et réconfortante incitation qui divinise l'humanité.

Devant la vaste perspective de nos existences dont chacune d'elles est un combat pour la conquête de la lumière, devant cette ascension de l'être qui de cercle en cercle s'élève vers le Parfait, le problème du mal disparaît sans retour. Le mal n'a pas d'existence absolue. Simple effet de contraste entre la lumière et l'obscurité. Le mal, c'est la situation d'infériorité, c'est l'échelon précédent, la phase transitoire que traversent les êtres dans leur ascension vers un état meilleur.

Nous avons une âme douée d'admirables vertus, mais latentes, endormies. Ce sont ces virtualités qu'il faut mettre en lumière, dont il faut organiser le jeu régulier. Nous avons une raison faillible, vacillante; mais n'est-ce point cette raison, de haute origine, qui, par ses vagues pressentiments et ses mystérieux souvenirs, nous révèle elle-même ses propres défaillances? La raison humaine n'est qu'un reflet de la raison transcendante, vague reflet, lointaine lueur, mais qui n'en possède pas moins comme boussole le sens interne de sa normale orientation. Ses aptitudes lui sont inhérentes et c'est de l'efflorescence de la plante humaine que nous voyons surgir, s'épanouir, toutes ces fleurs merveilleuses qui s'appellent la bonté, la douceur, la patience, la résignation, la tolérance, l'oubli de soi-même, la pitié, le dévouement, au-dessus desquelles s'élève et domine la vertu par excellence, régulatrice de la conscience, inspiratrice du cœur : *la Justice* — glorieuse émanation des plus hautes virtualités divines.

Écoutez Jean Reynaud, l'inspiré précurseur qui, longtemps à l'avance, a pressenti la pure doctrine et, dans un langage superbe, en a tracé les grandes lignes, entr'ouvert les lumineux horizons (1) :

La vie circule éternellement dans l'immensité de

---

(1) *Terre et Ciel* (résumé des principaux passages).

l'univers. La création n'a de bornes, ni dans le temps, ni dans l'espace. Si le théâtre de la vie est infini, il faut que le mouvement de la vie qui s'y déroule soit également infini. Infini par la durée, infini par l'étendue, infini par les populations qu'il renferme dans le sein de sa vibrante immensité.

Comme il n'y a qu'un Dieu, il n'y a qu'un ciel. Cette terre elle-même roule dans le ciel qui constitue notre résidence (1). Emportés sur la nef de la terre, nous nous sentons flotter dès à présent dans l'infini, notre demeure éternelle.

De là quel spectacle, pour qui sait le comprendre! Dans ces profondeurs étoilées, où chaque grain de poussière est un monde, l'immensité s'anime à nos yeux. Je ne puis distinguer les groupes vivants qui l'habitent; mais je vois les fanaux qui les rallient et je m'émeus à la pensée que les rayons qui nous arrivent à travers les espaces soient les mêmes rayons qui éclairent tous ces frères célestes. Nous respirons tous ensemble dans la même lumière. Comment n'être pas agité au fond de l'âme à l'idée de tant d'êtres inconnus qui nous environnent, partageant avec nous le même temps, le même espace, le même éther et, sous la main du même souverain, se précipitant à travers les péripéties infinies de la vie, vers la même immortalité.

Mais ce qu'il faut bien comprendre, c'est que ce ciel n'est pas une demeure ; c'est un chemin. Ces archipels de planètes, ces pâles nébuleuses, ces soleils ne sont pas un séjour fixe. Ce sont les étapes de l'immensité par où les âmes doivent passer pour parcourir les phases variées de leur immortalité. L'immortalité des âmes est sans

(1) Voir les *Terres du ciel* de M. C. Flammarion.

repos comme l'univers est sans limites. Le principe du progrès ne laisse pas de trêve à l'inépuisable activité de ces immortelles voyageuses. Notre terre elle-même n'est qu'une des mille hôtelleries semées sur le chemin de l'infini.

Notre naissance apparente ne marque pas l'âge de notre âme. Elle a déjà vécu comme elle vivra ailleurs.

La continuité de la vie n'est pour elle qu'une série d'émigrations. A chacune de ces étapes marquées sur la route du ciel, elle se dépouille du corps qu'elle y avait pris, attire à elle les éléments nécessaires et se fait ainsi un organisme nouveau pour de nouvelles destinées, un autre corps pour de nouvelles terres.

Aller toujours plus haut dans le ciel, ce devrait être le vœu de toutes les âmes ; mais toutes n'obéissent pas à cette loi sublime. Elles sont libres et achètent d'un haut prix ce privilège de la liberté. Elles peuvent démériter par des pensées basses, des désirs impurs, des actes plus ou moins criminels, obéir aux sollicitations de la matière. Elles sont alors punies non directement par l'Ordonnateur des destinées, mais par les conséquences mêmes qui découlent de leurs défaillances.

L'économie merveilleuse du plan divin repose sur des lois aussi simples pour les phénomènes spirituels que sont celles qui régissent les phénomènes matériels. Lois d'unité, de concordance, de similitudes partout les mêmes. Ce sont des lois analogues à celles de l'attraction qui président à l'équitable distribution des peines et des récompenses, lois d'affinités suivant lesquelles les âmes désincarnées se trouvent naturellement conduites à la place que leur assignent leurs mérites ou leurs démérites. D'elles-mêmes elles montent à des conditions plus hautes, tandis qu'une force équivalente mais inverse les entraîne, le cas échéant, vers des situations inférieures.

Et ce sont ces divers états d'âmes qui expliquent toutes les inégalités physiques et intellectuelles qui différencient les hommes les uns des autres.

La mort se trouve ainsi le point de départ d'un faisceau de routes divergentes qui rayonnent dans toutes les directions. Celle que doit suivre notre vie future est dès aujourd'hui dans nos mains, car elle n'est en définitive que le prolongement de notre vie présente.

De toutes ces routes, laquelle prendre ? — Celle qui monte tout droit. Sur les autres, il faudrait stationner, louvoyer, rétrograder peut-être. Celle-là seule nous mène en ligne droite à l'idéal.

C'est cette voie centrale qui forme l'axe de l'univers. C'est autour d'elle que tout s'agite ; c'est à elle que tout revient. De quelque point que partent les âmes, vers quelque foyer lointain que les aient emportées les perturbations, les tournoiements de leur destinée, c'est toujours dans cette voie qu'elles finissent par se rallier, et que l'homme s'élèvera à travers les splendeurs croissantes du monde sidéral, mesurées par une loi d'infaillible proportion aux splendeurs de ses vertus.

Merveilleuse apothéose !

Que l'on ne vienne pas dire qu'à travers le cours de nos existences notre individualité puisse se dissoudre ou tout au moins perdre la netteté de ses contours. Après les rêves de chaque nuit, nous nous réveillons chaque matin d'un état aussi étrange que la mort. Nos rêves ont été pour nous aussi réels que la réalité de la veille. Nous étions le même individu ; mais nous étions dans un autre milieu où nous menions une autre existence. Semblables aux magnétisés, aux somnambules, nous avons comme deux consciences, deux vies alternées et entièrement distinctes, mais dont chacune a sa continuité rationnelle, et qui s'enroulent autour d'un même principe vivant, comme des cordons de couleur diverse autour d'un fil invisible.

Ce fil invisible, c'est le corps fluidique dont l'âme s'enveloppe. Après chacune de ces morts qui terminent les réincarnations, après l'éclipse momentanée que la matière a faite autour de nous, surgit une nouvelle lueur qui éclaire toute la série des existences rattachées, soudées les unes aux autres par la mémoire endormie sous la carapace de chair, mais qui, persistante malgré tout, se parcours réveille à l'heure de la délivrance.

Nous ressemblons à la fusée. Elle monte dans une obscurité relative, mais, parvenue au plus haut point de sa course, elle éclate en une gerbe éblouissante, en une pluie d'étoiles qui en retombant illuminent tout le parcours de sa trajectoire.

Mais, objecte-t-on encore, nous ne nous souvenons plus, pendant la vie terrestre, de ce que nous avons été dans le passé, oubli néfaste qui annule à nos yeux la sanction de nos souffrances, la légitimité de notre expiation.

Oubli néfaste, avez-vous dit ; moi je réponds, je l'ai déjà dit, oubli providentiel !

La vie d'ici-bas serait à tout jamais impossible si nous avions gardé le souvenir de nos imperfections, de nos grossièretés passées ou simplement de nos défaillances. Que serait la société des réincarnés s'ils se reconnaissaient entre eux, si leurs méfaits réciproques sortaient de l'oubli et si bourreaux et victimes se revoyaient face à face, sous la fulgurante et tragique lueur d'une mémoire devenue soudain clairvoyante. N'éprouvons-nous pas parfois certaines sympathies inexplicables, certaines antipathies surtout qui semblent transparaître par une déchirure du voile qui nous cache le passé. Que serait-ce si le voile entier brûlé par une lueur foudroyante nous révélait tout subitement ?

Qu'importe au surplus à notre personnalité ? La chenille ignore la chrysalide qui ne se souvient plus de la chenille, sans pressentir le papillon. Cela l'empêche-t-il, ce dernier, de s'épanouir dans la suprême incarnation de son être, glorieuse métamorphose, fleur ailée qui, dans l'ivresse de son vol, a tout oublié lui aussi et la chenille et la chrysalide ?

C'est là ce que nous promet la vie et c'est le papillon qui survivra. Il vit déjà, dès ici-bas, de la vie intense qu'il devine et dont il escompte les pressentiments. A l'horizon de notre patrie d'un jour, ne voyons-nous pas rougir l'aube des prochaines clartés ?

Autour de nous vont et viennent les futurs concitoyens de notre vie d'outre-tombe, peuple invisible mais toujours présent, famille céleste de frères, d'amis, de protecteurs, de conseillers. Telle bonne pensée qui surgit dans notre cerveau, sans que nous l'ayons pressentie, qui parfois même semble être en contradiction avec les nôtres, mais qui les domine et doucement s'impose, celle-là nous est suggérée par nos chers invisibles.

C'est de mille manières qu'ils se communiquent à nous. Délivrée par le sommeil et les rêves, par le somnambulisme surtout, des attaches de la matière, notre âme s'échappe et s'en va flotter dans les régions éthérées où nous environnent les lumineuses légions. Momentanément affranchie, Psyché regagne la patrie regrettée, où lui arrivent en foule souvenirs du passé et prévisions de l'avenir. C'est là que s'inspirent les poètes, les inventeurs, les hommes de génie et qu'ils vont se retremper auprès de ceux dont ils réalisent les désirs, parachèvent l'œuvre interrompue.

Que d'inspirations nous sont fournies par d'anciens amis dont le souvenir nous échappe, mais qui, eux, ne nous ont pas oubliés. C'est ainsi que s'expliquent ces découvertes simultanées, nées à l'insu les unes des autres, ces idées communes dont on dit qu'elles sont dans l'air et qui témoignent de communications incessantes entre toutes les humanités.

Léthargies, catalepsies, médiumnités, secondes vues, extases, autant de phénomènes connexes ayant même origine et qui ne diffèrent que par leur intensité.

Et c'est ainsi que dans l'éther vibrant, où s'associent les cieux et les terres, les vivants et les désincarnés, s'accomplit en commun l'œuvre universelle, sous l'œil de l'Organisateur du plan divin dont nous sommes les glorieux collaborateurs.

CHAPITRE V

LA MORT

Les temps sont accomplis ; l'épreuve de la vie est parvenue à son terme. L'organisme usé s'affaiblit. Les fonctions s'oblitèrent. Les liens matériels se dénouent. La vie perd conscience d'elle-même et la dernière heure va sonner. Heure solennelle entre toutes !

Que va-t-il se passer ?

Le voilà posé, le plus formidable des problèmes. Qui donc le résoudra ? Les religions y ont échoué. La mort demeure pour elles le « roi des épouvantements ». Les philosophies ont balbutié. Le matérialisme s'est contenté de sourire, sourire grimaçant et de mauvais aloi ; nullement rassuré.

La doctrine ésotérique seule a répondu sans hésitation, nettement, catégoriquement.

Cette réponse, la voici :

Très diverses sont les sensations qui précèdent et suivent la mort, selon la situation morale où se trouve l'âme de celui qui va faire le « grand voyage », suivant l'expression habituelle. Nous connaissons le voyageur,

Nous l'avons vu naître ; nous l'avons suivi dans la vie et voilà que nous le retrouvons à la porte du sépulcre, sur le seuil du royaume sombre, dans le frisson suprême de l'inconnu.

C'est après une série d'éclipses successives, de défaillances intermittentes que va s'éteindre cette vie. C'est par lambeaux que va se désorganiser ce corps qu'attend l'irrémissible décomposition.

La voilà, la mort, la vraie mort — ténèbres sans lueur, nuit sans aurore, tombe que scelle pour l'éternité la lourde pierre que nulle puissance ne saurait soulever.

Que va-t-il donc rester de ce vivant qui pour jamais roule à l'abîme ?

— Rien, dites-vous.

— Tout, voilà ma réponse.

Il lui reste tout ce qui l'a fait vivre : la pensée, le sentiment, l'amour... la haine aussi quelquefois.

La loque hideuse tombe sur la route. Qu'importe au survivant, puisqu'il lui reste son âme impérissable qu'enveloppe, impérissable comme elle, son corps glorieux, formé d'éther, tissé de matière subtile qui se rit des vers du tombeau, échappe à la pierre sépulcrale et s'envole !

Qui donc croyait qu'elle allait y mourir ?

Tous ou presque tous. Lamentable ignorance humaine, aveugle obstination qui ne sait et ne veut pas savoir.

Mourir, c'est renaître. La mort n'existe pas. Ce n'est pas plus une chose qu'un état ; c'est un passage, une transition, un réveil. C'est un nouvel acte dans le drame de la vie, et si la toile s'abaisse pour un instant, c'est pour se relever sans entr'acte.

Aux approches de l'agonie, l'âme a parfois le pressentiment de la séparation qui va s'opérer. « Je vais mourir ! » dit en frissonnant celui que tout abandonne, et parfois aussi, aux lueurs d'une sorte d'éclair qui l'illumine et passe, il revoit toute sa vie entière encadrée, resserrée dans un tableau qui lui en montre la récapitulation rapide.

Mais voici la dernière minute. La circulation, qui depuis quelques heures s'était ralentie, cesse subitement. Le cœur s'arrête et le dernier soupir s'exhale dans un dernier hoquet. Tout est fini.

L'âme, alors, frappée de stupeur, perd conscience d'elle-même ; c'est ce qu'on appelle le « trouble spirite ». L'état de cette âme, en quelque sorte évanouie, ressemble à celui d'un homme qui, sortant d'un lourd sommeil, cherche à se ressaisir et lutte contre son engourdissement comateux.

Ce n'est que peu à peu que la lucidité revient, que l'âme reprend conscience de ses sensations à mesure que se dénouent les attaches matérielles et que se dissipe cette sorte de brouillard où elle flotte comme dans un rêve.

La durée de ce trouble est très variable. Il peut persister des heures, des mois, des années entières, chez celui dont le corps fluidique, fait d'une matière épaisse à laquelle il s'est identifié, ne parvient qu'avec une lenteur extrême à s'échapper de ses enlacements.

Ah ! dans quelle torpeur de cauchemar se débat ce forçat de la gangue terrestre ! « Il n'a plus, dit M. Schuré, ni bras pour étreindre, ni voix pour crier sa misère ; mais il se souvient et il souffre dans ses limbes de ténèbres et d'épouvante. La seule chose qu'il aperçoive auprès de lui, horreur inexprimable ! c'est ce cadavre qui ne lui appartient même plus et pour lequel il éprouve encore une invincible et effroyable attraction ; car il sent bien que c'est par lui seul qu'il vivait. Or qu'est-il maintenant ? Il se cherche avec épouvante dans les fibres glacées de ce cerveau, dans le sang figé de ces veines, et il ne se trouve plus. Est-il mort ; est-il vivant ? Il l'ignore. Il voudrait pouvoir se cramponner à quelque chose ; mais il ne saisit rien dans son néant et c'est le chaos qui l'environne. Il ne voit toujours que cette même chose « qui n'a plus de nom dans aucune langue, qui l'attire et le fait frissonner de dégoût... la phosphorescence sinistre de sa dépouille putréfiée ».

Étranges, hideuses et parfois grotesques sont les particularités qui accompagnent la mort de certains individus, suivant leur caractère et le genre de mort auquel ils ont succombé. Dans les morts violentes par suicide, supplice, apoplexie ou accident subit, l'âme surprise, épouvantée, ne croit pas à cette mort qui l'a brutalement arrachée de son corps matériel. C'est vainement qu'elle voit cette enveloppe désormais indépendante d'elle, elle la considère toujours comme lui appartenant, et cette illusion étrange se prolonge et dure jusqu'au dégagement complet du corps fluidique qui flotte pour ainsi dire entre l'âme et le cadavre. — (Voir la note 4.)

Cette âme, ignorante des phénomènes qui accompagnent le trépas et persistant à croire que la mort n'est rien d'autre que l'anéantissement définitif, ne comprend nullement la désincarnation. Et comment le pourrait-elle ? puisqu'elle se sent vivre, penser et, chose inouïe, se voit revêtue d'un corps qui ressemble à l'autre, qui n'est pas l'autre cependant, mais dont elle ne peut constater la nature semi-matérielle.

Semblable aux nouveaux somnambules qui ne veulent pas croire qu'ils dorment, ce nouveau trépassé ne croit pas à son décès. Il le comprend si peu, qu'il se demande parfois ce que signifient ces apprêts funéraires qui se font autour de lui. Combien y en a-t-il qui, dans ces étranges dispositions d'esprit, accompagnent leur propre convoi et ne voient qu'un étranger dans ce cadavre que l'on emporte à sa dernière demeure. Combien d'autres qui, avec une demi-compréhension de la vérité des choses, se voient au milieu du groupe de leurs parents, de leurs amis et sont parfois amenés à faire de singulières réflexions sur la comédie des héritiers qui, pleurant d'un œil, riant de l'autre, témoignent de leurs véritables sentiments plus ou moins habilement dissimulés. Et à combien d'autres scènes écœurantes assistent également certains trépassés, à demi conscients, à l'ouverture du testament qu'entourent les convoitises ardentes et où se donnent libre carrière, dans l'impudence la plus éhontée, les déconvenues, les jalousies féroces, en présence des cupidités satisfaites.

Étranges leçons de philosophie pour les désincarnés qui nous voient, nous apprécient et nous jugent !

De tous ces faits il résulte que la matérialité du corps éthérique est toujours proportionnelle à la valeur morale de l'âme. Psyché n'a que la robe qu'elle mérite et l'étoffe en est d'autant plus grossière, que son immatérialité laisse plus à désirer.

Si le dégagement des âmes matérialisées qui ne veulent pas se séparer de la terre présente ces phénomènes de lenteur excessive, il en est tout autrement pour l'âme pure qu'ont préparée à la mort ses pensées élevées et ses hautes aspirations. « Ses sens, sens tout spirituels, s'étaient déjà réveillés. Ils avaient eu comme le pressentiment magnétique de l'approche d'un monde nouveau. Elle entend comme de lointains appels, ressent de significatives attractions de ce monde habité par des amis dont les effluves sympathiques arrivent jusqu'à elle, et sous l'influence de ces puissantes sollicitations, voilà que les attaches de la matière se rompent ou plutôt se dénouent tout doucement et que l'âme, s'envolant de sa prison terrestre, s'élance, et avec quelle ivresse, vers sa patrie spirituelle. » (Ed. Schuré.)

Les Esprits d'ordre inférieur demeurent donc longtemps plongés dans une nuit profonde et dans un isolement complet. Quelles terreurs viennent les y poursuivre. Quelles affreuses visions, surtout, viennent hanter les criminels qu'entourent et que harcèlent les fantômes sanglants de leurs anciennes victimes !

C'est également pour l'Esprit qui ne croit qu'au néant que cette heure terrible réserve d'inexprimables angoisses. Il ne croyait qu'à la vie de ce monde et la voilà, cette vie éphémère, qui s'enfuit et échappe à jamais. Épouvantable lutte entre la matière qui se dérobe et l'âme qui s'acharne à la retenir. Parfois s'obstinant et ne voulant comprendre, elle y reste comme rivée, dans un accouplement monstrueux, jusqu'à la décomposition complète, croyant sentir, horreur suprême ! « les vers du tombeau lui ronger la chair (1) ».

(1) Expression figurée employée par un Esprit désincarné, dans une communication d'outre-tombe.

Les ouvrages spirites nous racontent l'histoire véritablement stupéfiante d'un naufragé qui, quelques mois après sa mort, racontait lui-même, dans une communication, que son âme affolée avait suivi pendant des journées entières, en plein océan, son cadavre décomposé que roulaient dans leur écume les vagues déchaînées.

C'est sous des noms très divers qu'a été désignée, dans le langage des peuples, cette phase mystérieuse et terrifiante de la vie glissant et roulant au gouffre noir.
Pour Moïse, elle s'appelle Horeb, pour Orphée, c'est l'Érèbe ; dans la doctrine chrétienne, c'est le purgatoire ou, plus expressivement encore, la vallée de l'ombre de la mort. Les initiés grecs, plus pratiques et qui voulaient la localiser avec netteté, la plaçaient dans le cône d'ombre que la terre traîne toujours derrière elle et qui s'étend jusqu'à la lune, ils l'appelaient le gouffre d'Hécate. Dans cette ombre sinistre, prison aux barrières fictives, tourbillonnent, selon les Orphiques et les Pythagoriciens, les âmes désemparées qui cherchent à regagner le cercle de la lune ; mais que la violence des vents rabat par milliers sur la terre, tourbillons de feuilles, disent Homère et Virgile, essaims d'oiseaux qu'affole la tempête.
En résumé, c'est par une loi naturelle analogue aux lois d'attraction et d'affinité qu'est fixé le sort des âmes après la mort. L'Esprit impur, alourdi par les fluides matériels, reste confiné dans les couches inférieures, tandis que l'âme pure et légère flotte et monte naturellement vers les régions radieuses.
D'autre part, nous le savons, c'est dans sa propre conscience que l'Esprit trouve sa récompense ou son

châtiment. Il est son propre juge. Après la chute du dernier lambeau de sa chair, apparaît à ses yeux le vivant panorama de ses vies écoulées. Tout surgit de l'ombre ; tout reparaît au jour.

Heure amère de désillusions et de remords, alors que réapparaissent les scènes criminelles.

Heure exquise, en revanche, de satisfaction sereine et de joies ineffables, quand revit le souvenir des bonnes actions simplement accomplies et des dévouements désintéressés.

Et c'est alors qu'apparaît entière, indéniable, la corrélation qui rattache, les unes aux autres, toutes les existences successives. Le passé explique le présent qui lui-même fait prévoir et fixe l'avenir.

Mais quittons ces régions d'inquiétude et d'angoisse. Sortons de ce gouffre d'Hécate, de cet Érèbe, de cette vallée de l'ombre de la mort... et pénétrons dans la lumière.

CHAPITRE VI

LA RENAISSANCE

Éblouissement et vertige!...

Pauvre langue inexpressive que la nôtre. En quels termes, par quelles images vais-je essayer de donner une idée, même confuse, des sensations inconcevables qu'éprouve, dès son arrivée dans la patrie reconquise, l'âme lumineuse, sous sa transparente enveloppe éthérée ?

Tout souvenir de la terre des douleurs s'est momentanément mais subitement envolé. Que deviennent songes noirs et cauchemars sinistres aux premières lueurs du réveil ?

Nous renaissons comme nous sommes nés. C'est dans une inconscience de limbes que nous quittons cette terre où vient de s'accomplir notre dernière phase d'épuration. Après l'inconscience vient une sorte de sommeil ou de rêve, rêve diaphane dans l'extase duquel nous éprouvons de vagues mais exquises délices. Nous sentons s'opérer en nous, par lente métamorphose, une régénération graduelle. C'est dans une ivresse de jeunesse triomphale que nous voyons tomber, écaille par écaille, toutes nos tares humaines, tous nos anciens stigmates d'infirmités et de douleurs.

C'est alors que se réalise, dans son intensité radieuse, la vieille mais admirable image du papillon symbolique qui, au sortir de son obscure chrysalide que déchire un dernier coup d'aile, s'élance dans un rayon de soleil.

Autour de nous, dans les transparences d'une atmosphère astrale et comme diamantée, nous entrevoyons de blanches formes qui flottent. Nous sentons comme de légers frôlements qui nous soulèvent...

Qui donc nous berce ainsi en de molles ondulations ?

Ce sont nos guides célestes, nos amis de là-haut qui nous attendaient et viennent nous recueillir dès les premières heures de la désincarnation pour nous emporter dans les profondeurs de l'empyrée (1).

C'est alors que nos sensations jusque-là plus ou moins confuses se précisent avec netteté. Il se fait en nous une éclosion de facultés endormies. Il émane de nous comme une multiplication de sens inconnus qui, subitement, rayonnent et fonctionnent dans une inexprimable unité. Tout, en nous, voit, entend, perçoit, devine à distance, dans une sorte d'intuition magnétique. Ne sommes-nous pas plongés dans l'éther dont les vibrations nous pénètrent ?

Et c'est dans une envolée de rapidité vertigineuse à

---

(1) Vous souvenez vous de la mélodieuse strophe du poète :

> En ce temps-là, du ciel les portes d'or s'ouvrirent,
> Du Saint des Saints ému les feux se découvrirent ;
> Tous les cieux un moment brillèrent dévoilés,
> Et les élus voyaient, lumineuses phalanges,
> Venir une jeune âme, entre deux jeunes anges,
>   Sous les portiques étoilés.

travers les profondeurs de l'espace, que s'opère ce prodigieux épanouissement de nous-même. Avec une intensité de vision qui dépasse toute conception terrestre, nous voyons passer, en tourbillons fuyants, les myriades de mondes qui peuplent l'infini, et c'est après avoir franchi, à travers longues vagues et flots pressés, comme des océans de poussière lumineuse, que nous abordons enfin... Visions de rêve !... Sur quelle terre du ciel nous sommes-nous arrêtés ?

Tout ici est transparence, pénétration, vision illimitée. Dans ces radiations de lumière incomparable, tout vit et respire, de la montagne à la plaine, de l'animal à la fleur. Par émanations réciproques de chaque être à chaque être, flottent des effluves électriques qui surexcitent les facultés sensitives — combien multipliées du reste !

Nos cinq sens terrestres sont ici doublés, triplés, dans des conditions absolument étranges *d'associations* inattendues. Perceptions intuitives, assimilations immédiates font de notre être transfiguré un organisme réceptif où viennent retentir toutes les impressions fournies par les milieux ambiants.

C'est dans je ne sais quel océan de clartés mélodieuses que s'enivre le regard, dans je ne sais quel autre océan de lumineuses harmonies que se délecte l'oreille.

Les mots de notre langage habituel n'ont plus ici d'application possible. Tout se pénètre, se confond, s'amalgame en combinaisons indicibles, où les sens intervertis se remplacent, s'associent et s'exaltent.

L'on ne sait plus d'où jaillissent tous ces éclats. N'est-ce pas de ces sons qu'émanent ces gammes de teintes prismatiques ; n'est-ce point de ces lumières colorées que sortent ces harmonies célestes dont nul, ici-bas, ne saurait exprimer les inouïes magnificences ?

Du milieu de ces vagues mélodieuses, de ces longs accords mourants s'étalant en nappes ondulées, mais d'où jaillissent, çà et là, des notes qui fusent, puis éclatent par arpèges en gerbes de sonorités, du sein de ces résonances ineffables mais flottantes et impersonnelles, surgissent des voix... voix inentendues, accents miraculeux !

Tout ce que possèdent de troublantes suavités le timbre cristallin de nos cithares, de nos harmonicas ou les gammes veloutées de nos harpes, émane de ces voix surnaturelles, véritables *voix d'âmes* qui, ne pouvant traduire en un verbe quelconque leur harmonie débordante, l'exhalent en cette langue musicale qui semble être la vibration même de la vie universelle que répètent et prolongent les frissonnants échos de l'infini.

Et c'est d'éblouissantes arabesques, c'est de prestigieuses variations, que ces chœurs incomparables brodent le thème que soutiennent et accentuent les basses profondes de l'orchestration générale.

Arrêtons-nous... Que peut la langue humaine pour donner une idée, même lointaine et insuffisante, de ces harmonies ultra-terriennes, aux accords desquelles l'âme, comme enivrée de surhumaines sensations, palpite et s'abandonne.

Que sont les concerts de la terre — ce sont les Esprits eux-mêmes qui nous le disent — à côté de l'ineffable et troublante musique sidérale ?

Que dire maintenant des habitants qui peuplent ces régions élyséennes ?

Autour de nous flottent des formes lumineuses, hommes et femmes, qui viennent nous initier aux mystères de la vie spirituelle.

Sont-ce des anges, des dieux, des déesses... ces êtres étranges, translucides incarnations de je ne sais quelles personnalités invraisemblables ?

Rien d'invraisemblable ; nulle vision de rêve. — Ce sont nos parents qui nous ont devancés, nos chers disparus qui nous sont rendus, sous le glorieux aspect de leur transfiguration divine : pères et mères, femmes et enfants, frères et sœurs, amis retrouvés, amis oubliés dont nous fûmes les contemporains dans les âges passés et que nous reconnaissons bien vite, alors que surgissent à nos yeux telles images effacées que ravivent ces subites évocations.

De tous ces visages radieux d'éternelle jeunesse, de tous ces corps diaphanes, rayonnent leur tendresse, leur amour, et ces pénétrantes sympathies dont la physionomie humaine ne nous donne si souvent que l'expression déguisée ou mensongère. Point n'est besoin de la parole entre ces êtres glorifiés, pour se comprendre, s'apprécier et s'aimer. Toute pensée devient commune dans la solidarité de ces âmes sœurs qui de tout cœur s'associent pour l'œuvre de leur collective régénération.

Quelle harmonie et quelle sainte émulation, entre ces créatures transfigurées dont les aspirations, toujours plus hautes, n'ont d'autre objectif qu'un idéal toujours supérieur et à la conquête duquel elles s'élancent avec une certitude de triomphe que ne décourage aucune défaillance.

Et dans quel milieu incomparable évoluent toutes ces

humanités divinisées. Toutes les splendeurs de l'univers s'étalent, devant nos yeux, dans le vol foudroyant qui nous emporte de constellation en constellation. D'un regard enivré, nous embrassons le prodigieux tourbillon des mondes. Passant des jeunes soleils d'une blancheur éclatante aux vieux soleils d'un rouge plus ou moins assombri, nous voyons se dérouler la gamme multicolore de tous les joyaux de l'écrin flamboyant.

Et quelle variété inouïe dans ce panorama dont la beauté affole et transporte. Nous en avons déjà parlé ; mais se lasse-t-on de redire ces magnificences ?

Voici des mondes dont les jours s'éclairent d'un soleil rose, tandis qu'un autre soleil plus pâle et de teinte verte leur fait des nuits d'émeraude. En voici d'autres où resplendit le double éclat de deux soleils différents, rivalisant entre eux et mêlant dans le même ciel leurs lueurs fulgurantes, alors que les nuits de ces mondes fantastiques sont annoncées par un crépuscule d'or, puis terminées par une aurore bleue (1).

Combien d'autres encore où éclatent des tonalités lumineuses absolument invraisemblables, — spectres de prismes inconnus, irradiations inouïes de soleils dont les teintes, fondues ou luttant entre elles, remplissent les horizons des flammes de leurs incendies.

Et c'est là notre domaine ; là aussi notre champ de travail, c'est-à-dire l'école où se parachève notre éducation. Sous l'inspiration de nos conducteurs spirituels, nous apprenons à connaître tous les merveilleux rouages de l'organisation cosmique.

Que notre apprentissage soit long, qu'importe ? Les

(1) Le Père Secchi, *les Étoiles.*

siècles sont à nous et à travers ces siècles se poursuivra la progression. De cycle en cycle, nous monterons suivant la hiérarchie divine ; et quand, après d'autres existences en de nouvelles stations échelonnées, nous serons devenus dignes d'être les collaborateurs des délégués d'en haut, dans l'œuvre auguste du gouvernement de l'univers, lorsque nous arriverons à pouvoir contempler de près les Esprits glorifiés, rayons vivants du Dieu des dieux dont la splendeur souveraine fait pâlir les soleils... Eh bien ! alors, nous serons arrivés à cette cime lointaine qui du bas-fond des existences nous paraissait inaccessible, à cet idéal rêvé, pressenti, entrevu par instants — nous aurons enfin conquis notre immortalité.

La voilà, cette vie céleste que peut à peine concevoir notre entendement infirme, mais dont les Esprits désincarnés nous racontent les prodigieuses péripéties. La voilà telle que nous la démontrent la loi des analogies et l'enchaînement des concordances dans l'économie de ce plan divin que nous avons essayé d'indiquer, bien faiblement hélas ! incapables que nous sommes d'exprimer l'inexprimable.

CHAPITRE VII

PREUVES ET TÉMOIGNAGES

Nous avons exposé. Nous pourrions nous arrêter ici ; mais nous entendons des objections, nous pressentons des doutes plus ou moins ironiques.

— C'est fort bien, va-t-on dire; les théories sont belles, les promesses réconfortantes, et l'exposition de cette « nouvelle doctrine », prise dans son ensemble, ne manque pas d'une certaine ampleur; mais qui nous assure que tout ce que nous venons de lire n'est pas le produit pur et simple de l'imagination exaltée, surchauffée, de tous ces voyants, illuminés ou visionnaires qui, sous la qualification commode d' « initiés », ont rempli les âges et les « Bibles » de leurs élucubrations ?

Il est si naturel de croire ce que l'on espère, de se payer de complaisantes convictions, si doux, si séduisant, de planer d'une aile audacieuse dans ces régions translunaires que personne n'a jamais visitées... qu'en songe, puis de venir ensuite se poser en révélateur et, comme Moïse, de descendre de la montagne, en portant les nouvelles « Tables de la loi ».

Où sont-elles, ces *preuves* annoncées ; où, ces *témoignages* promis ?

— Elles seront données, ces preuves ; ils seront fournis, ces témoignages.

Nous allons commencer par résumer rapidement l'historique de la question, après quoi viendra la relation des phénomènes divers, faits anciens, faits modernes, irrécusables témoignages, preuves visibles et palpables qui, par centaines, par milliers, nous ont été fournis par les populations des deux mondes.

S'il est une doctrine de noble et antique origine pouvant s'autoriser des témoignages les plus authentiques que puissent fournir les annales de la race humaine, c'est bien à coup sûr la *Doctrine* dite *ésotérique*, c'est-à-dire occulte ou cachée, à laquelle on a donné, dans l'Inde, le nom de « Fakirisme », en Europe, le nom de « Spiritisme, » en Amérique, le nom de « Spiritualisme moderne » — c'est de ce dernier que nous nous servirons.

Le principe fondamental de cette doctrine est en tout premier lieu l'immortalité de l'âme à laquelle se rattache indissolublement la communication possible entre les vivants et ceux que l'on appelle « les morts » bien autrement vivants que nous ne le sommes nous-mêmes.

Quant aux principes généraux qui en constituent le programme et la loi, voici en quels termes les résume Eugène Nus, l'auteur si souvent cité au cours de cet ouvrage (1).

(1) *Choses de l'autre monde.*

« Le progrès pour loi de la vie — l'expiation personnelle *effaçant* le crime — la responsabilité proportionnelle aux forces — la monstrueuse et immorale conception de l'enfer à tout jamais arrachée de la conscience humaine — la solidarité érigée en dogme — la charité s'échelonnant de sphère en sphère — partout le fort ayant pour mission d'élever le faible — partout la sympathie — partout la fraternité — partout le devoir.

Tout cela n'est pas autre chose que le souffle chrétien élargi, grandi, épuré. »

A l'inverse de ce qui se passe aujourd'hui, où le spiritualisme a été *popularisé* et prend ses adeptes dans la foule, les pratiques de l'ancien ésotérisme n'étaient l'apanage et le monopole que de quelques initiés et des prêtres particulièrement qui, outre les profits et le prestige qu'ils en retiraient, s'en servaient pour maintenir les peuples dans l'ignorance et la servilité.

C'est dans la pénombre des premières aurores que s'alluma l'étoile qui dirigea la marche indécise des lointaines humanités. C'est à des milliers d'années avant notre ère que remonte le premier code religieux, les Védas, et ces Védas nous parlent déjà de l'existence des Esprits.

Les Esprits des ancêtres, dit Manou, invisibles mais présents, accompagnent les Brahmes sous une forme aérienne. Longtemps avant qu'elles se dépouillent de leur enveloppe mortelle, dit un autre révélateur hindou, les âmes des justes acquièrent la faculté de converser avec les Esprits.

C'étaient les fakirs, dit M. L. Jacolliot (1), préparés

(1) *Le Spiritisme dans le monde.*

par les prêtres, qui formaient des collèges où ils se livraient à l'évocation des Esprits et obtenaient des phénomènes magnétiques qu'il a fallu découvrir de nouveau après toute une série de siècles.

Et que l'on ne vienne pas dire que c'est grâce à leur ignorance que les hommes primitifs étaient accessibles à toutes les superstitions. N'est-ce pas bien plutôt, parce qu'ils étaient au seuil de l'ère humaine nouvelle, qu'ils se souvenaient de leur ancienne patrie à laquelle les liaient des attaches que relâchèrent, puis dénouèrent, peu à peu, les progrès ultérieurs des civilisations ? En les rapprochant de la terre, elles les éloignèrent du ciel.

Et maintenant, nous pouvons faire le tour du monde antique et, partout, nous retrouverons des pratiques semblables à celles qui caractérisent les premières manifestations religieuses. De temps immémorial, on se livre en Chine à l'évocation des âmes des ancêtres. De la Chine, nous voyons ces rites passer en Asie, puis en Palestine, aussi bien qu'en Égypte. L'on connaît les prodiges qu'accomplissaient les magiciens des Pharaons, rivalisant avec ceux qu'opérait Moïse lui-même, d'après le témoignage de la Bible, et, tout en faisant la part des manifestes exagérations que peuvent renfermer ces récits légendaires, nous ne pouvons contester que c'étaient bien des évocations que faisaient ces magiciens, puisque Moïse, qui s'y connaissait, ayant été initié dans les temples d'Égypte, défendit formellement aux Hébreux de se livrer à ces pratiques mytérieuses.

Ce qui n'empêcha nullement Saül d'aller consulter la pythonisse d'Endor et de communiquer par son intermédiaire avec l'ombre de Samuel.

Des pythonisses, nous en retrouvons en Grèce. Homère, dans son *Odyssée*, raconte tout au long comment Ulysse a pu converser avec l'ombre du divin Tirésias. Apollonius de Tyane, savant philosophe pythagoricien et thaumaturge d'une remarquable puissance, possédait des connaissances très étendues sur la science occulte. Sa vie fourmille de faits extraordinaires. Or, au nombre des principes fondamentaux de sa doctrine, figurait la croyance aux Esprits, et à leurs communications possibles avec les vivants de cette terre. L'on sait, d'autre part, quel rôle important jouèrent à Rome ces mêmes pratiques d'évocation des morts. Les sibylles, dont on connaissait les rapports avec les Esprits, étaient consultées avant toute entreprise, et les généraux eux-mêmes — personnages peu mystiques d'habitude — avaient grand soin de prendre l'avis de ces prêtresses, avant d'entreprendre une expédition quelconque.

Pures superstitions, dira-t-on sans doute. — Soit, mais qu'importe l'esprit dans lequel étaient faites ces consultations? La superstition des gens vulgaires n'était sans doute que la parodie de la foi des hommes sérieux, mais elle n'en témoignait pas moins en faveur de l'importance attribuée aux convictions sincères.

Peu à peu ces pratiques se vulgarisèrent et furent exercées en dehors des temples, sans le contrôle de la classe sacerdotale. Tertullien, Ammien Marcellin laissent entendre qu'elles tombèrent pour ainsi dire dans le domaine public. Ils parlent de « tables qui prophétisent », de « bassins magiques » et « d'anneaux révélateurs ».

Inutile d'ajouter, sans doute, que c'est par les plus rigoureuses mesures de répression que les pouvoirs théocratiques s'efforcèrent, dès le début, de s'opposer à cette vulgarisation des doctrines secrètes. L'on sait, en particulier, combien l'Église catholique, qui plus que toute autre a besoin d'une foi aveugle, sentit la nécessité de combattre par le fer et le feu ces pratiques « détestables et au plus haut point condamnables ». Avec quelle indignation « d'outre-tombe » pourraient en témoigner ces innombrables légions de martyrs, ces millions de prétendus magiciens et de sorciers innocents qui, condamnés avec une férocité inouïe par les Bodin, les Delancre, les Del Rio et autres infâmes, expièrent dans les pires tortures l'inexpiable crime d'avoir évoqué les Esprits. Combien de misérables hallucinés, névrosés, affolés par la misère et les maladies, périrent au milieu des plus effroyables supplices... « pour la plus grande gloire de Dieu », c'est bien entendu (1).

Tout ce sang ne noya pas l'idée. Invincible, indomptée, l'âme humaine remonta, aspirant au ciel, appelant ses frères de là-haut et les frères répondirent.

Ne sont-ce pas eux qui, sous l'arbre des fées, viennent à l'oreille de la bergère de Domrémy, lui parler de la France, de la patrie et la secouent de frissons héroïques ? Ne sont-ce pas eux qui, dans le laboratoire des alchimistes ou le cabinet des philosophes, viennent inspirer les Paracelse, les Cornelius Agrippa, les Swedenborg, les Jacob Bœhm, le comte de Saint-Germain, saint Martin et tant d'autres, agiter les possédées de Loudun, exalter les trembleurs des Cévennes, tout comme les crisiaques du cimetière Saint-Médard ? — Toutes les nervosités de la terre, saines ou maladives, toutes les

(1) Gabriel Delanne, *le Phénomène spirite;* Michelet, *la Sorcière.*

vibrations de l'humanité proviennent du fil électrique qui relie notre monde au monde des désincarnés.

D'un bout à l'autre de notre planète, de siècle en siècle, elle s'étendit la traînée lumineuse, intermittente parfois, mais reparaissant sans cesse, passant d'un continent à l'autre et éclatant en de certaines époques avec des irradiations soudaines.

« A la même heure et sur divers points du globe, se levèrent des réformateurs qui prêchèrent des doctrines analogues. Alors qu'en Chine, Lao-Tsée héritait de l'ésotérisme de Fo-Hi, le dernier Bouddha, Çakia-Mouni prêchait sur les bords du Gange. En Italie, le sacerdoce étrusque envoyait à Rome l'un de ses initiés, muni des livres sibyllins, le roi Numa qui tenta de refréner par de sages institutions l'ambition menaçante du Sénat romain.

Et ce n'est nullement au hasard que ces réformateurs apparaissaient en même temps chez des peuples si divers. Leurs missions différentes en apparence mais analogues et convergentes concouraient à un but commun, qui n'était rien moins que l'inauguration de l'ère moderne, la transition du monde antique à une nouvelle phase de l'évolution humaine.

Elles prouvent qu'à certaines époques fixées par les desseins d'en haut, un même courant spirituel traverse mystérieusement toute l'humanité, indécise et frissonnante. D'où vient-il ? De ce monde divin qui est hors de notre vue, mais dont les génies et les prophètes sont les envoyés et les témoins. » (Ed. Schuré.)

CHAPITRE VIII

LE SPIRITUALISME MODERNE EN AMÉRIQUE

La phase d'incubation du spiritualisme moderne remonte aux années 1847, 1848 et 1849.

C'est en 1847, au mois de décembre (1), que la maison d'un nommé John Fox, demeurant à Hydesville, petite ville de l'État de New-York, fut bouleversée par des manifestations absolument insolites. Cela commença par des coups frappés qui semblaient venir de la chambre à coucher ou du cellier situé au-dessous. Aux coups succédèrent d'autres causes de désordre et d'effroi. Le mystérieux frappeur se mit à agiter les meubles et surtout à balancer le lit dans lequel dormaient les deux filles de M. et Mme Fox, Marguerite âgée de quinze ans et Kate âgée de douze ans. C'était parfois comme des bruits de pas, sur le parquet, d'autres fois les enfants se sentaient touchées par des mains invisibles mais froides.

En février 1848, les bruits devinrent si distincts et

(1) Tiré du récit d'un témoin oculaire, Mme Emma Hardinge, femme intelligente et instruite qui a écrit *l'Histoire du Moderne Spiritualisme en Amérique*. (*Choses de l'autre monde*, E. Nus.)

si continus que le repos de la famille fut troublé pendant des nuits entières. M. et Mme Fox cherchèrent minutieusement, mais sans résultat, quelle pouvait être la cause de ces désordres aussi désagréables qu'inquiétants.

Pendant la nuit du 31 mars, les coups frappés retentirent plus forts et plus obstinés que jamais. Les enfants appelèrent, le père et la mère accoururent, firent jouer, comme ils l'avaient déjà fait tant de fois, les fenêtres, les portes, tandis que le mystificateur inconnu se mit à imiter, comme par moquerie, le bruit et le grincement que faisaient les volets agités.

C'est alors que l'innocente Kate, qui avait fini par se familiariser avec le nocturne tapageur, fit claquer ses doigts et s'écria :

— Ici, Monsieur Pied-Fourchu ! Faites comme moi.

L'effet fut instantané. M. Pied-Fourchu fit entendre immédiatement les mêmes claquements de doigts et en nombre exactement pareil.

— Compte dix, demanda la mère non moins stupéfaite que ses filles.

Le personnage, docilement, frappa les dix coups demandés.

— Quel âge a ma fille aînée ; quel âge a Kate ?

Aux deux questions furent faites deux réponses absolument exactes : quinze ans et douze ans.

— Combien ai-je d'enfants ?

La réponse cette fois fut erronée. Sept coups furent frappés. Mme Fox n'avait que six enfants.

La question fut répétée ; même réponse : toujours sept.

Et Mme Fox se ravisant :

— Combien en ai-je de vivants ?

— Six, fut-il répondu.
— Combien sont morts ?

Un seul coup fut frappé. Tout était expliqué.

— Êtes-vous un homme, vous qui frappez ?

Pas de réponse.

— Êtes-vous un Esprit ?

Des coups rapides et répétés avec énergie ne laissèrent aucun doute sur la nature affirmative de la réponse.

— Voudriez-vous frapper encore, si j'appelais des voisins ?

Nouveaux coups affirmatifs. L'on appela des personnes du voisinage et, pendant toute la nuit, l'on procéda aux mêmes expériences, avec le même succès.

L'on en fit beaucoup d'autres par la suite, mais posément, avec plus d'ordre et de précision. Les curieux attirés ne se contentèrent plus de demandes et de réponses laconiques. Un certain Isaac Post, membre estimé de la Société des Quakers, s'avisa de réciter à haute voix les lettres de l'alphabet, en invitant l'Esprit à désigner par un coup celles qui devaient composer les mots qu'il voulait exprimer. L'expérience réussit de tous points.
— Dès ce jour fut trouvée la télégraphie spirituelle et rendue possible la communication avec l'invisible.

On remarqua de plus que le phénomène se manifestait surtout en présence des demoiselles Fox et de Kate particulièrement. La *médiumnité* fut découverte et constatée(1).

Tel fut, dans sa naïve simplicité, le début du phéno-

---

(1) On appelle *médiums* les êtres spécialement propres, par la délicatesse et la sensibilité de leur système nerveux, à favoriser la manifestation des Esprits et chez lesquels s'opère parfois une incarnation véritable, une prise de possession par l'Esprit qui se substitue à eux. Ce sont les sensitifs, les clairvoyants, ceux dont

même qui allait révolutionner l'Amérique et le monde. Nié par la science officielle, ridiculisé par une presse ignare et systématiquement malveillante, anathématisé par l'intolérance d'un dogmatisme qui ne voulait rien voir, ni rien entendre, condamné par ce qu'on appelle la « justice des tribunaux », exploité par des charlatans sans vergogne, ayant contre lui tout ce que le monde officiel peut déverser d'injures et de mépris... mais possédant en revanche cette force toute-puissante qui s'appelle la vérité, en même temps que l'irrésistible attrait qu'a toujours exercé le merveilleux sur l'imagination des hommes — le nouveau spiritualisme allait entrer en scène et conquérir cet innombrable peuple d'adeptes

la vue perce le brouillard qui nous cache les mondes éthérés, et, par une sorte d'éclaircie, parviennent à entrevoir quelque chose de la vie céleste. Certains ont même la faculté de voir les Esprits, d'entendre d'eux la révélation des vérités supérieures.

Nous sommes tous médiums, mais plus ou moins et à des degrés fort différents. Beaucoup le sont qui l'ignorent complètement. Mais il n'est pas d'hommes sur qui n'agisse l'influence bonne ou mauvaise des bons ou des mauvais Esprits. Nous vivons au milieu d'une foule invisible qui, silencieuse, attentive aux détails de notre existence, participe par la pensée à nos travaux, à nos joies, à nos souffrances. Parents, amis, indifférents, ennemis, tous sont ramenés vers les lieux et vers les hommes qu'ils ont connus. Cette foule invisible nous influence, nous inspire à notre insu et même, dans certains cas, nous obsède, nous poursuit de sa haine et de ses vengeances.

Les aptitudes des médiums sont multiples et variées. Il y a des *médiums à effets physiques*, des *médiums sensitifs, auditifs, parlants, voyants, somnambules, guérisseurs, écrivains ou psychographes*.

Il ne faut pas s'imaginer que tous les médiums sont des malades. S'il en est qui sont plus ou moins névropathes, il en est aussi et en grand nombre qui, malgré leur organisation sensible, jouissent d'un parfait équilibre et d'une santé ne laissant rien à désirer.

qui, d'un bout du monde à l'autre, se compte aujourd'hui par milliers et par millions.

Il fut établi, au cours de nombreuses expériences, continue Mme Hardinge, que, « dans certaines conditions,
« des Esprits bons ou mauvais, élevés ou abjects, peu-
« vent correspondre avec la terre; que ces relations
« magnétiques entre les deux mondes sont d'une nature
« très délicate, sujettes à des troubles et singulièrement
« sensibles à l'influence des émotions des opérateurs ;
« que les chefs spirituels qui ont présidé à l'inaugura-
« tion de ces communications entre vivants et trépassés
« sont des esprits philosophiques et scientifiques dont
« la plupart, durant leur existence terrestre, s'étaient
« livrés à l'étude de l'électricité et autres corps impon-
« dérables et en première ligne le Dr Benjamin Fran-
« klin, qui vint souvent lui-même donner ses instruc-
« tions aux nouveaux adeptes, sans compter nombre
« d'Esprits amenés par des affections de famille, dans
« le but de réjouir le cœur de leurs amis vivants par
« des témoignages directs de leur présence, procla-
« mant la joyeuse nouvelle qu'ils vivent toujours, qu'ils
« aiment toujours, et annonçant, avec les plus tendres
« expressions, qu'ils veillent sur les bien-aimés et rem-
« plissent auprès d'eux le gracieux ministère d'anges
« gardiens. »
Tel est, dans sa touchante simplicité, le procès-verbal qui fut dressé à l'occasion de ces authentiques et providentielles manifestations.

L'Esprit qui se manifestait aux demoiselles Fox déclara qu'il se nommait Charles Rosna, colporteur de son vivant, et qu'il avait été assassiné dans cette maison, dépouillé de son argent et enterré dans la cave même d'où étaient partis les premiers bruits.

C'est alors que commença, pour l'infortunée famille Fox, un odieux et long martyre que leur firent subir des hordes de fanatiques véritablement sauvages qui ne leur épargnèrent ni les injures les plus grossières, ni les pires violences. Elle crut bien faire en allant se fixer à Rochester et, encouragées par les conseils de Rosna, leur ami invisible, les jeunes demoiselles Fox, se faisant résolument missionnaires de la nouvelle doctrine, n'hésitèrent pas à braver les haines des congrégations religieuses et à se soumettre au contrôle le plus humiliant et le plus rigoureux.

Accusés d'imposture et impérieusement mis en demeure, par les ministres de leur confession, de renoncer à leurs pratiques, M. et Mme Fox résistèrent courageusement, déclarant qu'ils considéraient comme un devoir de propager la connaissance de ces phénomènes qui apportaient aux hommes de grandes et consolantes vérités. En conséquence de quoi, ils furent ignominieusement chassés de leur Eglise, eux et leurs adeptes. Cette Eglise, on le voit, ne sortit pas de la tradition. L'intolérance religieuse n'est-elle pas toujours la même, sous quelque latitude qu'elle s'exerce ?

Les pauvres Fox, contre lesquels s'ameutèrent tous les conservateurs fanatiques, prétendant emphatiquement qu'ils voulaient défendre la « foi de leurs aïeux », offrirent alors de fournir publiquement la preuve de la réalité des manifestations. Toute la population de Rochester fut convoquée, à cet effet, dans la plus grande salle de la ville.

La séance débuta par une conférence où furent exposés, dans leur irréfutable simplicité, les progrès des phénomènes dès les premiers jours de leur apparition.

Cette communication, accueillie, cela va sans dire, par de formidables huées, aboutit cependant, chose assez étrange, à la nomination d'une commission chargée de faire sur les faits incriminés une sérieuse et rigoureuse enquête.

Or, à la stupéfaction et à l'indignation générales, ne voilà-t-il pas que les membres de cette commission, comme malgré eux et en dépit de tout le violent déplaisir qu'ils en éprouvaient, furent *contraints* de reconnaître et de proclamer que nulle trace de fraude n'avait pu être découverte.

Fureur de la foule bien pensante. Nomination d'une deuxième commission qui naturellement redoubla de rigueur dans ses procédés d'investigation. On fit fouiller les jeunes filles; des dames adjointes à la commission les firent même déshabiller complètement... ce qui n'empêcha nullement les coups de retentir avec énergie dans la table des séances, tandis que tous les meubles de la salle dansaient la plus invraisemblable sarabande. Des réponses furent correctement faites par les Esprits à toutes les questions qui leur furent posées même mentalement, et le tout, dans la pleine lumière d'une séance publique où tout subterfuge était impossible.

Second procès-verbal, second rapport plus favorable encore que le premier. La bonne foi des spiritualistes était reconnue, la réalité des faits constatée et le tout *officiellement*.

« Impossible, dit Mᵐᵉ Hardinge, de décrire l'indignation furieuse de la foule deux fois déçue.

Troisième commission. Celle-ci fut choisie parmi les hommes les plus incrédules, les railleurs les plus incorruptibles... et le résultat de leurs investigations, plus odieuses et plus outrageantes que jamais pour les pauvres jeunes filles, tourna plus que jamais aussi à la confusion de leurs détracteurs.

C'en était vraiment trop, et les Esprits semblaient avoir perdu tout respect pour la vénérable « foi des aïeux » par trois fois outragée.

Le bruit de l'insuccès de cette suprême enquête ne tarda pas à transpirer dans la ville et fit monter à son comble l'exaspération de tous les « bons esprits ». Quant à la foule, de plus en plus furibonde et convaincue de la connivence des commissions avec les « imposteurs », elle déclara tout net que, si le rapport définitif était encore favorable à la cause, elle *lyncherait* tout simplement les inculpés avec leurs avocats. — C'est ainsi que la foule rend sa justice, en Amérique... et aussi ailleurs.

Les jeunes filles, escortées de leurs parents et de quelques amis courageux, ne s'en présentèrent pas moins, malgré leur épouvante, à la redoutable réunion générale. Pâles, mais résolues, elles prirent place sur l'estrade de la grande salle, « bien décidées à périr s'il le fallait, martyres d'une impopulaire mais indiscutable vérité ».

La séance commença. La foule était houleuse, frémissante, manifestement hostile. Le silence ayant été obtenu à grand'peine, la lecture du rapport fut faite par l'un des membres de la commission, celui-là même qui, lors de l'élection des nouveaux membres, avait déclaré d'un ton péremptoire que « s'il ne parvenait pas à découvrir le *truc*, il se précipiterait dans la chute du Genessée », — le petit Niagara de l'endroit.

Et quelle fut la conclusion de ce fameux rapport qui devait irrévocablement et d'un seul coup abattre les sept têtes de l'hydre diabolique ? C'est que ses collègues et lui avaient bien réellement entendu les coups caractéristiques, mais qu'il leur avait été impossible d'en découvrir la cause.

C'est alors qu'au milieu d'un tumulte épouvantable se dressèrent par centaines les têtes de cette hydre d'une autre nature que celle du monstre mythologique, mais infiniment plus redoutable, bête monstrueuse et féroce qu'on appelle la foule, bête déchaînée dont les passions sont inconscientes dans leur ineptie, aveugles dans leur fureur sauvage.

Et déjà elle escaladait l'estrade toute prête aux pires violences, lorsqu'un quaker, nommé Georges Willets — un nom à conserver — dont la religion pacifique donnait une autorité particulière aux paroles qu'il prononça, déclara que « la troupe des rufians qui voulaient lyncher les jeunes filles ne le feraient qu'en marchant sur son corps ».

Cette honnête et courageuse intervention fit reculer les misérables brutes, et la foule s'écoula tumultueusement.

Cette scène, ajoute Eugène Nus, fut tout à la fois touchante et aussi singulièrement suggestive. Ces jeunes filles qui, avec une résignation étonnante, subissent les investigations les plus outrageantes et gardent leur attitude courageuse devant une foule sauvage qui n'eût pas reculé devant un assassinat ; ce père et cette mère prêts à partager le sort de leurs filles ; ces commissions si détestablement disposées tout d'abord et qui finissent par proclamer loyalement et non sans danger la vérité qui les confond, — tout cela nous sort un peu de nos coutumes et de notre monde, qui n'a de commun avec les habitants du nouveau monde que l'obstination des foules à tourner le dos à l'évidence plutôt que d'abandonner les idées traditionnelles. Mais cela, c'est l'apanage de la société humaine dans sa généralité, et les vieilles académies n'en sont pas plus exemptes que les jeunes populations.

Jamais persécution n'enraya la marche d'une idée, et si les bourreaux étaient sincères, ils avoueraient qu'elles l'accélèrent généralement.

Ainsi en arriva-t-il aux États-Unis, si bien qu'en 1850 l'on y comptait déjà plusieurs milliers de spiritualistes. La presse, se croyant toujours très spirituellement sarcastique, daubait avec entrain sur la nouvelle doctrine. Entre la poire et le fromage des tables les plus distinguées, l'on se gaussait agréablement des tables tournantes, et les Esprits frappeurs faisaient toujours rire, oh ! mais rire prodigieusement, les fortes têtes récalcitrantes.

En attendant, et en revanche, se réveillaient et s'ouvraient d'autres esprits, non point frappeurs cette fois-ci, mais sérieux, honorables, de haute valeur intellectuelle et morale. Des écrivains et non des moindres, des orateurs, des magistrats, voire même des révérends ministres, s'informaient, étudiaient, prenaient fait et cause pour la doctrine bafouée. De véritables missionnaires se mirent en tournées de conférences, des publicistes de talent fondèrent des journaux spiritualistes, semèrent à tous les vents brochures, discussions, pamphlets apologétiques, ébranlèrent l'opinion publique et sapèrent force préjugés.

Le mouvement s'accéléra avec une telle rapidité et la propagande prit de si larges proportions, qu'en 1854 une pétition revêtue de quinze mille signatures fut adressée au congrès siégeant à Washington, dans le but de faire nommer, par le congrès lui-même, une commission chargée d'étudier les nouveaux phénomènes et d'en découvrir les lois. La pétition resta, il est vrai, non avenue ; mais l'essor de la nouvelle doctrine en fut si peu retardé que les quinze mille signataires devinrent bientôt des millions.

Les moyens de communication se perfectionnèrent. Après la table vint la planchette, après la planchette vint la main du médium elle-même. Aux réponses laconiques succédèrent de véritables messages envoyés par les interlocuteurs d'outre-tombe, après lesquels se manifesta le prodigieux phénomène de l'écriture automatique.

Bien d'autres surprises étaient réservées. L'on vit apparaître des lueurs, des lumières, des formes de mains humaines. On commença par les voir, l'on en sentit bientôt le contact et, à la stupéfaction des sceptiques les plus endurcis, l'on finit par obtenir des épreuves photographiques de ces apparitions tout d'abord vaporeuses, mais qui se matérialisant, peu à peu, peuplèrent les régions invisibles de personnalités vivantes et agissantes.

Et c'est alors qu'intervinrent, au milieu des adhésions de toute nature et de toute provenance, les témoignages bien autrement importants des hommes de science.

Ce fut tout d'abord le juge Edmonds, l'un des hommes

les plus considérables de la magistrature, chief-justice de la cour suprême du district de New-York et président du Sénat, qui, tout d'abord sceptique et voulant dévoiler l' « imposture », finit par se convertir avec éclat à la doctrine des sciences occultes.

Après lui, vint le professeur Mapes — professeur de chimie à l'Académie nationale des États-Unis. — Lui aussi se mit à étudier les phénomènes et voici dans quelles dispositions d'esprit il entreprit ses recherches : « Voyant, dit-il, quelques-uns de mes amis complètement immergés dans la magie moderne, je résolus d'appliquer mon esprit à cette matière, pour sauver des hommes qui, respectables et éclairés sur tous les autres points, étaient sur celui-là en train de courir tout droit à la plus complète imbécillité. »

Or le résultat des investigations de ce professeur « réfractaire à l'imbécillité » et si mal préparé à l'inoculation de la nouvelle doctrine fut, comme pour le juge Edmonds, une « immersion » complète dans les eaux du spiritualisme.

La même aventure arriva à l'un des savants les plus éminents d'Amérique, Robert Hare, professeur à l'université de Pensylvanie.

Il commença ses recherches en 1853, époque où, selon ses propres paroles — étant dans les mêmes dispositions intransigeantes qu'avait manifestées avant lui le professeur Mapes — il se sentit appelé « à employer tout ce qu'il possédait d'influence, pour essayer d'arrêter le flot montant de démence populaire qui, en dépit de la science et de toute raison, se prononçait opiniâtrément en faveur de cette grossière illusion appelée spiritualisme ».

Ayant eu connaissance des travaux de Faraday sur les tables tournantes, il crut que le savant chimiste en avait trouvé la véritable explication. Toutefois, pour son édification personnelle, il répéta ces expériences et, les trouvant insuffisantes, il s'ingénia, pour les rendre plus probantes, à inventer de nouveaux appareils.

Et c'est alors qu'à sa profonde et douloureuse stupeur il aboutit à des résultats si parfaitement différents de ceux qu'il attendait, qu'il crut devoir les publier, loyalement, dans un ouvrage publié en 1856 et dont l'effet sur ses contemporains fut bien plus considérable encore que celui qu'avait produit le livre du juge Edmonds.

En dépit de ces conversions retentissantes, la bataille se poursuivit plus âpre et plus acharnée que jamais. Savants contre savants, la mêlée devint générale — et l'on sait avec quelle aménité se traitent ces messieurs, quand ne concordent pas leurs opinions.

Il ne s'agissait plus ici de quelques pauvres filles obscures, ou de quelques audacieux charlatans aptes aux pires besognes, c'était la science officielle qui se prononçait par la bouche de ses représentants les plus illustres. La passion scientifique, qui n'a d'égale que la passion dévote, fut poussée à un si haut degré, qu'en 1860 la législation de l'Alabama fit un bill déclarant « que toute personne qui ferait de publiques manifestations spiritualistes dans l'État serait condamnée à 500 dollars d'amende, — assez joli pour la libre Amérique ! — Le gouverneur, toutefois, hâtons-nous de l'ajouter, refusa de sanctionner ce bill… suffisamment grotesque.

L'un des derniers convertis, parmi les grands noms américains, fut Robert Dale Owen, qui jouissait à la fois d'une réputation de savant des plus justifiées et d'une renommée spéciale d'écrivain. Son dernier ouvrage, paru en 1877, à Philadelphie, fut remarqué pour ses idées élevées et ses aperçus particulièrement ingénieux.

Le mouvement spiritualiste est en ce moment plus vivace que jamais, d'un bout à l'autre des États-Unis. Dans la plupart des grandes villes, existent d'importantes sociétés ayant pour but et pour programme l'étude et la démonstration de la doctrine spiritualiste. Vingt-deux journaux et revues tiennent le public au courant des travaux entrepris. Toutes les grandes villes de l'Union ont des sociétés spiritualistes parfaitement organisées. En 1870, l'on comptait vingt associations d'États, cent cinq sociétés privées, plus de deux cents conférenciers et une vingtaine de médiums publics.

La somme totale des spiritualistes, d'après Russel Wallace, s'élève au chiffre approximatif de onze millions rien que dans les États-Unis.

Voilà quelle a été l'étonnante moisson née du grain jeté dans la cave de la famille Fox à Hydesville, par Charles Rosna, le pauvre colporteur qui y avait été assassiné.

CHAPITRE IX

LE SPIRITUALISME MODERNE EN ANGLETERRE

LES GRANDS TÉMOINS

La Société dialectique de Londres fondée en 1867, sous la présidence de sir John Lubbock, membre de la Société royale de Londres, et comptant parmi ses vice-présidents Thomas-Henry Huxley, l'un des professeurs les plus savants de l'Angleterre ainsi que Georges-Henry Lewes, physiologiste éminent, décida, dans sa séance du 6 janvier 1869, qu'un comité serait nommé pour examiner les *prétendus* phénomènes du spiritualisme moderne et en rendre compte à la Société.

Le débat qui s'éleva à ce propos permit de constater que la plupart des membres n'admettaient pas la réalité de ces phénomènes et étaient bien convaincus qu'à la suite de cet examen solennel le *moderne spiritualisme* serait anéanti à tout jamais.

Cet espoir fut partagé par la grande majorité des journaux anglais qui saluèrent la nomination des membres du comité, par de véritables cris d'enthousiasme. — Le malheur, c'est qu'après avoir si bien chanté, il fallut déchanter considérablement.

A la profonde stupéfaction du public anglais, la commission, après *dix-huit mois* de sérieuses études, conclut en faveur de la réalité des manifestations.

Toutefois, personne n'osa réclamer, quand on sut quelle était la valeur des membres de la commission qui prirent part à cette enquête solennelle. Ils étaient tous là, les plus illustres représentants des corporations scientifiques de l'Angleterre, ayant à leur tête le grand naturaliste Alfred-Russel Wallace, émule et collaborateur de Darwin. Comme Mapes, comme Hare et tant d'autres savants américains, Wallace, tout d'abord récalcitrant, mais vaincu par l'évidence, a fait courageusement sa profession de foi dans son ouvrage célèbre *Miracles and modern Spiritualism*, qui aujourd'hui encore passionne toute l'Angleterre.

Au nombre des témoins entendus par le comité de la Société dialectique, figuraient M. le professeur Auguste de Morgan, président de la Société mathématique de Londres et secrétaire de la Société royale astronomique, M. Varley, ingénieur en chef des compagnies de télégraphie internationale et transatlantique, M. Oxon, professeur de l'Université d'Oxford, M. Serjeant Cox, jurisconsulte, philosophe et écrivain, M. Barkas, membre de la Société de géologie de Newcastle.

Tous ces savants sont arrivés à la conviction par leurs études personnelles et les plus patientes expérimentations. Nous aurons l'occasion d'en citer quelques-unes dans les pages qui vont suivre.

Parmi les sceptiques les plus endurcis, s'était fait remarquer le Dr Georges Sexton, célèbre conférencier qui avait mené une des campagnes les plus vives contre la nouvelle doctrine. Certes, si jamais converti multiplia les objections et les protestations de toute nature, ce fut bien le docteur et conférencier Sexton. Pendant *quinze années*, il lutta, ergota, objurga, ce qui ne l'empêcha pas, en homme consciencieux qu'il était, de s'informer loyalement. Il le fit et si bien, qu'au bout de ces quinze années d'études et de recherches il se déclara définitivement acquis à la cause qu'il avait si obstinément combattue.

Terminons cette liste des grands témoins par le plus illustre de tous, M. William Crookes, l'homme éminent à qui la science moderne doit la découverte du thallium et surtout la démonstration expérimentale de l'existence de la « matière radiante » ou quatrième état de la matière — entrevu par Faraday — et dont on peut dire sans exagération que c'est la plus grande découverte du siècle.

CHAPITRE X

LE SPIRITUALISME MODERNE EN FRANCE

L'entrée du spiritualisme, en France, se fit sans la moindre solennité.

L'on eût fait rire bien des gens, si on leur avait dit que, sous ces petits jeux de société dont on s'amusa pendant les deux hivers consécutifs de 1851 et 1852, se cachait la plus grandiose révélation qui ait été faite à la terre, et que ces tables tournantes n'ouvraient rien moins qu'une ère nouvelle, sous les doigts de croyants pour rire, ou de sceptiques bien déterminés à ne rien entendre. Les tables furent à la mode toutefois; mais c'est là tout le bénéfice qu'elles en eurent.

L'on s'amusa donc au beau pays de France et d'autant plus innocemment, que l'on ignorait de tous points — spécialité du reste qui nous est propre — tout ce qui s'était passé à l'étranger. Puis le jeu, cessant de plaire, fit place à de nouveaux divertissements.

Ce fut bien vainement, tout d'abord, que s'élevèrent quelques voix, au milieu de cette universelle indifférence, que M. Eugène Nus fit paraître ses *Choses de l'autre monde*, puis ses *Grands Mystères;* que le comte d'Ourche s'intéressa vivement à la question et que le baron de Guldenstubbé publia, en 1857, un livre sensationnel sur la *Réalité des Esprits*.

Qui donc, je vous le demande, pouvait se préoccuper de pareilles calembredaines ?

La presse, la grande presse, gardienne assermentée du bon sens universel, n'était-elle pas là, avec ses gaudrioles préservatrices et ses quolibets réconfortants ?

Mais voici que survint une bien autre chose. Voici qu'Allan Kardec, sous son nom cabalistique, publia, en 1857, son *Livre des Esprits*.

Entendez-vous bien la chose, car je ne sais vraiment si je me fais comprendre. Ce *Livre des Esprits* est bien le livre des Esprits, livre dicté par eux, Bible d'un nouveau genre, répertoire extraordinaire de toutes les questions, solution étrange de tous les problèmes.

Oh ! pour le coup, la chose fit sensation, et trente-huit éditions successives, traduites en je ne sais combien de langues, n'ont pas encore épuisé l'intérêt de curiosité que provoqua cette publication sans pareille. Eh quoi, ce sont ces petits jeux innocents de tables tournantes, de coups frappés dans les meubles et de dialogues avec un invisible interlocuteur qui nous enseignent que l'âme est immortelle et nous donnent la clé des mystères de l'au delà.

Scandale et stupéfaction ! De toutes parts, s'éleva un *tolle* contre le malencontreux mystificateur. Les revues, les journaux, les académies, les chaires apostoliques ou évangéliques, rangés en front de bataille, massés en phalange macédonienne, d'un commun accord se groupèrent et firent face à l'ennemi ! Et s'il y avait eu, en France, quelques demoiselles Fox disponibles, qui sait quel glorieux pendant nous eussions peut-être donné aux scènes scandaleuses de Rochester ?

N'incriminons personne, toutefois. Ce ne fut pas le sang qui coula, ce ne fut que d'inoffensifs encriers que s'échappa à flots une encre intarissable. « Intarissable » n'est pas excessif, car l'encre n'a pas fini de couler.

Il fallut, nonobstant, s'occuper de la question. On reprit l'étude de ces fameuses tables tournantes, cause première de tout le scandale, et deux courants d'opinions se formèrent tout d'abord.

Pour les uns, le phénomène n'avait aucune réalité. Pure supercherie ou mouvements inconscients.

Pour les autres, simple action magnétique, ou bien action psychique dans certains cas, mais vague et indéterminée. — Voilà.

Je me trompe. Il y avait une troisième opinion, celle des croyants orthodoxes, pour lesquels il n'y avait qu'un acteur dans toutes ces comédies démoniaques, qu'un coupable à jamais irréductible malheureusement, le diable, messire Satanas, en personne — que les lettrés appelaient Méphistophélès, pour faire croire qu'ils avaient lu le *Faust* de Gœthe.

Et l'académie que j'oubliais... avec sa quatrième opinion! Je voudrais bien ne pas en parler, ne fût-ce que par égard pour cette docte assemblée; mais comment ne pas signaler, cependant, pour l'édification des siècles futurs, l'explication étrange, paradoxale, baroque, grotesque, fantasque, fantastique, inouïe, — épithètes à la Sévigné — dans le but de caractériser la découverte inimaginable et pourtant imaginée par un certain Schiff, illustre inconnu, et adoptée avec enthousiasme par un académicien, Jobert (de Lamballe) qui, s'appropriant et patronnant l'idée phénoménale, s'empressa de la communiquer à ses collègues émerveillés, et ce, en l'an de grâce 1859, le 18 avril, dans la monumentale séance dite du *long péronier*.

— Le long péronier ?...

— Oui, le long péronier... à moins cependant que ce ne soit le court péronier. Mais nous allons élucider la chose, car si jamais grave question fut en jeu, c'est bien celle des péroniers.

Donc, il appert des savantes constatations de M. Jobert de Lamballe, habile et distingué chirurgien — nul n'en a jamais douté — il appert, dis-je, que dans la jambe d'un chacun, à la région péronière, se trouvent placés sur une surface osseuse des tendons et une coulisse commune. Or, c'est dans cette coulisse que se passe... la chose.

— Oui, dit M. Schiff, c'est là que s'exécutent des « bruits volontaires, réguliers, harmonieux, même » !

— Comment donc ?

— Rien de plus simple. Tous ces bruits ont pour origine le tendon du long péronier, lorsqu'il tombe dans la gouttière péronière...

— Pardon ! s'écrie M. Jobert de Lamballe. D'accord avec M. Schiff sur le siège des bruits et de leur cause, nous n'adoptons cependant pas tous les points de sa théorie. Plusieurs de ses explications nous paraissent insuffisantes et peu en rapport avec les dispositions anatomiques.

Nous admettons que tous ces battements sont produits

par la chute d'un tendon contre la surface osseuse péronière. Nous avons eu toutes les facilités désirables pour étudier ce bruit quant à ses origines et son mécanisme. — Et ici M. Jobert de Lamballe raconte tout au long l'histoire d'une jeune fille malade qu'il a eu l'occasion d'examiner — mais toujours nous avons pu reconnaître qu'il se propageait le long du « court péronier.
« Lui seul est donc l'agent du bruit en question, car lui
« seul ne laisse rien à désirer sous le rapport de la si-
« tuation et de sa direction, pour l'explication des ré-
« sultats observés. »

Rien de plus simple en effet, et il demeure bien entendu que les coups qui semblaient être frappés dans les murs, dans les planchers, dans les tables n'étaient dus qu'à ce muscle craqueur de la jambe qui de temps à autre se livre à des facéties que les innocents évocateurs prenaient pour des manifestations d'outre-tombe.

Voilà l'explication. C'est M. Jobert de Lamballe qui l'a trouvée, tout au moins adoptée, et c'est l'académie qui l'a déclarée exacte, rationnelle et scientifique, *ne varietur*.

Écoutons, toutefois, la réponse de M. le Dr Paul Gibier qui, lui aussi, est physiologiste, chirurgien et se connaît en anatomie.

« Le document fourni par M. Jobert de Lamballe à l'académie a été invoqué bien des fois par ceux qui n'ont voulu voir dans les faits avancés par les spiritualistes que le résultat de la fraude ou de l'illusion. Eh bien ! il faut véritablement être à court d'arguments pour en produire de pareils. Comment, voilà M. Jobert qui observe une malade affligée d'une *ténosite crépitante* quelconque ; il profite de l'observation de ce cas pour montrer à l'académie et au monde qu'il est un habile chirurgien et qu'il a usé avec succès de la méthode sous-cutanée de son confrère J. Guérin (qu'il ne cite pas du reste) et, par-dessus le marché, il conclut de ce cas, simple et naturel, à tout un ordre de faits semblables, mais rien que d'apparence. M. Jobert de Lamballe avait-il observé les *coups frappés* présentés par un médium, comme phénomènes spiritualistes ? S'il les a observés, a-t-il mis les doigts sur les gaines tendineuses des péroniers droits et gauches, longs et courts dudit médium, afin de s'assurer que les bruits étaient bien produits par les contractions de ces muscles ? C'est ce qu'il a négligé de nous apprendre et nous sommes autorisés à en déduire que M Jobert de Lamballe n'a fait aucune expérience comparative, qu'il a conclu d'un cas pathologique ordinaire à d'autres cas dont il n'avait pas la moindre idée ; aussi pour nous son observation ne compte pas. »

Et voyez donc à quoi tient le sort des découvertes, fussent-elles géniales comme celle-là. Les mollets craqueurs ne firent pas leurs frais. Le public ignare resta sourd à la musique de cette musculature crépitante, et M. de Lamballe dut remporter son muscle dont nul, en dehors de l'académie, ne sut apprécier les facultés multiples ; — multiples, elles devaient l'être, car il ne suffisait pas seulement de craquer à l'heure voulue. Il fallait imiter les tables qui, non contentes de frapper, faisaient aussi des réponses, réponses superbes parfois. Et c'était le long péronier qui répondait sans doute... à moins toutefois que ce ne fût le court — énigme vraiment cruelle !

Laissons là ces insanités grotesques.

Soyons sérieux, et citons les noms de quelques hommes convertis au spiritualisme qui, pour n'être pas de l'académie, n'en présentent pas moins une certaine notoriété. Voici Auguste Vacquerie, qui dans ses *Miettes de l'histoire* nous raconte les expériences qu'il fit en compagnie de Mme de Girardin, chez V. Hugo, à Jersey ; M. Victorien Sardou, qui est médium dessinateur, le savant astronome Camille Flammarion, dont tout le monde connaît les ouvrages où il a popularisé les doctrines philosophiques du spiritualisme, le Dr Gibier, lauréat de l'Académie de médecine, qui dans son ouvrage sur le *Fakirisme occidental* a accumulé nombre de faits et d'expériences de l'intérêt le plus saisissant. Et voici ce que nous dit, pour sa part, M. Eugène Bonnemère, l'historien si connu : « J'ai ri comme tout le monde du spiritisme ; mais ce que je prenais pour le rire de Voltaire n'était que le rire de l'idiot, infiniment plus commun que le premier. »

Nous ne pouvons, dit M. Gabriel Delanne (1), donner ici une bibliographie complète des œuvres spirites ; l'espace nous ferait défaut. Nous ne citerons que les savants notoirement connus ; mais il nous serait facile d'ajouter à cette liste quantité de noms de médecins, d'avocats, d'ingénieurs, d'hommes de lettres qui établiraient sans conteste que le spiritisme a pénétré principalement dans les classes instruites de la société, chez les « intellectuels », suivant l'expression nouvellement employée.

« Le spiritisme, dit le Dr Paul Gibier (2), prend de

(1) *Le Phénomène spirite.*
(2) *Le Fakirisme occidental.*

jour en jour une telle importance par le nombre croissant de ses néophytes, qu'avant peu on sera obligé de s'occuper de lui dans les sphères officielles, tant scientifiques que politiques. Le spiritisme est devenu une croyance, une véritable religion. En France, le nombre des spirites est moins grand qu'en Angleterre ou en Amérique, mais nous ne croyons pas exagérer en disant qu'à Paris ils sont près de cent mille. »

Des journaux spirites, des revues et autres feuilles périodiques s'impriment dans tous les pays de la terre, et ces publications augmentent tous les jours.

Voici du reste quelques chiffres suggestifs. Seize revues ou journaux spirites sont publiés en français; vingt-sept en anglais; trente-six en espagnol; cinq en allemand; trois en portugais; un en russe; deux en italien. Un journal spirite franco-espagnol paraît à Buenos-Ayres et un autre franco-allemand à Ostende, formant un total de plus de quatre-vingt-dix publications.

Parmi elles, deux sont rédigées par des hommes de haute science. Dans la *Société de recherches psychiques* de Londres, nous trouvons parmi les noms des principaux membres ceux de MM. Gladstone, ex-premier ministre, W. Crookes et Alfred Russel Wallace. Ces deux derniers, que nous avons déjà cités, sont en même temps membres de la *Société royale* de Londres qui correspond à notre *Institut de France*. Le président, professeur Balfour-Stewart, est également membre de la Société royale. Actuellement la Société de recherches psychiques compte 254 membres effectifs, 21 membres honoraires et 255 membres associés. Plusieurs savants français font partie de cette société à titre de membres correspondants, tels que les docteurs Bernheim et Liébault, de Nancy, Charles Richet, professeur agrégé à la Faculté de médecine de Paris et directeur de la *Revue scientifique*.

Un journal spirite allemand *le Sphynx*, est également rédigé par des savants de premier ordre. Un des plus ardents propagateurs de la doctrine spirite à Saint-Pétersbourg est M. Alexandre Aksakof, conseiller secret de feu le tsar Alexandre III.

Ajoutons enfin qu'il s'est formé à Paris, comme à Londres, une *Société de psychologie physiologique* dont le but est d'étudier, entre autres phénomènes psychiques, ceux de la télépathie se manifestant par des apparitions de diverses natures.

Cette société a nommé une commission permanente dont le rôle est de contrôler les faits qui sont soumis à son appréciation.

Voici les noms des commissaires : MM. Sully Prudhomme, de l'Académie française, président; G. Ballet, professeur agrégé de l'Académie de médecine; Beaunis, professeur à la Faculté de médecine de Nancy; Ch. Richet, professeur à la Faculté de médecine; le lieutenant-colonel de Rochas, administrateur de l'École polytechnique, et Marillier, maître de conférence à l'École des Hautes Études, secrétaire.

A Paris et dans toutes les grandes villes de France, il existe de très nombreux petits centres où ont lieu des évocations. De plus, il y a à Paris deux sociétés publiques de spiritisme, une à Lyon, une à Reims, une à Rouen. En outre, dans la plupart des grandes villes, a été établi un service de propagande dont l'organisation ne laisse rien à désirer.

La recrudescence du mouvement spiritualiste est particulièrement dû au congrès spirite qui s'est réuni à Paris en 1889. Le compte rendu des travaux a établi que ce congrès comptait 40.000 adhérents. Les groupes spirites du monde entier s'y étaient fait représenter.

CHAPITRE XI

LE SPIRITUALISME MODERNE EN ALLEMAGNE

Les phénomènes spirites devancèrent de plusieurs années, en Allemagne, ceux qui, partis d'Amérique, sont en train de faire leur tour du monde.

C'est vers 1840, dans le petit village de Prévorst, dans le Wurtemberg, qu'eurent lieu les premières manifestations. Le nom de *Voyante de Prévorst* est devenu depuis longtemps célèbre. Cette voyante, qu'on croyait hallucinée, s'appelait Mme Hauffe, et c'est le Dr Kerner qui, en lui donnant des soins, fut amené à constater dans quel étrange milieu vivait cette extraordinaire et intéressante malade. Cette malheureuse, raconte le docteur, était souvent tourmentée par des apparitions de fantômes qu'il était impossible d'attribuer à des hallucinations, car des personnes de son voisinage, qui assistaient à ces étranges scènes, entendaient aussi bien qu'elle les coups qui retentissaient dans les murs et, comme elle, voyaient s'agiter dans sa chambre des objets et des meubles que déplaçaient des personnages invisibles. La visionnaire de Prévorst ne se contentait pas de voir et d'entendre, elle avait encore des pressentiments, prévoyait l'avenir, et cela avec une telle netteté, qu'elle prévenait les membres de sa famille à l'approche de certains dangers, dont la prévision et l'annonce furent toujours justifiées par les événements. (Voir la note 5.)

C'est vers la même époque que se produisirent d'autres manifestations dans le village de Mottlingen, toujours dans le Wurtemberg, phénomènes variés de visions, d'auditions et de communications dont la nature ne pouvait laisser aucun doute sur leur origine surnaturelle.

Ces faits, bien que très significatifs, n'eurent qu'un médiocre retentissement et il ne fallut rien moins que la nouvelle des événements analogues qui venaient de se passer en Amérique, pour éveiller l'attention de certains observateurs instruits et judicieux.

Parmi ces observateurs, il faut citer en première ligne le célèbre astronome Zœllner, professeur à l'Université de Leipsig. Le récit de ses expériences personnelles, qu'il ne tarda pas à publier, contient des aveux qui nous rappellent des faits analogues dans l'histoire de savants absolument incrédules, tout d'abord, mais dont la conversion au spiritualisme fut amenée par les résultats acquis dans leurs travaux d'expérimentation. Les faits extraordinaires dont il fut témoin, en compagnie du médium Slade, et dont il sera question plus loin, l'amenèrent à admettre l'action d'intelligences désincarnées dont il explique l'intervention par l'hypothèse d'un « quatrième mode » dans l'évolution de la matière.

A son témoignage vinrent se joindre ceux de Weber, l'éminent physiologiste, de Fechner dont les recherches sur les manifestations de la sensibilité ont acquis une légitime notoriété, et enfin du professeur Ulrici.

CHAPITRE XII

LE SPIRITUALISME DANS LE RESTE DE L'EUROPE

Poursuivons la série des illustres recrues faites par la nouvelle doctrine. Nous citerons en Russie le professeur Boutlerow qui, avec le concours de Home, le célèbre médium, reproduisit la plupart des expériences de Crookes, puis le conseiller Alexandre Aksakof, déjà nommé, qui s'est appliqué à étudier avec un succès dont on jugera plus tard les apparitions matérialisées.

En Italie, nous trouvons le professeur Ercole Chiaia, de Naples, qui, avec la collaboration du médium Eusapia, reproduisit tous les phénomènes supérieurs du moderne spiritualisme.

En Hollande, en Belgique et les pays scandinaves, les idées spirites sont exposées et défendues par des journaux et des revues d'une réelle importance. Nous pouvons en dire autant de l'Espagne, du Portugal et de l'Autriche.

Quant aux pays d'outre-mer, République Argentine, Pérou, Brésil, Mexique, etc., ils possèdent tous des publications périodiques. L'île de Cuba, à elle seule, possède quatre organes spirites, comme il en existe également en Australie.

Il résulte de la rapide énumération qui vient d'être

faite, que c'est par millions qu'il faut compter aujourd'hui les adeptes du nouvel évangile qui proclame l'immortalité de l'esprit et la perpétuité de la vie.

Et quelles que soient la lumière et la joie qu'ait apportées avec elle cette doctrine consolante, l'on ne peut que déplorer la perte de tant de siècles, pendant lesquels flottante, aveugle, affolée par d'éternelles déceptions, la pensée humaine s'est heurtée successivement aux folies sanguinaires et luxurieuses des religions antiques, aux poétiques mais frivoles fantaisies des mythologies, aux incohérences des philosophes, aux férocités du fanatisme moderne. L'aube s'est enfin levée, mais après quelle interminable nuit toute remplie de hideux et sanglants cauchemars.

Est-ce parce que nous sommes déjà trop vieux, ou n'est-ce pas plutôt parce que nous avons reçu une déplorable éducation ? Nous sommes pétris de moyen âge ; nous avons été bourrés d'une dogmatique basée sur l'exotérisme biblique qui n'a d'histoire que le nom. Aussi ne voyons-nous pas encore cette âme humaine, que toutes ses incertitudes et toutes ses désillusions ont rendue méfiante, s'acharner à son scepticisme et se fortifier dans sa vieille citadelle d'incrédulité ? Elle doute, elle ergote, elle entasse objections sur objections, s'obstine dans son aveuglement, ferme les yeux à la lumière, persécute les messagers de la grande nouvelle qui, dans l'ombre, apportent leurs flambeaux que les vents secouent, que la nuit jalouse veut ensevelir.

Elle demande des preuves, invoque des témoignages, exige des faits.

Eh bien, ces preuves, ces témoignages, ces faits, les voici.

CHAPITRE XIII

LES FAITS

Dans ces assises solennelles, plus solennelles que toutes celles qu'ont jamais présidées les juges de nos tribunaux, les témoins ont été convoqués. Procédons à leur audition.

Voici d'abord Auguste Vacquerie. Écoutons ce qu'il nous raconte, dans ses *Miettes de l'histoire*, sous ce titre :

« Le Spiritualisme chez Victor Hugo. » — Mme de Girardin fit une visite à Victor Hugo alors en exil à Jersey et lui parla du phénomène nouvellement importé d'Amérique ; elle croyait fermement aux Esprits et à leurs manifestations.

Le jour même de son arrivée, ils tourmentèrent une table qui resta muette. Une autre table plus petite fut achetée, interrogée. Elle ne s'anima pas plus que la grande. Mme de Girardin ne se découragea pas et dit que les Esprits ne sont pas des chevaux de fiacre attendant patiemment le bourgeois, mais des êtres libres et volontaires qui ne viennent qu'à leur heure.

Le lendemain, même expérience et même silence. Elle s'obstina, la table s'entêta. Elle avait une telle ardeur de propagande, qu'un jour, dînant chez des Jersiais, elle leur fit interroger un guéridon qui prouva son intelligence en ne répondant pas aux indigènes de l'île.

Ces insuccès répétés ne l'ébranlèrent pas ; elle resta calme, confiante, souriante, indulgente à l'incrédulité. L'avant-veille de son départ, elle nous pria de lui accorder pour son adieu une dernière tentative. Je n'avais pas assisté aux tentatives précédentes. Je ne croyais pas aux phénomènes et ne voulais pas y croire. Cette fois, je ne pus pas refuser de venir à la dernière épreuve ; mais j'y vins avec la résolution bien arrêtée de ne croire qu'à ce qui serait trop prouvé.

Mme de Girardin et un de ses assistants, celui qui voulut, mirent leurs mains sur la petite table. Pendant un quart d'heure, rien ; mais nous avions promis d'être patients. Cinq minutes après, on entendit un léger craquement : ce pouvait être l'effet involontaire des mains fatiguées ; mais bientôt ce craquement se renouvela et puis ce fut une sorte de tressaillement électrique, suivi d'une agitation fébrile. Tout à coup l'une des griffes du pied se souleva. Mme de Girardin dit :

— Y a-t-il quelqu'un ? S'il y a quelqu'un et qu'il veuille nous parler, qu'il frappe un coup.

La griffe retomba avec un bruit sec.

— Il y a quelqu'un ! s'écria Mme de Girardin : faites vos questions.

On fit des questions et la table répondit. Les réponses étaient brèves, un ou deux mots, hésitantes, indécises, quelquefois inintelligibles. Était-ce nous qui ne les comprenions pas ? Le mode de traduction des réponses prêtait à l'erreur. On se trompait parfois par inexpérience et Mˣᵉ de Girardin intervenait le moins possible, pour que le résultat fût moins suspect. Malgré l'imperfection des moyens employés, la table fit quelques réponses qui me frappèrent.

Je n'avais encore été que témoin ; il me fallait être acteur à mon tour. J'étais si peu convaincu que je traitais le miracle comme un âne savant à qui l'on fait désigner « la fille la plus sage de la société ».

Je dis à la table : « Devine le mot que je pense. » Pour surveiller la réponse de plus près, je m'assis à la table auprès de laquelle se tenait Mᵐᵉ de Girardin.

La table répondit un mot. C'était celui que j'avais pensé. Mon scepticisme n'en fut pas entamé. Je me dis que le hasard avait pu souffler le mot à Mᵐᵉ de Girardin qui, à son tour, aurait pu le souffler à la table. Sans même invoquer le hasard, j'avais bien pu, au passage des lettres du mot, avoir, à mon insu, dans les yeux ou dans les doigts, un tressaillement qui les aurait pu indiquer. Je recommençai donc l'épreuve ; mais, pour être certain de ne pas me trahir, je quittai la table et je lui demandai non pas le mot que je pensais mais, sa traduction.

La table me répondit : «Tu veux dire *souffrance*. » — J'avais pensé *amour*.

Je ne fus pas encore persuadé. En supposant qu'on eût aidé la table, la souffrance est tellement le fond de toute chose en ce monde, que la traduction pouvait s'appliquer à n'importe quel autre mot que le mien. Souffrance ne pouvait-il traduire *grandeur*, *maternité*, *poésie*, *patriotisme*, et combien d'autres, aussi bien que le mot *amour?* Je pouvais donc être dupe, à la condition que Mᵐᵉ de Girardin si sérieuse, si généreuse, si amie et presque mourante comme elle l'était, eût traversé la mer, pour mystifier des proscrits. Bien des impossibilités étaient croyables avant celle-là ; mais je m'obstinais à douter jusqu'à la fin.

D'autres interrogèrent la table et lui firent déterminer leur pensée ou tels incidents connus d'eux seuls. Mais soudain elle sembla s'impatienter de ces questions puériles et refusa de répondre. Et cependant elle continuait à s'agiter comme si elle avait quelque chose à dire encore. Son mouvement devint brusque et volontaire comme un ordre.

— Est-ce toujours le même Esprit qui est là ? demanda Mᵐᵉ de Girardin.

La table frappa deux coups secs, ce qui voulait dire *non !* suivant le langage convenu.

— Qui es-tu, toi ? demanda-t-elle encore.

Et la table répondit le nom d'une morte, vivante dans le cœur de tous ceux qui étaient là...

Ici, la défiance abdiquait. Personne n'aurait eu ni le front, ni le cœur, de se faire devant nous un tréteau de cette tombe. Une mystification était déjà bien difficile à admettre ; mais une infamie... Non. Le soupçon se serait méprisé lui-même.

Le frère questionna la sœur qui sortait de la mort pour consoler l'exil. La mère pleurait. Une indicible émotion étreignait toutes les poitrines. Je sentais distinctement la présence de celle que nous avait arrachée la tempête.

Où était-elle ? Nous aimait-elle toujours ? Était-elle heureuse ?

Elle répondait à toutes les questions, parfois, aussi, déclarait qu'il lui était interdit de répondre. La nuit s'écoulait et nous restions là, l'âme clouée sur l'invisible apparition. Enfin, elle nous dit adieu et la table ne bougea plus.

Le lendemain, Mme de Girardin n'eut pas besoin de me solliciter; c'est moi qui l'entraînai vers la table. La nuit encore y passa. Mme de Girardin partit au jour. Je l'accompagnai au bateau et, lorsqu'on lâcha les amarres, elle me cria : Au revoir! Je ne l'ai plus revue ; mais je la reverrai !

Elle revint en France faire son reste de vie terrestre. Depuis quelques années, son salon était bien différent de ce qu'il avait été. Les amis n'étaient plus là, Victor Hugo, Balzac, Lamartine. Elle avait bien encore autant qu'elle en voulait, des ducs, des ambassadeurs et des princes; mais tous ces grands personnages ne la consolaient pas des écrivains. Elle remplaçait mieux les absents, en restant avec deux ou trois amis ; avec sa table surtout. Les morts accouraient à son évocation. Elle avait ainsi des soirées qui valaient bien ses meilleures d'autrefois, et les génies étaient suppléés par les Esprits. Ses invités de maintenant étaient Sedaine, Mme de Sévigné, Sapho, Molière, Shakespeare. C'est au milieu d'eux qu'elle est morte. Elle est partie sans résistance et sans tristesse. Cette vie de la mort lui avait enlevé toute inquiétude. Chose touchante que, pour adoucir à cette noble femme le dur passage, ces grands morts soient venus la chercher.

Le départ de Mme de Girardin ne ralentit pas mon élan vers la table. Je me précipitai éperdument vers cette grande curiosité de la mort entr'ouverte.

Je n'attendais plus le soir ; dès midi, je commençais et ne finissais que le matin, m'interrompant tout au plus pour le repas du soir.

Personnellement, je n'avais aucune action sur la table, mais je l'interrogeais. Le mode de communication était toujours le même, je m'y étais fait ; l'habitude l'avait simplifié et quelques abréviations lui avaient donné toute la rapidité désirable. Je causais couramment avec ma table ; le bruit de la mer se mêlait à ces dialogues dont le mystère et l'autorité s'augmentaient de l'hiver, de la nuit, de la tempête, de l'isolement. Ce n'étaient plus des mots que me transmettait la table, mais des phrases et des pages. Elle était le plus souvent grave et magistrale, mais par moments spirituelle et même comique. Elle avait des accès de colère, relevait vertement mes irrévérences, et j'avoue que je n'étais pas très tranquille avant d'avoir obtenu mon pardon. Elle avait des exigences ; elle choisissait son interlocuteur. Elle voulait parfois être interrogée en vers, et on lui obéissait, et alors elle répondait elle-même en vers.

Toutes ces conversations ont été recueillies, non plus au sortir de la séance, mais sur place et sous la dictée même de la table. Elles seront publiées un jour et poseront un problème impérieux à toutes les intelligences avides de vérités nouvelles.

Si l'on me demandait ma solution, j'hésiterais. Je n'aurais pas hésité à Jersey. Quant à l'existence de ce que l'on appelle les Esprits, je n'en doute pas. Je n'ai jamais eu cette fatuité de race qui décrète que l'échelle des êtres s'arrête à l'homme. Je suis persuadé que nous avons au moins autant d'échelons sur le front que nous en avons sous les pieds et je crois fermement aux Esprits.

Leur existence admise, leur intervention n'est plus qu'un détail. Pourquoi ne pourraient-ils pas communiquer avec l'homme par un moyen quelconque? Des êtres immatériels ne peuvent faire mouvoir la matière ; mais qui vous dit que ce soient des êtres immatériels? Ils peuvent avoir un corps aussi, plus subtil que le nôtre et insaisissable à notre égard, comme la lumière l'est à notre toucher. Il est vraisemblable qu'entre l'état humain et l'état immatériel il y a des transitions. Le mort succède au vivant comme l'homme à l'animal. L'animal est un homme avec moins d'âme, l'homme est un animal en équilibre, le mort est un homme avec moins de matière, mais il lui en reste. Je n'ai donc pas d'objection raisonnée contre la réalité du phénomène des tables.

Donnons maintenant la parole à M. Eugène Nus qui, dans ses *Choses de l'autre monde*, nous raconte ses expériences, ses recherches, ses doutes, ses stupéfactions et, en fin de compte, l'expression de ses convictions émues.

LA TABLE TOURNANTE

Au commencement de l'année 1853, j'entendis pour la première fois parler de ces phénomènes. Nous étions réunis quelques amis et moi rue de Beaune. Le coup d'État nous avait fait des loisirs. Notre journal avait été supprimé (*la Démocratie pacifique*). Par désœuvrement, par habitude, par amitié surtout, par ce besoin si naturel d'épancher entre nous nos déceptions et nos colères, nous avions continué de venir à notre rendez-vous habituel.

Nous étions, un soir, trois ou quatre assis autour d'une table de trictrac. L'un de nous qui savait l'anglais parcourait un journal américain.

— Bon, fit-il tout à coup.
— Quoi donc ?
— Un canard d'une nouvelle espèce. Ces Yankees ne savent où pêcher des idées pour amorcer les badauds. Ils viennent d'inventer des tables qui marchent.
— Des tables ?
— Qui vont à droit, à gauche, avancent, reculent, se dressent et retombent, exécutant tous les mouvements compatibles avec leur structure, à la volonté des spectateurs. Inutile même de leur parler tout haut, la volonté suffit.
— Allons donc !
— Je traduis.

Et il nous lut l'article qui, en effet, énumérait tous ces prodiges et indiquait la manière de les produire.

— C'est trop bête.
— Bah ! fait l'un de nous, essayons tout de même.

Nous roulons au milieu de la chambre une table à manger lourde et massive. Nous nous asseyons autour ; nous appliquons nos mains, puis nous attendons, suivant la formule... et, au bout de quelques minutes, la table oscille sous nos doigts.

— Quel est le mauvais plaisant ?

Nous protestons de notre innocence; mais chacun, d'un œil de côté, suspecte son voisin ; quand tout à coup la table se lève sur deux pieds. Cette fois pas de doute possible. Elle est trop lourde pour qu'un effort, même fort apparent, puisse la faire se dresser de la sorte. D'ailleurs, comme pour nous narguer, elle reste immobile, en équilibre sur deux jambes et se raidit sous les bras qui veulent lui faire reprendre sa position naturelle, ce à quoi ils parviennent enfin par une énergique pesée.

Nous nous regardons ébahis.

— Que diable est cela ?

Puis elle se mit à tourner sous nos mains. Nous nous levons en repoussant nos chaises et nous suivons ses mouvements que bientôt maîtrise et dirige notre volonté.

Le phénomène est réel, indiscutable. Chacun de nous, tour à tour, prescrit mentalement les marches et contremarches, les conversions et balancements qui s'exécutent à l'instant.

Nous recommençons le lendemain, le surlendemain, les jours suivants ; mêmes résultats. Nous prenons une table à jeu, un guéridon, même chose. Le guéridon beaucoup plus léger gambade sous nos doigts, se dresse à notre volonté sur chacun de ses pieds, imite le mouvement du berceau ou le roulis de la vague.

Cette force est en nous et vient de nous évidemment, puisqu'il faut notre contact pour animer ce bois inerte. « Animer » est bien le mot, car, une fois nos mains posées sur la table, ce n'est plus une chose, c'est un être.

Théories à perte de vue.

— Eh bien, voilà, nous communiquons un mouvement physique par un dégagement d'électricité.

— Vous êtes bons, disait Franchot. Il faut bien accepter cela, puisque nous ne pouvons faire autrement ; mais il reste une petite difficulté ; comment expliquez-vous cette transmission à la matière, de notre pensée, de notre intelligence, de notre volonté ? Car, enfin, cette table est intelligente, au moins autant que le caniche le mieux dressé, puisqu'elle exécute nos ordres. Que dis-je autant ? Bien davantage, puisqu'elle n'a besoin, pour nous comprendre, ni de parole, ni de gestes, pas même de signes. Il nous suffit de vouloir pour la voir obéir immédiatement.

— Il faut pourtant bien qu'il en soit ainsi et que nous lui transmettions l'esprit comme nous lui transmettons la force, sinon... Quoi donc ?

— Eh ! je sais bien qu'il le faut ; mais du diable si je comprends.

— Eh bien ! et nous donc ?

Nous n'étions pas au bout.

LA TABLE PARLANTE

Un jour, pendant que nous étions en train de répéter nos expériences, entre un ami, le Dr Arthur de Bonnard.

— Tiens, dit-il, vous faites tourner les tables.

— Vous connaissez cela, docteur ?

— Si je le connais, nous ne faisons pas autre chose à la maison. Nous avons même un Esprit, un nommé Jopidiès, qui amuse beaucoup nos enfants.

— Un Esprit !...

— Mais sans doute, ne savez-vous pas que les tables ne se contentent pas de tourner, qu'elles parlent et que ce sont des Esprits qui se servent de ce moyen de communication à la portée de tous les ménages, pour venir causer avec nous ?

— Pas possible !

— Essayez une conversation avec votre table, vous verrez bien.

— Mais comment ?

— Rien de plus facile, et le docteur nous enseigna le procédé.

— Veux-tu causer ? demandons-nous à notre guéridon.

Deux coups sont frappés, ce qui veut dire : oui.

— Demandez-lui son nom, dit Bonnard. Il faut savoir avec qui l'on cause.

Le guéridon, lettre après lettre, nous répond : *Pythagoras*.

— Excusez du peu, fit Bonnard, vous avez de belles connaissances ! Pythagoras, du premier coup et avec son nom grec, encore.

Je ne me souviens plus de ce que nous dit Pythagoras, non plus que des paroles et des récits de tous les personnages célèbres ou inconnus qui, pendant trois ou quatre mois environ, nous firent l'honneur de venir causer avec nous. Nous n'avons rien écrit de nos conversations avec la table, dans cette première période de nos expériences. Il n'en fut pas toujours ainsi.

A moitié sceptiques, à moitié crédules, nous suivions curieusement et un peu passivement les fantaisies du phénomène tantôt élevées, tantôt émues, tantôt plaisantes, tantôt insignifiantes ou nulles, selon la qualité et le caractère de la personnalité qui venait se manifester à nous.

Nous n'étions pas assez sûrs de l'identité des visiteurs, ni même de la réalité des visites, pour évoquer, soit des morts illustres, soit des morts chéris. Cela nous eût semblé une profanation, presqu'un sacrilège. Mais familiarisés, peu à peu, avec la pratique matérielle de ces communications, nous nous sentions troublés malgré nous et parfois ébranlés dans notre raison dans ses rapports avec notre spiritualisme, car nous étions spiritualistes et le sommes encore — ceux du moins qui ont survécu.

Nous étions convaincus que la conscience persiste et qu'au delà de la mort l'être continue. Mais nous avions peur, par respect pour nos convictions elles-mêmes, d'accepter trop facilement une solution si complète de nos rêves. Si ces communications entre morts et vivants étaient réelles, tout était dit ; la persistance indéfinie du *moi* devenait pour ainsi dire tangible, irréfutable. Mais qui nous prouvait que les Esprits ne viennent pas uniquement, parce que nous pensons à eux et que cet étrange phénomène ne nous donnait pas tout simplement — ce qui ne serait certes pas déjà si simple — le propre reflet de nos idées ?...

Mais poursuivons. Nous avions nos mains sur la table.

— Parle ! lui dit l'un d'entre nous. Tu vois nos doutes, nos perplexités. Qui que tu sois, ou quoi que tu sois, Esprit, intelligence ou phénomène, puisque tu parles et que tu penses, ce dont il ne nous est pas possible de douter, dis-nous quelque chose de sensé que nous puissions croire.

Et dans un silence impressionnant, — nous frissonnions un peu, je crois, — la table se mit en mouvement et lentement, comme avec autorité, nous dicta ces mots que nous transcrivîmes à mesure qu'elle parlait :

« — Le phénomène résulte de l'association de vos âmes
« entre elles et avec l'Esprit de vie. La manifestation
« émane des forces humaines et de la force universelle.

« L'Être que vos âmes forment, durant le temps, asso-
« ciées avec l'Esprit de vie immatériel, lié à vos sens et à
« vos sentiments, n'est que l'expression de votre solidarité
« animique : verbe mi-divin, mi-humain ; divin, lorsque
« vos âmes sont en vibration harmonique avec l'ordre uni-
« versel, c'est-à-dire avec le beau, le vrai, le bien, le juste ;
« humain, c'est-à-dire faussé, lorsque vos âmes ne cons-
« tituent pas une unité nécessaire pour vibrer harmoni-
« quement. »

— Diable ! voilà qui est plus fort que tout le reste.
Si nous prenons à la lettre cette association avec l'Esprit
de vie, l'Intelligence universelle, tranchons le mot, avec
Dieu, nous voilà sur la pente de l'hallucination... Dé-
fions-nous !

Ainsi mis en garde, d'un commun accord, contre les
entraînements de nos imaginations, le sang-froid bien
établi et dûment constaté, nous reprîmes nos études. A
partir de ce moment, tout ce qui s'est fait sous mes
yeux et sous mes mains, je l'ai scrupuleusement écrit.

Sauf quelques intermittences dont la cause nous échap-
pait, nous étions pour ainsi dire identifiés avec le phénomène et maîtres de lui. Ce guéridon, que nous avions
fini par adopter exclusivement, prenait part à nos entre-
tiens, répondait à nos questions, tranchait quelquefois
d'un mot net, incisif ou profond, nos discussions les
plus embrouillées. Il manifestait son désir de parler en
se soulevant sur deux de ses pieds. Aussitôt, nous faisions silence et quelqu'un, prenant le crayon, écrivait
lettre par lettre les mots qu'il nous dictait.

Ainsi, un jour, à propos des prétendus sorciers du
moyen âge, qui nous semblaient avoir eu quelque ac-

cointance avec les faits que nous produisions, nous dissertions sur l'hallucination. La table nous interrompit et dicta :

« Il y a deux sortes d'hallucination : la mauvaise, « peur ; la bonne, lueur. »

Causions-nous politique, elle nous disait ceci :

« Les révolutions n'ont pas d'utilité, quand elles « ne tendent qu'à renverser un gouvernement établi. « Elles favorisent les ambitions mauvaises et soulèvent « la masse des intérêts qui, poussés par la peur, entra- « vent tout progrès, même le vrai — D'autre part, elles « surexcitent les hommes intelligents et généreux qu'un « trop long repos engourdirait. »

Il y avait dans cette réponse une sorte de contradiction dont la table ne parut pas s'inquiéter le moins du monde.

Parlions-nous du phénomène, de certaines *dictées* qui nous paraissaient en désaccord avec la raison, elle se levait pour répondre :

« C'est par suite des préoccupations des opérateurs « que l'unité du phénomène a une si grande tendance « à conclure faussement. La solidaire vanité produit la « solidaire sottise. »

— Merci bien !

Il est bien entendu que toutes mes citations sont textuelles. Je reproduis les phrases dictées en dégageant ma responsabilité de certaines singularités de style. L'on eût dit parfois que c'était un Allemand non encore familiarisé avec les tournures de notre langue, qui nous parlait.

Du reste, notre table ne se bornait pas à converser en français. Elle nous glissait de temps en temps quelques mots de latin ou de grec. Un jour même, elle nous fit comprendre qu'elle entendait l'anglais.

— Parle-nous anglais ! s'écria l'un de nous.

Et sans se faire autrement prier, notre guéridon nous dicta la chose suivante en anglais, que l'un de nous, qui connaissait à peu près cette langue, nous traduisit comme suit en s'aidant d'un dictionnaire :

« La pâquerette est une fleur supérieure à toutes les
« autres, parce qu'elle perce dans la neige. Les lis em-
« blèmes des rois de France sont plus superbes, mais
« ne fleurissent que pour les riches. Les enfants saluent
« le printemps par leurs gentilles manifestations sur le
« vert tapis de gazon, couvert d'innombrables pâque-
« rettes, la fleur du véritable amour moderne. »

Je regrette que nous n'ayons pas demandé à notre guéridon de faire lui-même la traduction de sa singulière fantaisie anglaise.

Mais nous eûmes en français, et souvent en bon et charmant français, des choses bien autrement remarquables.

DÉFINITIONS EN DOUZE MOTS

Nous avions remarqué que, soit par hasard, soit intentionnellement — car nous étions bien forcés d'admettre des intentions et une volonté dans cet inconcevable phénomène — beaucoup de phrases dictées se composaient de douze mots.

Un jour, cet être *spirituel* qui, bien que procédant de nous, comme il l'avouait lui-même, prenait volontiers des airs de professeur et nous parlait un peu comme à des petits garçons, nous adressa l'invitation, ou plutôt l'injonction suivante que je transcris fidèlement, en demandant pardon aux savants qui n'y sont pas très révérencieusement traités :

« — Il faut définir à nos adeptes ce que signifient les « termes dont ils entendent parler journellement. Presque « toujours les savants tendent à obscurcir les abords « de leur boutique, et ils se trompent grossière- « ment. »

— Soit, répondîmes-nous ; mais nous demandons que toutes ces définitions soient faites en phrases de douze mots.

Notre guéridon n'était pas embarrassé pour si peu. Je défie toutes les académies littéraires et scientifiques réunies de formuler instantanément, sans préparation, sans réflexion, des définitions circonscrites en douze mots, aussi nettes, aussi complètes et souvent aussi élégantes que celles qu'improvisait « au pied levé » notre table, à qui nous accordions tout au plus la faculté de faire un mot composé, avec trait d'union, comme dans cette définition de la conscience :

— « Quasi-organe qui sépare les aliments de l'âme, « comme l'estomac ceux du corps. » Et comme dans celle-ci : Infini.

— « Abstraction purement idéale, au-dessus et au- « dessous de ce que conçoivent les sens. »

Voilà déjà, n'est-ce pas, deux assez jolis échantillons des productions spontanées de notre table.

J'insiste sur ce mot spontané. Rien n'était prévu d'avance. Nous avions quelquefois, les uns ou les autres, l'idée d'un mot à définir. Nous nous mettions à la table ; c'est une autre chose qui arrivait : dissertations, objurgations ou exhortations plus ou moins mystiques, comme celle-ci, par exemple :

— « Il faut mêler des idées religieuses à vos recher-
« ches scientifiques. Dieu domine toutes vos actions. La
« foi en lui dirigera vos importants désirs et vous garan-
« tira de fréquentes erreurs. »

En voici une autre, dédiée au clergé :

— « La RELIGION NOUVELLE transformera les croûtes
« du vieux monde catholique déjà ébranlé par les
« coups du protestantisme, de la philosophie et de la
« science. »

Nous la laissions dire tout ce qui lui plaisait dans son style parfois insolite et nous attendions qu'il lui plût de reprendre ses définitions magistrales, véritables tours de force littéraires qui si vivement piquaient notre curiosité.

Parfois, nouvelle preuve de l'étrange spontanéité de ce mystérieux phénomène, nous refusions d'accepter une définition par trop fantaisiste ou obscure et immédiatement, sans la moindre hésitation, elle nous en dictait une autre entièrement nouvelle, et toujours en douze mots !

En voici un exemple caractéristique : Dans la définition de la géologie, elle nous dicte cette phrase étrange :

— « D'aromes internes toute révolution qui modifie
« les diverses couches de la planète. »

— Nous ne voulons pas de cela, lui disons-nous. Ce n'est pas clair d'abord et puis on ne commence pas une phrase par « d'aromes internes ».

Immédiatement elle dicte :

— « Études des transformations de l'être planétaire
« dans ses périodes et révolutions d'existence. »

A la bonne heure !

Poursuivons. Voici toute une série de réponses dont quelques-unes sont superbes.

Physique. — « Connaissance des forces matérielles « que produisent la vie et l'organisme des mondes. »

Chimie. — « Étude des diverses propriétés de la ma- « tière au simple et au composé. »

Botanique. — « Série des êtres organisés tenant le « milieu entre le minéral et l'animalité. »

Passion. — « Note du clavier de l'âme dont la vibra- « tion résonne toute en Dieu. »

Je ne sais si le lecteur se rendra bien compte de l'émotion artistique avec laquelle nous attendions ces mots, surtout les derniers qui devaient achever la pensée, dans cette limite infranchissable du nombre douze.

Quelquefois nous arrêtions le phénomène, pour chercher nous-mêmes la fin de la phrase et nous ne la trouvions jamais.

Un exemple : la table nous donnait la définition de la foi :

— « La foi déifie ce que le sentiment révèle, et... »

— Et, quoi ? dis-je tout à coup, en appuyant la main sur le guéridon, pour l'empêcher d'achever sa dictée. Plus que trois mots... Cherchons ! Nous nous regardons, nous réfléchissons et demeurons bouche béante. Enfin nous rendons la liberté à la table... qui tout tranquillement achève sa phrase :

— Et la raison explique.

Pouvait-on trouver mieux ?

Voici d'autres définitions que je transcris pêle-mêle

comme elles nous sont venues, tantôt spontanément, tantôt provoquées :

Ame. — « Portion de substance que Dieu distrait de
« la force universelle pour chaque individualité. »

Cette phrase a un mot de trop ; mais qu'elle est donc admirable et profonde !

Et celle-ci, non moins belle :

Liberté. — « Faculté donnée à l'homme de mécon-
« naître le but de sa destinée — malheur. »

Esprit. — « L'esprit est la raison du sentiment ; le
« sens est le sentiment de la raison. »

Force divine. — « Force universelle qui relie les
« mondes et embrasse toutes les autres forces. »

Cœur. — « Spontanéité du sentiment dans les actes,
« dans les idées, dans leur expression. »

Parfait !

Esprit. — « Luxe de la pensée, coquetterie harmo-
« nieuse des rapports, des comparaisons, des analogies. »

Charmant !

Imagination. — « Source des désirs, idéalisation du
« réel par un juste sentiment du beau. »

De mieux en mieux !

Magnétisme. — « Force animale, enchaînement des
« êtres entre eux, lien de la vie universelle. »

Nous demandons qu'est-ce que *la lumière ?*

Elle répond :

« Divinité, toute-puissance, âme des âmes, couronne
« des mondes semés dans l'infini. »

Et *la matière ?*

« Produit de l'Essence infinie, manifestation divine
« finie. »

Et *l'homme ?*
« Jalon principal de l'échelle des êtres terrestres. »
Et *l'animal ?*
« Végétal organisé puissantiellement. »

Qu'est-ce que *Dieu ?*
« Unité absolue, infinie, universelle, partie de tous
« les touts, tout de toutes les parties. »
Et la table, pour compléter sans doute cette définition, nous enseigne cette admirable prière :
« Vie universelle, divine puissance, mouvement infini,
« force unique, morale éternelle, foi unitaire, vérité
« absolue, Dieu !
« Fais que l'association des hommes se solidarise par
« l'amour, par la science ; qu'elle s'avance dans la pa-
« trie procréable. »

Quelque volonté que nous eussions de nous borner au rôle d'expérimentateurs, il ne nous était pas possible de rester indifférents à certaines affirmations de cet interlocuteur mystérieux qui posait et imposait son étrange personnalité avec tant de netteté et d'indépendance, supérieur à nous tous, tout au moins dans l'expression et la concentration des idées et parfois nous ouvrant des aperçus dont chacun, de bonne foi, convenait n'avoir jamais eu consciemment l'intuition.

Quand nous arrivait une de ces grandes belles phrases contenant tout un monde de pensées dans cette forme si restreinte de douze mots, imposée par notre caprice, nous ne pouvions vraiment nous défendre d'une certaine émotion.

Mais notre admiration avait des bornes et nous faisions nos réserves sur les doctrines. Quelquefois même, nous nous révoltions ouvertement, violemment.

La plus grave lutte de ce genre que nous ayons soutenue eut lieu à propos d'une définition de la mort qui semblait mettre en doute la perpétuité de la vie.

Qu'est-ce à dire ? nous écriâmes-nous. Tes paroles signifient-elles que la personnalité morale se dissout et que la mort est l'évanouissement final ?

N'est-ce pas toi-même qui nous as dicté les lignes suivantes :

« L'homme est attribut de la vie planétaire. Seul, il a le pouvoir modificateur sur lui-même et sur les objets qui l'entourent. Il supplée Dieu dont il émane pour le progrès matériel. »

Alors qu'est-il ce Dieu dont tu nous parles sans cesse, ce Dieu « dont nous émanons » et qui nous abandonne dédaigneusement, corps et âme, à la dissolution irrémissible du sépulcre ? Qu'il aille au diable avec toi, et tous deux laissez-nous tranquilles ! A quoi sert alors de nous élever, de chercher à nous perfectionner ? Plus nous monterons haut, plus la chute sera profonde ; plus nous aurons acquis, plus nous perdrons. Donc apprendre, s'améliorer, grandir... tout cela n'est que bêtise, et tous les chercheurs du bien qui s'évertuent à perfectionner ces bulles de savon qu'on appelle âmes et consciences sont absolument stupides de s'agiter dans ce vide et de travailler pour ce néant !

La table nous laissait dire, ne remuait ni pied ni patte, ne soufflait pas le plus traître mot.

Pendant quelques jours, nous revînmes obstinément sur cette question. Nous voulions, à tout prix, lui arracher une explication catégorique ; mais elle semblait prendre un malin plaisir à nous laisser dans l'incertitude et reprenait le cours de ce qu'elle appelait ses « enseignements ».

Un jour, cependant, impatientée de nos instances, elle rompit la glace et nous dicta, non sans mauvaise humeur :

« Je recommande à tous instamment la patience et la « soumission. Trop souvent on revient sur ce que j'ai « défini ; c'est douter sottement de ma puissance. »

— Il ne s'agit pas de ta puissance, nous écriâmes-nous en chœur. Ce que tu dis là n'a pas le sens commun. Nous ne doutons pas de ta puissance intellectuelle, d'où qu'elle vienne, puisque tes assertions nous préoccupent et nous troublent. Tu nous as dit sur la mort une chose que nous repoussons avec indignation. Nous n'admettons pas que l'âme s'évapore et que la conscience s'anéantisse ; que la vie ne soit qu'un leurre, la morale une sottise et la justice une fiction. Nous ne pouvons continuer sérieusement nos études, puisque études il y a, tant que nous ne serons pas d'accord entre nous et avec toi sur cette base : si nous avons mal compris, déclare-nous que nous sommes des brutes ; mais explique-toi plus clairement et, si tu ne veux pas t'expliquer en ce moment, dis-nous du moins un mot qui nous apaise et nous rassure !

Nous avions une main sur la table. Moment de silence. Nous attendions... Enfin, elle se leva.

Je n'oublierai jamais l'émotion qui s'empara de nous devant la physionomie que prit le phénomène en cet instant. — « Physionomie » est le vrai mot.

Avec une lenteur, une majesté impossible à décrire,

la table frappa, — comme revêtue d'une autorité qui s'imposait, — les lettres suivantes que nous vîmes arriver, l'une après l'autre, sans croire d'abord qu'elles pussent avoir un sens. Elle faisait une pause entre chacune d'elles et soutint, jusqu'à la fin des deux mots, cette ampleur, cette solennité de mouvement que nous n'avions jamais vue jusqu'alors et qui nous tint immobiles d'étonnement, involontairement saisis de respect. A — D — S — U...

— Ce n'est pas un mot, il y a erreur, dit l'un de nous.

Et la table, impassible dans sa majestueuse lenteur, continua : M — D — E — U — S.

Adsum Deus — Je suis là, Dieu.

— En voilà assez pour aujourd'hui, dit Brunier en se levant ; nous marchons vers la folie. Jouons au trictrac !

Comme nous tous, il avait senti un frisson dans le dos.

C'est la seule fois qu'en moi, du moins, j'aie constaté une impression de ce genre produite par le phénomène. Que ce soit venu de notre propre disposition d'esprit, ou de je ne sais qui, ou de je ne sais quoi, mais c'était vraiment beau !

UNE AUTRE TABLE

Encore des phrases de douze mots, mais pas à Paris, cette fois, à la campagne, loin de notre groupe de la rue de Beaune et avec un nouveau coopérateur.

Mais toujours de la pure quintessence de métaphysique. Citons-en quelques-unes.

Liberté. — « La liberté de l'homme aide l'ondulation
« ascendante de la création infinie. »
— Pas clair, explique-toi.
— « L'homme dispose d'une force pour se dépouiller
« complètement des restes de l'animalité. »
— Bon, voilà qui devient raisonnable.
— « Force qui est la commandite de Dieu livrée à la gestion humaine. »
— « Commandite de Dieu », très joli.
— « Force qui s'augmente inépuisablement, quand
« elle est dépensée parallèlement aux projets divins. »
— Les « projets divins ». Enfin passons.
— « Dieu improvise le drame des destinées avec le
« concours des volontés humaines. »
— « Improvise ». Continue.
— « Dieu, architecte de l'ensemble, confie la struc-
« ture du détail au génie humain. »
— Bravo !
Intuition. — « Intuition, pont suspendu, jeté du
« connu à l'inconnu, du fini à l'infini. »
Nous demandons : Que sera la religion future ? Quels en seront les éléments ? La table répond :
— « L'idéal progressif pour dogme, les arts pour
« culte, la nature pour temple. »
— « Superbe !
— « La fonction de l'homme est d'élever les êtres
« inférieurs à lui, en les faisant servir à sa propre élé-
« vation dans la vie infinie. »

Ajoutons à titre de curiosité les deux boutades originales suivantes :

Philosophie. — « Jeu de mot, fantaisie de diction-
« naire, analyse du vide, synthèse du faux. »

Raison pure. — « Échelle circulaire qui a pour symbole la roue de l'écureuil. »

Depuis la fameuse séance, où ces deux grands mots latins *Adsum Deus* nous avaient si étrangement impressionnés, la table, spontanément et à plusieurs reprises, est revenue sur cette question de la mort qui avait soulevé nos anathèmes.

Je trouve dans une dictée la phrase suivante :

— « La mort n'est pas la tombe humaine. Elle borne
« la forme de l'être matériel ; fin de l'individu, elle
« dégage l'élément immatériel. »

Plus loin, celle-ci :

— « La mort initie l'âme à une nouvelle existence.
« Fiez-vous à une destinée qui sera votre ouvrage ! »

J'en ai fini avec les dictées recueillies dans mon cahier de notes, jauni par le temps. Du premier jour au dernier, le procédé pour les obtenir ou les reproduire fut toujours le même.

Je ne crois pas, du reste, que jamais nécromanciens se soient livrés avec si peu d'apprêts et une telle désinvolture à leurs pratiques.

Le plus souvent nous fumions irrévérencieusement, qui sa pipe, sa cigarette ou son cigare, nous contentant de poser une main sur le guéridon habitué à ces allures familières dont il ne se formalisa jamais.

Mais il y avait de grandes inégalités dans le phénomène. Elle était quinteuse et nerveuse à l'excès, cette petite table d'acajou. Tantôt elle refusait obstinément toute espèce de conversation et restait immobile sous nos doigts comme un guéridon vulgaire. D'autres fois, elle se mettait bien en mouvement, mais elle s'agitait machinalement, en avant, en arrière, tournant sur elle-même, comme un cheval rétif, se levant sur un pied, sur un autre ou frappant le parquet sans interruption. Impossible d'en rien tirer ces jours-là, pas même un oui ou un non, à moins que, daignant enfin répondre à nos pressantes questions, elle ne nous donnât une réponse qui était une mystification de plus.

Ces jours-là, il se produisait un fait curieux que je signale à l'attention des professeurs de physique. Au lieu de frapper, comme d'habitude, des coups nets et secs sur le parquet, le pied de la table ne produisait que des sons sourds et mous, comme s'il eût été enveloppé d'un bourrelet de coton ou d'étoffe repliée en plusieurs doubles.

Par contre, dans certains moments, le guéridon avait le diable au corps et semblait pris d'attaques d'épilepsie. A peine le touchions-nous, qu'il se dressait et s'agitait avec une vigueur que nous ne pouvions maîtriser. Nous raidissions nos bras pour le contenir ; nous pesions sur lui de toutes nos forces pour lui faire reprendre la position normale d'une table modeste et paisible ; l'enragé se redressait avec plus d'énergie encore, ou faisait à droite et à gauche des glissades furieuses ou des bonds désordonnés. Un jour, il s'échappa de nos mains, et, comme lancé par la détente d'un ressort, alla se jeter contre le marbre de la cheminée avec une telle violence qu'il se cassa un pied.

Rien ne nous faisait prévoir ces crises qui duraient

quelquefois plusieurs jours et se terminaient, comme elles avaient commencé, sans nulle cause apparente. Nous nous interrogions réciproquement : nul de nous ne se sentait dans une disposition physique ou mentale qui pût expliquer ces troubles extraordinaires. La table ne manquait pas cependant de les attribuer à nos préoccupations individuelles qui, à l'en croire, empêchaient les manifestations.

L'un de nous, Brunier, devint plus tard ce qu'on appelle, dans le langage spirite, un *médium écrivain*. Nous vîmes naître et se développer en lui cette faculté automatique. Il prenait un crayon et laissait aller sa main qui commença par tracer des lignes informes. Peu à peu, elle arriva à former des caractères à peu près nets et enfin à écrire couramment. J'ai pu observer, grâce à lui, cet autre procédé du phénomène, l'écriture inconsciente, plus naturelle en apparence, mais au fond non moins étrange, certes, que les coups frappés par la table. Quand il prenait son crayon, sa main devenait une véritable machine aux mouvements nerveux, saccadés, rapides, rapides surtout. Je vois encore ce crayon posant parfois une question à l'un de nous, et quand la réponse n'arrivait pas prompte comme la pensée, s'agitant avec impatience, frappant convulsivement le papier qu'il maculait de petits points, et écrivant furieusement :

— Mais répondez donc ; réponds donc, Nus... réponds donc, Méray... Je m'ennuie.

Parmi les innombrables passages qu'il écrivit, cet étrange crayon, je ne citerai que quelques lignes.

Un jour, lui ayant demandé : Qu'est-ce que le devoir ? il se hâta de répondre comme suit :

— « Qu'est-ce que le devoir ? Cette question m'est posée
« par Nus. Voici ma... et un peu sa réponse :

« Le devoir est l'accomplissement librement voulu de
« la destinée de l'être intelligent. »

« Le devoir est proportionnel au degré de l'être, dans
« la grande hiérarchie divine, nécessaire. — Je dis né-
« cessaire, parce que toujours la nécessité implique
« Dieu. »

Après le récit des manifestations de ce phénomène étrange, je crois devoir m'arrêter ici ; mais je constate que crayon ou table, c'est toujours la même doctrine : *l'être libre faisant sa destinée et s'élevant dans la vie, en proportion de l'intensité de ses désirs et du mérite de ses actions.* Que l'on m'indique donc, si l'on peut, une meilleure religion et une plus belle philosophie !

Je ne m'occupe pas des charlatans et des exploiteurs qui, médiums ou non, ont dupé et dupent encore les naïfs. Les tromperies de tout genre sont faciles dans cet ordre de faits ; mais fraudes et farces n'empêchent pas le phénomène d'exister.

Je fais une large part aux enthousiasmes, aux engouements, aux hallucinations, aux mensonges, aux duperies. J'écarte en bloc d'innombrables faits que racontent des publications peut-être trop crédules et à coup sûr trop complaisantes. J'écarte tous ceux qui m'ont été affirmés, même par des personnes en qui j'ai toute confiance, ceux-là mêmes que j'ai vus moi-même... Mais je retrouve des faits entièrement analogues attestés par des témoins bien autrement compétents que moi, et je suis contraint de reconnaître que ce que j'avais vu, entendu et senti, ce dont je ne pouvais douter et dont je doutais cependant, doivent être des choses bien réelles, puisque des hommes pratiques, spéciaux, accoutumés aux expériences scientifiques et placés dans des conditions de leur choix déclarent les avoir constatées.

Nous allons donc entrer dans un ordre de faits qui, je l'avoue, déroute complètement ce qui pouvait me rester de scepticisme, en établissant qu'il y a autre chose à côté.

Nous entendrons des savants de tout premier ordre conclure, après mûr examen, qu'il y a dans le phénomène spirite une intelligence extérieure tout à fait indépendante de la volonté, de la mémoire, de la pensée des assistants et des observateurs. Nous verrons des faits bien plus surprenants encore, et le lecteur conviendra que je ne mens pas à mon titre, alors que je prétends lui raconter réellement des « choses de l'autre monde ».

CHAPITRE XIV

LES INVESTIGATIONS EN ANGLETERRE

Écoutons tout d'abord M. Barkas, membre de la Société de géologie de Newcastle :

Il y a dix ans, écrit M. Barkas, dans un livre publié en 1862, ayant entendu parler des manifestations dites « spiritualistes » en Amérique, sachant que ces phénomènes avaient le témoignage d'hommes recommandables et sérieux et que quelques manifestations analogues avaient fait leur apparition en Angleterre, je résolus d'examiner pleinement ce sujet et de ne pas me détourner d'un côté ou de l'autre, jusqu'à ce que j'eusse obtenu un nombre de faits suffisants, entendu le témoignage de celles de mes connaissances qui s'occupent de ces questions et lu tous les bons ouvrages pour ou contre que mes moyens et le temps me permettraient d'étudier.

Durant huit ans d'investigation tenace, j'évitai avec soin de m'engager dans aucune théorie, et dans ces deux dernières années, malgré l'attente impatiente des crédules et des non-croyants, de me risquer à exprimer une idée définitive. Je résolus donc d'avoir mes convictions bien mûres avant de hasarder aucune opinion.

Or, voici où nous en sommes arrivés. Les simples faits des tables se remuant et frappant, épelant les noms, indiquant l'âge, l'heure des montres ou le montant de l'argent qui se trouve dans les poches des assistants, etc., peuvent à la rigueur être expliqués par l'influence magnétique ou hypnotique, comme on la nomme maintenant.

Mais comment expliquer les faits bien supérieurs qui se produisent fréquemment, tels, par exemple, que d'indiquer le montant exact d'une série de pièces de monnaie qu'une personne présente remet à une autre, sans que ni l'une ni l'autre n'en sachent le compte ; de communications écrites de diverses manières, sans que personne s'approche du crayon ou du papier ; de livres feuilletés et d'importants passages transcrits, sans que nul ne touche le livre ; de la production d'une musique très compliquée et parfaitement belle sortant de pianos, de guitares ou d'accordéons, *sans que personne n'ait la main sur les cordes ou sur les touches ?*...

Tous ces faits et d'autres de même espèce prouvent incontestablement l'existence d'agents invisibles et intelligents d'une nature quelconque. Je suis poussé à cette conclusion par ce fait que je n'ai été capable de trouver aucune loi physique ou psychique qui rendît un compte satisfaisant de ces phénomènes.

Qui peut du reste déterminer les limites du possible, limites que la science et l'observation reculent chaque jour ?

Examinons, doutons, mais ne soyons pas assez hardis pour nier la possibilité de pareilles manifestations.

LA SOCIÉTÉ DIALECTIQUE DE LONDRES

Nous en avons déjà parlé précédemment. Cette société fondée en 1867, sous la présidence de sir John Lubbock déjà membre de la Société royale, avait parmi ses vice-présidents Thomas-Henry Huxley, un des professeurs les plus savants de l'Angleterre, et Georges Henry Lewes, physiologiste éminent.

Après dix-huit mois d'études et d'expérimentations de toute nature, le comité, formé par les principaux membres de la Société dialectique, présenta un rapport favorable dont nous reproduisons la conclusion :

« En présentant leur rapport, les membres de votre comité prennent en considération la haute réputation et la grande intelligence de la plupart des hommes qui ont été témoins des faits les plus extraordinaires, sans qu'ait pu être fournie la moindre preuve d'imposture ou d'illusion ; de plus, ayant égard au caractère exceptionnel de ces **phénomènes** (1) et au grand nombre de personnes de toute condition, répandues sur la surface entière du monde civilisé, et considérant en outre qu'aucune explication philosophique n'en a encore été obtenue ;

---

(1) Voici l'énumération abrégée de ces phénomènes :

Corps pesants s'élevant dans l'air (dans certains cas des hommes) et y restant quelque temps, sans support visible ou tangible.

Apparitions de mains et de formes semblant vivantes par leur mobilité, et ayant été touchées par les assistants.

Exécution de morceaux de musique parfaitement joués, sans qu'aucun agent constatable ait touché les instruments entendus.

Exécution de dessins et de peintures produits dans un temps si court que toute intervention humaine était impossible.

« Les membres de votre comité se croient obligés de déclarer que, dans leur conviction, le sujet mérite d'être examiné avec une attention plus sérieuse et plus minutieuse que celle qui lui a été accordée jusqu'à ce jour. »

Au nombre des témoins entendus par le comité se trouvaient le professeur Auguste Morgan, président de la Société mathématique de Londres, et le savant physicien C.-F. Varley, ingénieur en chef des compagnies de télégraphie internationale.

Or voici le témoignage de M. A. Morgan :

« Je suis parfaitement convaincu de ce que j'ai vu et entendu, d'une manière qui me rend le doute impossible. Les spiritualistes sont certainement sur le chemin qui mène à l'avancement des sciences physiques, tandis que les opposants sont les représentants de ceux qui ont entravé tout progrès. Je l'ai dit et je le répète, les *Esprits frappeurs* sont sur la bonne voie, parce qu'ils ont l'esprit d'universel examen. »

Quant au témoignage de M. Varley, le voici :

Après avoir longuement rendu compte de deux séances extraordinaires obtenues, grâce au concours du célèbre médium Home, il conclut par les réflexions suivantes :

« Quant aux manifestations produites, il existe là-dessus de nombreux rapports et parmi eux quelques-uns dont l'exactitude est garantie aussi bien dans notre siècle que dans les siècles passés. Nous ne faisons qu'étudier de nouveau ce qui a été l'objet des recherches des philosophes d'il y a mille ans, et si un homme versé dans la connaissance du grec et du latin voulait traduire les écrits de ces grands hommes, le monde apprendrait bientôt que tout ce qui a lieu maintenant n'est que la répétition de faits anciens, et combien haut monterait le crédit de ces vieux sages si clairvoyants, parce qu'ils se sont élevés au-dessus des préjugés étroits de leur siècle et semblent avoir étudié le sujet qui nous occupe dans des proportions qui à bien des égards dépassent de beaucoup nos connaissances actuelles. »

Aux témoignages précédents, ajoutons encore celui de M. Wallace :

« J'étais, dit-il, un matérialiste si convaincu qu'il ne pouvait y avoir dans mon esprit aucune place pour une existence spirituelle. Mais *les faits sont des choses opiniâtres* et ces faits me vainquirent.

« La lumière, la chaleur, l'électricité, le magnétisme et probablement aussi la gravitation et la vie ne sont que des modes du mouvement de l'éther qui remplit l'espace ; et il n'y a pas une seule manifestation de force, de développement, de beauté, qui ne dérive de l'un ou de l'autre de ces termes. Depuis la fleur qui réjouit la face de la terre, jusqu'à ce merveilleux télégraphe dont la batterie est le cerveau de l'homme et dont les fils sont ses nerfs, se révèlent les vibrations de ce mystérieux éther qui pénètre l'univers entier.

« Nous voyons l'éclair électrique fendre les arbres, renverser les clochers, foudroyer hommes et bêtes. Si ces manifestations de force incalculable sont les effets produits par une matière invisible, impondérable, impalpable et d'une nature telle que nous ne pouvons la connaître que par ces effets eux-mêmes, pourquoi donc nous étonnerions-nous de voir des intelligences de nature également éthérée user de ces mêmes forces qui sont la source de toute puissance, de tout mouvement et de toute vie sur la terre ? »

Ce dossier de preuves que nous établissons, nous pouvons le grossir encore en y ajoutant de nombreux témoignages confirmant, corroborant tous la constatation de cette « force psychique » qui relie notre monde au monde des Invisibles dont les effluves nous pénètrent, nous influencent mystérieusement.

Voici par exemple des phénomènes de psychographie, ou écritures directes fournies par les Esprits.

Certes, si des spirites aventureux avaient eu le pouvoir d'inventer et de produire les plus étonnantes démonstrations qui pussent le mieux tourner à la confusion des incrédules, ils n'auraient à coup sûr pu imaginer rien de semblable à ce que les Esprits nous ont spontanément fourni. Ici, en effet, nulle intervention humaine ; ce sont eux-mêmes qui directement écrivent quelques mots, quelques lignes, parfois des pages entières, et ces apports sont tantôt la révélation de faits totalement inconnus aux assistants — et ultérieurement vérifiés. — tantôt des communications en langues étrangères, tantôt enfin des réponses faites à des questions mentales, plus encore, à de simples désirs que nulle bouche n'avait formulés.

C'est le baron de Guldenstubbé qui, le premier en France, a obtenu de l'écriture directe.

Voici en quels termes lui-même nous raconte ce fait extraordinaire (1):

« Un jour, c'était le 1ᵉʳ août 1856, l'idée vint à l'auteur

(1) *De la Réalité des Esprits,* pp. 66 et 67.

d'essayer si les Esprits pouvaient *écrire directement* sans l'intermédiaire d'un médium. Connaissant l'écriture directe mystérieuse du Décalogue fourni à Moïse et l'écriture également directe et mystérieuse durant le festin de Balthazar, suivant Daniel, ayant en outre entendu parler des mystères modernes de Straford, en Amérique, où l'on avait trouvé certains caractères étranges tracés sur des morceaux de papier qui ne paraissaient pas provenir de médiums, l'auteur a voulu constater la réalité d'un phénomène dont la portée serait immense s'il existait réellement.

« Il mit donc un papier blanc et un crayon dans une boîte fermée à clé, clé qu'il portait toujours sur lui, et sans faire part à personne de cette expérience singulière. Il attendit durant douze jours, en vain; mais quelle fut sa stupéfaction, lorsqu'il trouva, le 13 août, certains caractères mystérieux tracés sur le papier. A peine les eut-il remarqués, qu'il répéta *dix fois*, pendant cette journée à jamais mémorable, la même expérience, en mettant toujours au bout d'une demi-heure une nouvelle feuille de papier dans la même boîte. L'expérience fut couronnée d'un succès complet.

« Le lendemain, l'auteur fit de nouveau une vingtaine d'expériences, en laissant la boîte ouverte et en ne la perdant pas de vue. C'est alors que l'auteur vit que des caractères et des mots dans la langue esthonienne se formèrent sur le papier, sans que le crayon bougeât. Depuis ce moment, l'auteur, voyant l'inutilité du crayon, a cessé de le mettre sur le papier. Il place simplement une feuille de papier sur une table et il obtient ainsi des messages (1).

(1) On trouve à la fin de l'ouvrage du baron les fac-similé de ces écritures.

Le baron de Guldenstubbé répéta l'expérience en présence du comte d'Ourches et celui-ci obtint une communication de sa mère, avec sa signature, identique à l'écriture des autographes de la comtesse.

Un témoignage du même phénomène nous est fourni par Russel Wallace, l'illustre physiologiste anglais déjà nommé.

Voici en quels termes il nous le donne (1) :

« La table ayant été examinée au préalable, une feuille de papier à lettres fut marquée par moi et placée avec un crayon de plomb sous le pied central du meuble, tous les assistants ayant leurs mains sur la table. Au bout de quelques minutes, des coups furent entendus et prenant le papier, j'y trouvai tracé d'une écriture légère: *William*.

Une autre fois, un ami de province m'accompagnait. Il était totalement inconnu au médium (Mme Marschall). Il reçut une communication de son fils signée *Charley T. Dood*, qui était son nom exact. Cette communication, comme les précédentes, avait été donnée sur le papier placé sous le pied de la table, alors que le médium s'était tenu immobile et que ses mains n'avaient pas quitté la surface supérieure du meuble.

M. Oxon a étudié ces manifestations pendant des années. Ecoutons son témoignage :

« Il y a cinq ans que je suis familier avec le phénomène de psychographie. Je l'ai observé dans un grand nombre de cas, soit avec des psychiques connus du public, soit avec des personnes qui possédaient le pouvoir de produire ces manifestations.

(1) *Les Miracles et le moderne Spiritualisme*, pp. 182 et 183.

« J'ai vu des psychographies obtenues soit dans des boîtes fermées, soit sur un papier scrupuleusement marqué, placé tantôt sous la table, tantôt sous mon coude, d'autres fois enfin sur des papiers enfermés dans des enveloppes cachetées ou sur des ardoises attachées ensemble. »

L'éminent professeur de la Faculté d'Oxford confirme les observations du baron de Guldenstubbé concernant l'emploi du crayon dont les Esprits ne se servent pas toujours d'une manière uniforme.

« J'étais, poursuivit-il, dans la maison d'un ami intime, en présence de trois autres amis. Le papier soigneusement marqué à mes initiales fut placé sur le parquet avec un crayon noir ordinaire. L'un de nous mit le pied sur le crayon et l'y laissa jusqu'à la fin de la séance, ce qui n'empêcha pas que nous trouvâmes de l'écriture sur le papier et nous nous demandâmes comment il avait pu se faire que les caractères fussent tracés, sachant que le crayon n'avait pu être utilisé.

« Nous recommençâmes l'expérience dans la même semaine et je pourvus moi-même secrètement au moyen d'éclaircir la chose. J'apportai un crayon d'un vert éclatant et je le substituai, à l'insu de tous, au crayon noir, ayant le soin de l'immobiliser sous mon pied que je maintins sur lui jusqu'à la fin de l'expérience. Quand on examina le papier, on le trouva marqué d'une écriture verte. Le crayon avait donc été employé d'une façon tout à fait inconnue. Je pense que ce cas doit se représenter souvent et que les écritures doivent se produire par quelque autre méthode différente de l'usage ordinaire. »

Voici encore deux observations faites sur le même

sujet par Zœllner, le célèbre astronome allemand dont il a été parlé précédemment :

« La soirée suivante (16 novembre 1877), je plaçai une table à jeu entourée de quatre chaises, dans une chambre où Slade (le médium) n'était jamais entré. Après que Fechner, le professeur Braune, Slade et moi eûmes placé nos mains entrelacées sur la table, il y eut des coups frappés dans ce meuble. Au moment où eut lieu la première expérience, au moyen d'une double ardoise préalablement marquée, mon couteau fut subitement projeté à la hauteur d'un pied environ et retomba sur la table.

« L'expérience fut renouvelée. La double ardoise bien nettoyée et munie intérieurement d'un crayon fut tenue par Slade sur la tête du professeur Braune. Le grattage se fit bientôt entendre et, lorsque l'ardoise fut ouverte, nous y trouvâmes plusieurs lignes d'écriture. »

Il a été dit précédemment que, chez Zœllner, un gros écrou en bois avait été brisé par les Esprits. L'astronome demanda à Slade la raison de ce fait singulier. Le médium répondit que ce phénomène s'était déjà reproduit quelquefois en sa présence. Il posa un crayon sur la table et le recouvrit avec une ardoise qu'il maintint avec sa main droite, tandis que sa main gauche était restée sur la table. L'écriture commença sur la surface inférieure, et lorsque l'ardoise fut retournée, nous y trouvâmes la phrase suivante écrite en anglais : « Ce n'est point notre intention de faire le mal ; pardonnez ce qui est arrivé. »

L'étude de l'écriture directe fut reprise en France, par un savant, le Dr Gibier, et nous retrouvons le même médium Slade qui servit d'intermédiaire dans la production du phénomène.

Voici le témoignage du Dr Gibier (1) :

« Nous avons vu plus de cent fois des caractères, des dessins, des lignes et même des phrases entières se produire à l'aide d'un petit crayon sur les ardoises que Slade tenait et même entre deux ardoises avec lesquelles il n'avait aucun contact. Inutile d'ajouter que toutes ces expériences ont été entourées des précautions les plus minutieuses que nous suggérait le désir d'obtenir des résultats exempts de toute fraude. »

Citons entre beaucoup d'autres l'une de ces expériences.

« Elle eut lieu, dit le docteur, chez moi, dans ma salle à manger, où Slade entrait pour la première fois (27 mai 1886).

« Cinq personnes étaient présentes : deux personnes de ma famille, un ami, Slade et moi.

« Prenant une de mes ardoises, je demandai à Slade s'il pourrait obtenir la reproduction d'un mot que j'écrirais sans qu'il en ait eu connaissance. Sur sa réponse affirmative, j'écrivis sur mon ardoise en me tenant complètement à l'abri de la vue de Slade qui, sans la regarder, la glissa sous le bord de ma table de manière à la laisser visible en partie. Dix secondes à peine s'étaient écoulées que l'ardoise m'était rendue avec la mention : *Louis is not here* (Louis n'est pas ici), ce qui était vrai, écrite du côté opposé à celui où j'avais écrit le mot Louis (le nom de mon fils). »

Nous avons vu le phénomène s'opérer en Angleterre,

(1) *Spiritisme ou Fakirisme occidental*, pp. 393 et suivantes

en Allemagne, en France ; passons maintenant en Amérique.

Ce que le Dr Gibier n'avait pas vu, c'est-à-dire le crayon écrivant seul, le professeur Elliott Coues l'a constaté à son grand étonnement (1).

« Il y a peu de temps encore, dit-il, j'aurais eu de la peine à me figurer que je pourrais écrire une semblable histoire. Cependant, je ne puis me taire en présence de pareils faits, sans qu'on puisse m'accuser de lâcheté morale. »

Le professeur raconte que, se trouvant à San-Francisco en octobre 1891, il se rendit, accompagné de sa femme, chez un médium nommé Mme Mena Francis.

« Elle nous fit entrer dans une chambre éclairée par le soleil et nous nous assîmes en face d'une petite table, où se trouvaient deux ardoises que le médium nous invita à examiner soigneusement. Elle prit l'une des ardoises, posa dessus un morceau de crayon et la fit passer sous la table en la tenant par un coin, d'une main, tandis que son autre main était en vue sur la table :

« Assise sur son fauteuil, tandis que deux paires d'yeux étaient fixées sur elles, elle dit d'une voix tranquille :

« Les chers Esprits voudront-ils bien écrire ? »

« Et bientôt se fit entendre un petit bruit de grattage sous la table. C'est le crayon qui écrivait, et l'on peut juger de ma stupéfaction, lorsque, Mme Francis retirant lentement l'ardoise de dessous la table, je vis à découvert, en pleine lumière et à quelques pouces devant moi, je vis, dis-je, le crayon écrire de *lui-même*, et achever les derniers mots d'une phrase dont les lignes recouvraient presque toute l'ardoise. »

(1) *Annales psychiques*, 1892.

« Je puis ajouter que l'expérience dura plus d'une heure, qu'elle fut variée de plusieurs manières et que, pendant tout ce temps, nous pûmes voir, ma femme et moi, le crayon écrivant tout seul sans l'intervention d'aucune main visible.

« Et ce qu'écrivait ce crayon, ce n'étaient certainement pas des mots tracés au hasard, mais bien des réponses intelligentes répondant aux questions que nous posâmes à diverses reprises, des communications enfin de personnes décédées, mais que ma femme et moi avions connues vivantes. »

Nous ne dirons rien, tant la matière abonde, de certaines expériences où des savants de toutes sortes et de contrées diverses furent témoins oculaires de phénomènes extraordinaires: pénétrabilité de la matière, apports de fleurs par des mains invisibles, photographies d'Esprits reconnus par leurs parents, empreintes et moulages de fantômes matérialisés... pour arriver, en attendant mieux encore, aux expériences étonnantes de M. Aksakof, le savant russe dont le nom figure au premier rang dans la galerie des spiritualistes illustres.

Ces expériences furent nombreuses, variées, insuffisantes parfois, mais couronnées, enfin, d'un tel succès, après des tentatives patientes et obstinées, que nous nous plaisons à signaler quelques-unes des dernières séances dont M. Aksakof a, lui-même, rendu compte avec les détails les plus circonstanciés.

Le 5 juillet 1886, eut lieu la cinquième séance.

Après avoir expliqué avec quel luxe de précautions furent prises toutes les mesures que nécessitent d'aussi délicates expériences, le savant russe poursuit en ces termes que nous résumons, n'ayant pas la place nécessaire à une transcription textuelle :

« Le médium Eglinton tomba promptement en extase. A sa droite, entre lui et moi, se manifesta une lumière étrange qui, émergeant des rideaux, s'étendit devant le médium qu'elle entoura, faisant flotter dans l'espace sombre comme un amas de voiles argentés.

« Puis la lumière disparut, des coups furent frappés, l'on découvrit à ce signal convenu les lentilles des appareils photographiques, d'autres lueurs apparurent et, sur ces fonds de l'espace éclairé mystérieusement, les assistants virent la silhouette sombre d'une main dont les doigts s'agitaient lentement.

« Nouvelle exposition de plaques sensibilisées faite à la lumière d'une lanterne rouge qui fut éteinte presque aussitôt, et c'est dans ces conditions d'obscurité complète que furent faites quatre expositions.

« Et quand le développement des plaques fut effectué, l'on vit sur l'une des épreuves une main nue dont le bras soutenait un voile dont les plis retombaient jusqu'au plancher. »

Nous voici donc en face d'une nouvelle phase des phénomènes s[ ]es : la photographie d'objets invisibles obtenue en pleine obscurité !

« Ce résultat ayant été obtenu, poursuit M. Aksakof, je considérai le fait de la photographie dans l'obscurité comme définitivement acquis et je résolus de procéder à de nouvelles expériences.

« Ma résolution fut d'autant plus vite arrêtée, qu'il me fut communiqué, au nom des conducteurs invisibles de l'expérience, qu'ils voulaient d'abord la compléter dans l'obscurité en photographiant une forme entière, puis qu'ensuite ils tâcheraient de me donner une photographie de la même forme accompagnée de son médium, au moyen de la lumière du magnésium. Ils m'engageaient donc à ne pas quitter Londres avant d'avoir obtenu une série complète de ces photographies extraordinaires.

« La septième séance fut fixée au 12 juillet. Il était dix heures du soir. Notre hôte plaça lui-même dans le châssis les plaques que j'avais apportées et que j'avais marquées comme toujours de l'un de mes noms, en russe.

« Églinton prit sa place derrière les rideaux de la fenêtre et tomba presque immédiatement en extase. Nous éteignîmes la lumière et formâmes la chaîne avec nos mains.

« Et c'est alors qu'au milieu de la chambre apparut une lueur flottante qui s'approcha de moi. En la regardant attentivement, je distinguai les linéaments d'une figure entourée d'une draperie blanchâtre. Cette figure à demi couverte par une grande barbe noire était comme flottante dans l'espace ; elle s'approcha de chacun de nous, puis s'évanouit dans l'obscurité. Quelques instants après apparut une nouvelle lumière douce et bleuâtre, où je vis flotter plusieurs fois la même forme. Devant elle se mouvait quelque chose de blanc que les assistants déclarèrent être semblable à une fleur.

« La reproduction de cette vision réussit de tout point. Après que le développement des plaques eut été fait, nous distinguâmes cette même figure qui nous était apparue avec ses gros sourcils, son grand nez droit, sa longue barbe. Le front et la tête étaient couverts d'un voile retombant de chaque côté de la tête. Le fantôme tenait de la main gauche un lis dont la blancheur se détachait avec vigueur sur le fond sombre de la photographie. »

Bien que satisfait des résultats obtenus, M. Aksakof désirait mieux encore. Il voulait obtenir une photographie sur laquelle auraient apparu à la fois la personne du médium et l'image du personnage fantomatique qu'il aurait évoqué.

Cette satisfaction lui a été donnée après quelques insuccès dont il raconte longuement toutes les péripéties.

Dans une dernière séance qui eut lieu le 26 juillet 1886, l'on vit émerger de derrière un rideau et s'avancer de trois ou quatre pas une grande forme masculine habillée de blanc, la figure terminée par une grande barbe noire, et ayant la tête recouverte d'un turban. Un instant après, le médium parut à son tour, et, à la lumière éclatante du magnésium, les assistants virent avec stupéfaction la grande forme blanche entourant et soutenant de son bras gauche Églinton qui, dans les transes de son extase, pouvait à peine se tenir sur ses pieds.

« J'étais assis à quelques pas de ce groupe étrange, continue M. Aksakof, et, sous l'éclat éblouissant de la lumière qui nous inondait, je pus examiner tout à loisir l'étrange visiteur. C'était un homme en pleine vigueur d'âge et de vie. Je revis de près sa figure mobile, sa barbe noire, ses épais sourcils et ses yeux éclatants qu'il fixait avec une singulière puissance de vision sur la flamme du magnésium.

C'est alors que se produisit un incident des plus extraordinaires. Au moment où M. N. cria : « Fermez les lentilles, » la forme disparut derrière le rideau ; mais, n'ayant pas eu le temps d'entraîner Églinton avec elle, le médium tomba comme mort devant le rideau et nous vîmes, dans le paroxysme d'une attention presque haletante, le fantôme drapé qui, se penchant sur le médium terrassé, commença à lui faire comme des passes magnétiques sur son corps immobile. Églinton, ranimé, se releva lentement, et le fantôme l'entourant d'un bras le conduisit derrière le rideau. »

Et c'est le groupe étrange de ces deux personnages : Églinton et le fantôme, que M. Aksakof retrouva sur l'une de ses épreuves.

Le prodigieux problème était désormais résolu. Le vivant et le désincarné, qui momentanément s'était matérialisé, figuraient côte à côte sur la plaque photographique.

Laissons ces merveilles. Nous avons hâte d'arriver à des phénomènes plus merveilleux encore...

CHAPITRE XV

SPIRITISME TRANSCENDANTAL

LE PLUS GRAND DES TÉMOINS

Ce témoin hors ligne, c'est William Crookes. C'est tout d'abord avec le concours de M. Home, le célèbre médium, qu'il commença ses essais, et ce n'est qu'au bout de quatre années d'expériences consécutives qu'il arriva au but qu'il s'était proposé.

Il ne se contenta pas du concours de M. Home ; il fit aussi appel à celui de Mlle Kate Fox (notre ancienne connaissance d'Amérique), qui s'était révélée dès le début des phénomènes spirites comme un médium des plus remarquables.

Il s'adjoignit encore divers psychiques de la Société de Londres et enfin Mlle Florence Cook. C'est avec le concours de ces puissants auxiliaires qu'il rendit manifeste, irréfutable, le plus incroyable, à coup sûr, de tous les prodiges imaginables.

La parole est à M. William Crookes (1).

(1) *Recherches expérimentales sur le Spiritisme.*

« M¹¹ᵉ Fox m'avait promis de me donner une séance chez moi, un soir du printemps de l'année dernière.

« Pendant que je l'attendais, une dame de nos parentes et mes deux fils aînés se trouvaient dans la salle à manger où j'introduisis M¹¹ᵉ Fox. Je dis à mes deux fils d'aller dans la bibliothèque pour y étudier leurs leçons. Je poussai la porte sur eux, la fermai à clé et, suivant mon habitude, pendant les séances, je mis la clé dans ma poche.

« Nous étant assis, nous reçûmes bientôt un message alphabétique nous engageant à éteindre le gaz. Une nouvelle communication nous fut donnée en ces termes : « Nous allons vous produire une manifestation qui vous donnera la preuve de notre pouvoir. »

« Et presque immédiatement, nous entendîmes, tous les trois, le tintement d'une clochette, non pas stationnaire, mais allant et venant de tous côtés dans la chambre, tantôt me touchant la tête, tantôt frappant sur le plancher. Après avoir ainsi sonné pendant au moins cinq minutes, cette clochette tomba sur la table, tout près de mes mains.

« Pendant toute la durée du phénomène, personne ne bougea et les mains de M¹¹ᵉ Fox demeurèrent parfaitement immobiles. Je pensai que ce ne pouvait être ma petite clochette qui avait sonné, car je l'avais laissée dans la bibliothèque.

« J'allumai une bougie. Il n'y avait pas à en douter, c'était bien une sonnette qui était sur la table. J'allai tout droit à la bibliothèque. D'un coup d'œil, je vis que la sonnette ne se trouvait plus là où je l'avais laissée. Je dis à mon fils aîné : « Savez-vous où est ma petite sonnette ? »

SPIRITISME TRANSCENDANTAL 259

« — Oui, papa, la voici, et il me montra la place où elle aurait dû se trouver. Et levant les yeux : Non, dit-il, elle n'y est plus ; mais elle y était, il n'y a qu'un moment.

« — Que voulez-vous dire ? Quelqu'un est-il venu la prendre ?

« — Non, personne n'est venu ; mais je suis sûr qu'elle était là, parce que, en entrant dans la bibliothèque, J. (le plus jeune de mes enfants) s'est mis à sonner si fort, que je ne pouvais étudier et je lui ai dit de cesser. J. confirma ces paroles et ajouta qu'il avait remis la sonnette où il l'avait trouvée.

« Nous voyons donc qu'il a fallu que les Esprits fissent passer cette sonnette à travers le mur pour l'apporter dans la salle à manger. Le phénomène ne peut guère se comprendre qu'en supposant que la matière peut passer à travers la matière : ce qui n'est pas impossible en somme, puisqu'on voit l'eau sous pression suffisante suinter par les pores d'une sphère en or, ou l'hydrogène filtrer à travers les parois d'un tube en fer porté au rouge et plus usuellement le pétrole à travers la porcelaine. »

Autre récit de W. Crookes :

« Le second cas que je vais rapporter eut lieu à la lumière, un dimanche soir, en présence de M. Home et de quelques membres de ma famille. Ma femme et moi, nous avions passé la journée à la campagne et en avions rapporté quelques fleurs. En arrivant à la maison, nous les remîmes à une servante pour qu'elle les mît à rafraîchir. M. Home arriva bientôt après et tous ensemble nous nous rendîmes dans la salle à manger. Quand nous fûmes assis, la servante apporta les fleurs qu'elle avait arrangées dans un vase. Je les plaçai au milieu de la table dont la nappe avait été enlevée. C'était la première fois que M. Home voyait ces fleurs.

« Après avoir obtenu plusieurs manifestations, la conversation vint à tomber sur certains faits qui ne semblaient pouvoir s'expliquer qu'en admettant que la matière peut passer à travers une substance solide.

« A ce propos, le message qui suit nous fut donné par le procédé ordinaire :

« Il est impossible à la matière de passer à travers la matière, mais nous allons vous montrer ce que nous pouvons faire (1). »

« Nous attendîmes en silence. Bientôt, une apparition lumineuse fut aperçue planant sur le bouquet de fleurs ; puis, à la vue de tous les assistants, une tige d'herbe de Chine, de 15 pouces de long, qui faisait l'ornement du centre du bouquet, s'éleva lentement du milieu du vase et descendit sur la table entre ce vase et M. Home. En arrivant sur la table, cette tige ne s'y arrêta pas, mais elle passa droit au travers et tous nous la vîmes parfaitement jusqu'à ce qu'elle l'eût entièrement traversée.

« Aussitôt après la disparition de l'herbe, ma femme, qui était assise à côté de M. Home, vit entre elle et lui une main qui venait de dessous la table et qui tenait la tige d'herbe dont elle la frappa deux ou trois fois sur l'épaule, avec un bruit que tout le monde entendit, puis elle posa l'herbe sur le plancher et disparut.

« Il n'y eut que deux personnes qui virent la main, mais tous les assistants virent le mouvement de la fleur. Pen-

(1) Il s'agit de bien s'entendre sur le phénomène des pénétrations apparentes. Les molécules solides ne *traversent* pas d'autres molécules solides, mais la pénétration peut avoir lieu par écartement des molécules.

dant que ceci se passait, tout le monde put voir les mains de M. Home posées sur la table et parfaitement immobiles.

« L'endroit où l'herbe avait disparu était à 18 pouces des mains du médium.

« La table était une table de salle à manger à coulisses s'ouvrant avec une vis. Elle n'était pas à rallonges et la réunion des deux parties formait une fente étroite dans le milieu. C'est à travers cette fente que l'herbe avait passé, bien qu'elle fût beaucoup plus grosse et ne parût pas pouvoir le faire sans s'écraser et se déchirer, et cependant nous l'avons tous vue descendre sans peine, et, en l'examinant ensuite, nous n'avons pu voir la moindre trace de pression ou d'éraflure. »

APPARITIONS LUMINEUSES

Après la constatation de ces faits qui prouvent avec quelle étrange facilité les Esprits peuvent manipuler la matière, nous allons voir ce qu'ils sont capables de faire dans la manipulation de leur propre substance éthérée qu'ils peuvent, à leur gré, rendre lumineuse, ou encore condenser dans des conditions qui renversent toutes les lois connues et bouleversent toutes nos idées traditionnelles.

Mais rendons la parole au savant chimiste qui, au milieu de ces phénoménales séances, garde l'impassible équilibre, l'imperturbable sang-froid de l'observateur que rien ne déconcerte.

« Ces manifestations lumineuses étant un peu faibles exigent généralement que la chambre demeure obscure. A peine ai-je besoin de rappeler à mes lecteurs que j'ai toujours pris toutes les précautions nécessaires pour déjouer toutes les fraudes possibles. Et je puis ajouter du reste que ces étranges lumières étaient d'une nature telle, que je n'ai pu arriver à les imiter par aucun des moyens artificiels dont peut disposer la science.

« Eh bien ! c'est dans ces conditions de contrôle le plus absolu, que j'ai une fois vu un corps solide, lumineux par lui-même, ayant à peu près la forme d'un gros œuf, flotter sans bruit à travers la chambre, s'élever plus haut que n'aurait pu le faire aucune personne et descendre ensuite tout doucement sur le parquet, pour se relever ensuite.

« Cet objet fut visible pendant plus de dix minutes, et, avant de s'évanouir, il frappa trois fois sur la table avec un bruit semblable à celui qu'aurait pu produire un corps solide et dur.

« Pendant tout ce temps, le médium était assis sur une chaise longue et paraissait tout à fait insensible.

« J'ai vu des points lumineux jaillir de tous côtés et se reposer sur la tête de différentes personnes. A certaines questions que j'avais posées, il a été répondu par des éclats de lumière brillante qui se sont produits devant mon visage et le nombre de fois que j'avais moi-même fixé. J'ai vu des étincelles s'élancer de la table au plafond et retomber ensuite sur la table, avec un bruit très distinct. J'ai obtenu une conversation alphabétique au moyen d'éclairs lumineux se produisant en l'air, devant moi, et au milieu desquels je promenais ma main. J'ai vu un nuage lumineux flotter au-dessus d'un tableau. Il m'est arrivé plus d'une fois qu'un corps solide phosphorescent cristallin a été mis dans ma main, par une main qui n'appartenait à aucune des personnes présentes. En pleine lumière, j'ai vu un nuage lumineux planer sur un héliotrope placé sur une table à côté de nous, en casser une branche et l'apporter à une dame, et dans certaines circonstances j'ai vu un nuage semblable se condenser sous nos yeux, en prenant la forme d'une main, et transporter de petits objets ; mais cela appartient plutôt à la classe des phénomènes qui suivent. »

APPARITIONS DE MAINS LUMINEUSES

« L'on sent souvent des attouchements de mains pendant les séances faites dans l'obscurité ; mais j'aime mieux choisir quelques-uns des cas nombreux où j'ai vu ces mains en pleine lumière.

« Une petite main d'une forme exquise s'éleva un jour d'une table et me donna une fleur. Elle apparut, puis disparut à trois reprises différentes, en me donnant toute facilité de me convaincre que cette apparition était aussi réelle que ma propre main.

« Dans une autre circonstance, une petite main et un petit bras, semblables à ceux d'un enfant, apparurent, se jouant devant une dame qui était assise près de moi. Puis l'apparition vint à moi, me frappa sur le bras et tira plusieurs fois mon habit.

« Une autre fois, un doigt et un pouce furent vus arrachant les pétales d'une fleur qui était à la boutonnière de M. Home et les déposant devant plusieurs personnes qui étaient près de lui.

« Les mains et les doigts de ces apparitions ne m'ont pas toujours paru solides et comme vivants. Elles sont parfois vaporeuses ; mais d'autres fois, aussi, elles semblent parfaitement animées; les doigts se meuvent et la chair paraît être aussi humaine que celle de toutes les personnes présentes.

« Au toucher, ces mains sont parfois froides et comme mortes ; mais d'autres fois, aussi, elles m'ont paru chaudes et vivantes et « ont serré la mienne avec la ferme étreinte d'un vieil ami ». J'ai retenu, un certain jour, une de ces mains dans la mienne, bien résolu à ne pas la laisser échapper. Aucune tentative et aucun effort ne furent faits pour me faire lâcher prise ; mais peu à peu cette main sembla se résoudre en vapeur, et ce fut ainsi qu'elle se dégagea de mon étreinte. »

CHAPITRE XVI

LES MATÉRIALISATIONS

KATIE KING

A quel genre d'expérience appartient le fait qu'il nous reste à citer? Le lecteur a beau être familiarisé avec les tours de force les plus inouïs de ce phénomène inexplicable, que va-t-il dire, penser, croire... s'il croit?

Ce ne sont plus, en effet, des doigts, des mains, d'insaisissables fantômes qui vont apparaître. C'est un être, une jeune fille, une femme, une vraie femme qui parle, qui s'assied, qui marche, que l'on voit, que l'on touche.

Elle s'appelle Katie King. Elle apparaît en pleine lumière, vivante, grande, belle, blanche et blonde — il est bon d'insister sur ce fait — alors que son médium, Mlle Florence Cook, est petite, brune, les cheveux presque noirs... nulle confusion ne sera donc possible.

Cette manifestation, cette vision, ce phénomène, ce prodige, cette espèce de miracle ou de rêve, — sait-on de quel nom qualifier cette inimaginable aventure? — a duré trois ans! Oui, trois ans, vous avez bien lu... Ce n'est que dans les derniers mois, seulement, que M. Crookes en a eu connaissance. Après avoir assisté à quelques séances chez M. et Mme Cook, le père et la mère du jeune médium, une enfant de quinze ans, il obtint d'eux que la jeune fille vînt chez lui et y passât même quelquefois une semaine entière. Et c'est là, dans la maison, dans la famille du savant, qu'a *vécu* l'être incompréhensible qui, avec l'aide inconsciente et non moins incompréhensible de son médium endormi, prenait un corps humain, des organes, des sens, causait avec Mme Crookes, racontait des histoires aux jeunes garçons et se prêtait aux expériences du maître.

C'est paradoxal, insensé, inadmissible... Et pourtant, c'est *vrai!* puisque M. Crookes l'affirme et s'en porte garant dans l'intangible honneur de sa carrière de savant hors ligne et de sa vie d'honnête homme dont nul ne saurait suspecter la loyauté !

Je vous avais bien prévenu, dès les premières pages, que je vous raconterais des choses... de l'autre monde, comme dit Eugène Nus.

Mais maintenant que vous êtes préparés, lisez ce qu'en dit lui-même M. Crookes :

« C'est ma bibliothèque qui servait de cabinet noir. Elle avait une porte à deux battants qui s'ouvrait sur le laboratoire; un des battants fut enlevé de ses gonds et un rideau fut suspendu à sa place pour permettre à Katie (l'Esprit matérialisé) d'entrer et de sortir facilement... »

C'est derrière ce rideau que s'opérait l'incarnation mystérieuse ; c'est de là que Katie sortait et venait se montrer aux assistants.

« Le 12 mars (1), poursuit M. Crookes, pendant une séance qui eut lieu chez moi et après que Katie eut marché au milieu de nous et nous eut parlé pendant quelque temps, elle se retira derrière le rideau qui séparait la bibliothèque du laboratoire où étaient assis les assistants. Au bout d'un moment, elle revint au rideau, m'appela et me dit : « Entrez dans la chambre et soulevez la tête « de mon médium, elle a glissé à terre. »

« Katie était alors debout devant moi, vêtue de sa robe blanche habituelle et coiffée de son turban. Je me dirigeai immédiatement vers la bibliothèque et Katie recula de quelques pas pour me laisser passer. Mlle Cook, en effet, avait glissé en partie du canapé d'où sa tête pendait dans une situation très pénible. Je la remis sur le canapé et constatai avec satisfaction, malgré l'obscurité relative du cabinet, que Mlle Cook, toujours vêtue de sa robe de velours noir, ne pouvait en aucune façon être confondue avec Katie. Le médium du reste étendu sur le canapé était plongé dans une profonde léthargie.

« J'étais retourné à mon poste d'observation. Katie apparut de nouveau et me dit qu'elle pensait pouvoir se montrer à moi, en même temps que son médium. Le gaz fut baissé et elle me demanda ma lampe à phosphore. Après s'être montrée à sa lueur pendant quelques secondes, elle me la remit dans les mains en disant : « Entrez maintenant et venez voir mon médium. » Je la suivis immédiatement et à la lueur de ma lampe je vis Mlle Cook reposant sur le canapé, dans la position exacte où je l'avais laissée ; mais regardant autour de moi, je ne pus voir Katie qui avait disparu. Ayant repris ma place, Katie réapparut de nouveau et me dit que tout le

1) Le 12 mars 1874.

temps elle était restée debout auprès du médium. Puis voulant, me dit-elle, essayer une expérience, elle reprit la lampe et passa derrière le rideau. Au bout de quelques minutes, elle me rendit la lampe, en me disant qu'elle n'avait pu réussir « ayant épuisé tout le fluide de son médium (1) », mais me promettant d'essayer une autre fois.

« Mon fils aîné, un garçon de quatorze ans, qui était assis en face de moi, dans une position telle qu'il pouvait voir derrière le rideau, me dit qu'il avait vu distinctement la lampe paraissant flotter dans l'espace, au-dessus de Mlle Cook et l'éclairant pendant qu'elle était étendue sans mouvement sur le sopha, mais qu'il n'avait vu personne tenant la lampe. »

« Je passe maintenant à la séance tenue, hier au soir, à Hackney.

« Jamais Katie n'était apparue avec une aussi grande perfection. Pendant près de deux heures, elle s'est promenée dans la chambre, en causant familièrement avec toutes les personnes présentes. Plusieurs fois, elle prit mon bras en marchant et je sentais que c'était bien une femme vivante qui marchait à mon côté et non point un visiteur de l'autre monde. Cette impression fut si vive, que je fus pris de la tentation irrésistible de répéter une curieuse expérience dont j'avais eu connaissance tout récemment.

« Pensant donc que, si je n'avais pas un Esprit à mes

---

(1) C'est, en effet, en empruntant à leurs médiums une partie de leur fluide plus ou moins condensé, que les Invisibles se matérialisent et se manifestent à nous, sous ces formes étranges que l'on voit, que l'on touche, que l'on photographie ou que l'on moule, suivant le degré de leur condensation.

côtés, il s'y trouvait tout au moins une « dame vivante », je lui demandai la permission de la prendre dans mes bras, afin de vérifier les intéressantes observations qu'un expérimentateur hardi avait récemment fait connaître d'une manière tant soit peu prolixe.

« Cette permission me fut donnée gracieusement et j'en usai — avec la convenance discrète qui, en pareille circonstance, s'impose naturellement à tout homme bien élevé. — M. Vo!kman sera sans doute charmé de savoir que je puis corroborer son assertion, et que le « fantôme » était un être aussi matériel que Mlle Cook elle-même.

« Quant à Katie, elle me dit alors que cette fois elle se croyait capable de se montrer en même temps que son médium. Je baissai donc le gaz et, ma lampe à la main, je pénétrai dans le cabinet. Mais préalablement, j'avais prié un de mes amis, qui est habile sténographe, de noter toute observation que je pourrais faire dans le cabinet, car je connais l'importance qui s'attache aux premières impressions et je ne voulais pas m'en référer à ma mémoire. Or ces notes sont en ce moment devant moi.

« J'entrai donc dans le cabinet ; il y faisait noir et ce fut presque à tâtons que je cherchai Mlle Cook. Je la trouvai accroupie sur le plancher.

« M'agenouillant auprès d'elle, je fis entrer un peu d'air dans ma lampe à phosphore et, à sa lueur, je vis Mlle Cook vêtue de velours noir, comme elle l'était au début de la séance, et ayant l'apparence d'être complètement insensible. Elle ne bougea pas, lorsque je pris sa main et tins la lampe tout près de son visage ; mais elle continua à respirer paisiblement.

« Élevant la lampe, je regardai autour de moi, je vis Katie qui se tenait debout tout près du médium. Elle était vêtue d'une draperie blanche et flottante comme nous l'avions vue pendant la séance. Tenant une des mains de Mlle Cook dans la mienne, j'élevai et j'abaissai la lampe, tant pour éclairer la figure de Katie, que pour me convaincre pleinement que je voyais bien réellement la vraie Katie que j'avais pressée dans mes bras quelques minutes auparavant et non pas le fantôme d'un cerveau malade. Elle ne parla pas, mais elle fit de la tête un signe de reconnaissance. Par trois fois différentes, j'examinai soigneusement Mlle Cook, toujours accroupie devant moi, pour m'assurer que la main que je tenais était bien celle d'une femme vivante, et, à trois reprises différentes, je tournai ma lampe vers Katie pour l'examiner avec une attention soutenue, jusqu'à ce que je n'eusse plus le moindre doute qu'elle était bien là devant moi. A la fin, Mlle Cooke fit un léger mouvement et aussitôt Katie me fit signe de m'en aller. Je me retirai dans le fond du cabinet et cessai alors de voir Katie, mais je ne quittai pas la chambre jusqu'à ce que Mlle Cook ne fût éveillée et que deux des assistants eussent pénétré avec de la lumière.

« Avant de publier cet article, poursuit M. Crookes, je désire faire connaître quelques-unes des différences que j'ai observées entre Mlle Cook et Katie. Cette dernière est de taille variable ; mais elle est toujours plus grande que Mlle Cook. Hier au soir, Katie avait le cou découvert, sa peau était fine et douce, tandis que Mlle Cook a au cou une cicatrice fort apparente et rude au toucher. Les oreilles de Katie ne sont pas percées, tandis que Mlle Cook porte ordinairement des boucles d'oreilles. Le teint de Katie est très blanc, tandis que celui de Mlle Cook est très brun. Les doigts de Katie sont beaucoup plus longs que ceux de Mlle Cook et son visage est plus grand. Dans les façons et manières de s'exprimer, il y a aussi bien des différences remarquables. »

Dès le commencement de ses apparitions, Katie King avait annoncé qu'elle n'avait pas le pouvoir de rester avec son médium plus de trois ans et qu'après ce temps-là elle lui ferait ses adieux pour toujours. La fin de cette période eut lieu le jeudi 21 mai 1874.

M. Crookes assista à la séance d'adieu qu'il raconte en ces termes :

« Durant la semaine qui précéda le départ de Katie, elle a donné des séances chez moi, presque tous les soirs, afin de me permettre de la photographier à la lumière artificielle. Cinq appareils complets furent préparés à cet effet.

« Ma bibliothèque servit de cabinet noir. Chaque soir, il y avait trois ou quatre expositions, ce qui donnait au moins quinze épreuves par séance. Quelques-unes se gâtèrent au développement ; malgré tout, j'ai quarante-quatre négatifs. Quelques-uns sont médiocres, d'autres sont excellents.

« Katie donna pour instruction à tous les assistants de demeurer assis. Seul je ne fus pas compris dans cette mesure, car, depuis quelque temps, elle m'avait donné la permission de faire ce que je voudrais, de la toucher, d'entrer dans le cabinet et d'en sortir à mon gré.

« Après que Mlle Cook avait dîné et causé avec nous, elle se dirigeait vers le cabinet, et, à sa demande, je fermais à clé la seconde porte, gardant la clé sur moi pendant toute la séance. Alors on baissait le gaz et on laissait Mlle Cook dans l'obscurité. En entrant dans le cabinet, elle s'étendait sur le plancher, sa tête sur un coussin et presque aussitôt elle tombait en léthargie.

« Pendant que je prenais une part active à ces séances, la confiance qu'avait en moi Katie s'accroissait de jour en jour, si bien qu'elle ne voulait plus donner de séance à moins que je ne me chargeasse des dispositions à prendre.

« Une des photographies les plus intéressantes est celle où je suis debout à côté de Katie. Elle a son pied nu sur le plancher. J'habillai ensuite Mlle Cook comme Katie. Elle et moi nous nous plaçâmes exactement dans la même position et nous fûmes photographiés par les mêmes objectifs placés exactement comme dans l'expérience précédente et éclairés par la même lumière. Lorsque ces deux épreuves sont placées l'une sur l'autre, les deux photographies de moi coïncident parfaitement, mais Katie est plus grande d'une demi-tête que Mlle Cook ; la largeur de son visage et la grosseur de son corps diffèrent essentiellement de ceux de son médium.

« Mais la photographie est aussi impuissante à exprimer la beauté parfaite du visage de Katie, que les mots le sont eux-mêmes à décrire le charme de ses manières. La photographie peut reproduire les lignes de sa pose, mais comment pourrait-elle donner une idée de la blanche pureté de son teint, ou de l'expression toujours changeante de ses traits si mobiles, tantôt voilés de tristesse, lorsqu'elle racontait quelques tristes événements de sa vie passée, tantôt souriant avec toute l'innocence d'une jeune fille, lorsqu'elle avait réuni mes enfants autour d'elle et qu'elle leur racontait des épisodes amusants de ses aventures dans l'Inde.

« J'ai si bien vu Katie récemment, lorsqu'elle était éclairée par la lumière électrique, qu'il m'est facile d'ajouter quelques traits aux différences que, dans un précédent article, j'ai établies entre elle et son médium. Aussi ai-je la certitude la plus absolue que ces deux femmes sont deux individualités distinctes.

« Plusieurs petites marques qui se trouvent sur le visage de Mlle Cook font défaut sur celui de Katie. La chevelure de la première est d'un brun si foncé qu'elle paraît presque noire. Une boucle de celle de Katie, *qui est là sous mes yeux* et qu'elle m'avait permis de couper au milieu de ses tresses luxuriantes (après l'avoir suivie de mes doigts jusque sur le haut de la tête et m'être assuré qu'elle y avait bien poussé), est d'un riche châtain doré.

« Un soir, je comptai les pulsations de Katie : son pouls battait régulièrement 75, tandis que Mlle Cook atteignait 90, son chiffre habituel. En appuyant mon oreille sur la poitrine de Katie, je pouvais entendre son cœur dont les pulsations étaient plus régulières que celles du cœur du médium. Je pus constater également, par l'auscultation, que les poumons de Katie étaient plus sains que ceux de Mlle Cook qui, à ce moment, suivait un traitement médical pour un gros rhume.

« Lorsque le moment de nous dire adieu fut arrivé, je demandai à Katie la faveur d'être le dernier à la voir. En conséquence, quand elle eut appelé auprès d'elle chaque personne de la société et qu'elle leur eut dit quelques mots en particulier, elle donna des instructions générales pour notre direction future et la protection à donner à Mlle Cook. De ces instructions qui furent sténographiées, je cite la suivante : « M. Crookes a très « bien agi constamment et c'est avec la plus grande « confiance que je laisse Florence (Mlle Cook) entre ses « mains, parfaitement sûre que je suis qu'il ne trompera « pas la foi que j'ai en lui. Dans toutes les circonstances « imprévues, il pourra faire mieux que moi-même, car « il a plus de force. »

« Ayant terminé ses instructions, Katie m'invita à entrer dans le cabinet avec elle et me permit d'y demeurer jusqu'à la fin.

« Après avoir fermé le rideau, elle causa avec moi pendant quelques instants, puis elle traversa la chambre pour aller à Mlle Cook, qui gisait inanimée sur le plancher. Se penchant sur elle, Katie la toucha et lui dit :

« Éveillez-vous, Florence, éveillez-vous ; il faut que « je vous quitte maintenant. »

« Mlle Cook s'éveilla, et toute en larmes elle supplia Katie de rester quelque temps encore. « Ma chère, je ne « le puis pas, répondit cette dernière ; *ma mission est* « *accomplie.* Que Dieu vous bénisse ! » et elle continua à lui parler. Pendant quelques minutes, elles causèrent ensemble, jusqu'à ce qu'enfin les larmes de Mlle Cook l'empêchèrent de parler. Sur un signe de Katie, je m'élançai pour soutenir Mlle Cook qui allait tomber et qui sanglotait convulsivement...

« Je regardai autour de moi, mais Katie et sa robe blanche avaient disparu.

« Dès que Mlle Cook fut un peu calmée, on apporta de la lumière et je la conduisis hors du cabinet. »

Un témoin de cette séance inoubliable confirme en ces termes le récit de M. Crookes et y ajoute plusieurs détails des plus étranges que nous reproduisons textuellement, malgré certaines redites :

« A sept heures et quart du soir, M. Crookes conduisit miss Cook dans le cabinet obscur, où elle s'étendit sur le sol, la tête appuyée sur un coussin. A sept heures vingt-huit minutes, Katie parla pour la première fois et, à sept heures trente minutes, elle se montra en dehors du rideau et dans toute sa forme. Elle était vêtue de blanc les manches courtes et le cou nu. Elle avait de longs cheveux châtain clair de couleur dorée tombant en boucles des deux côtés de la tête et le long du dos jusqu'à la taille. Elle portait un long voile blanc qui ne fut abaissé qu'une ou deux fois sur son visage pendant la séance.

« Miss Cook avait une robe bleu clair en mérinos. Pendant presque toute la séance, Katie resta debout devant nous. Le rideau du cabinet étant écarté, tous pouvaient voir distinctement le médium endormi ayant le visage couvert d'un châle rouge, pour le soustraire à la lumière. Elle ne quitta pas sa première position depuis le commencement de la séance durant laquelle la lumière répandait une vive clarté.

« Katie parla de son départ prochain et accepta un bouquet que M. Trapp lui avait apporté, ainsi que quelques lis attachés ensemble et offerts par M. Crookes. Katie invita M. Trapp à délier le bouquet et à poser les fleurs devant elle sur le plancher. Elle s'assit alors à la manière turque et nous pria tous d'en faire autant autour d'elle. Alors elle partagea les fleurs et donna à chacun un petit bouquet qu'elle entoura d'un ruban bleu.

« Elle écrivit des lettres d'adieu à quelques-uns de ses amis en les signant « Annie Owen Morgan », qui avait été son vrai nom pendant sa vie terrestre. Elle écrivit également une lettre à miss Cook et choisit pour elle un bouton rose comme cadeau d'adieu.

« Katie prit alors des ciseaux, coupa une mèche de ses cheveux et nous en donna à tous une large part. Elle prit ensuite le bras de M. Crookes, fit le tour de la chambre et serra la main de chacun. Puis, s'asseyant de nouveau, elle coupa plusieurs morceaux de sa robe et de son voile dont elle fit des cadeaux à nous tous.

« Voyant de si grands trous à sa robe, on lui demanda si elle pourrait réparer le dommage, ainsi qu'elle l'avait déjà fait en d'autres occasions. Elle présenta alors la partie coupée à la clarté de la lumière, puis, frappant un léger coup dessus, elle nous montra cette partie qui à l'instant devint semblable à ce qu'elle était auparavant. Ceux qui se trouvaient près d'elle examinèrent, touchèrent l'étoffe avec sa permission et déclarèrent qu'il n'existait ni trou, ni couture, ni aucune partie rapportée, là où un instant auparavant ils avaient vu des trous de plusieurs pouces de diamètre.

« Elle donna ensuite ses dernières instructions à M. Crookes et autres amis sur la conduite à tenir touchant les manifestations ultérieures promises par elle par l'entremise de son médium. Ces instructions furent notées avec soin et remises à M. Crookes.

« Elle parut alors fatiguée et dit tristement qu'elle désirait s'en aller, sentant ses forces diminuer. Elle réitéra à tous ses adieux de la manière la plus affectueuse. Les assistants la remercièrent pour ces manifestations merveilleuses qu'elle leur avait accordées.

« Tandis qu'elle jetait à ses amis un dernier regard profond et pensif, elle laissa tomber le rideau et disparut à nos yeux.

« Nous l'entendîmes réveiller le médium qui la pria en versant des larmes de rester encore un peu ; mais Katie lui dit : « Ma chère, je ne le puis. Ma mission est accomplie ; que Dieu te bénisse ! » Et nous entendîmes le bruit de son baiser d'adieu. Miss Cook se présenta alors au milieu de nous épuisée, défaillante et en proie à une profonde désolation.

« Au cours de la séance, Katie avait dit qu'elle ne pourrait désormais ni parler, ni montrer son visage, et qu'en accomplissant pendant trois ans ces manifestations physiques elle avait passé une vie douloureuse pour expier ses fautes ; mais qu'elle était résolue à s'élever à un degré supérieur de la vie spirituelle et que ce ne serait qu'à de longs intervalles qu'elle pourrait correspondre par écrit avec son médium, mais que ce médium pourrait toujours la voir au moyen de la lucidité magnétique (1). »

(1) Le livre de M. Crookes, *Recherches sur le spiritualisme*, traduit en français, se trouve à la librairie des *Sciences psychologiques*, 42, rue Saint-Jacques, à Paris.

CHAPITRE XVII

LE MOT DE LA FIN

Il me paraît indispensable de le dire ce mot-là. Qu'est-ce à dire, en effet ? — On se regarde, on se tâte, on se prend la tête à deux mains et l'on se demande si l'on rêve ou si l'on devient fou...

Et qu'allons-nous faire maintenant ?

Croire ou douter ?

Croire ?... Mais c'est si prodigieusement étrange !

Douter alors ? Mais est-ce possible, en face des affirmations catégoriques, absolues d'un savant de la valeur de M. Crookes ? S'il est un homme, au monde, que l'on soit contraint de prendre au sérieux, c'est à coup sûr celui-là, et tenter le contraire serait folie impertinente ou parti pris compromettant.

Admettons, malgré tout, qu'il y ait, sinon des doutes à avoir, tout au moins quelques questions à poser...

Eh bien ! dans quel but M. Crookes aurait-il tenté de

lancer à travers le monde — employons le style des journalistes — ce canard paradoxal, fantomatique, plus gros que l'ancien épyornis de Madagascar ?

But inavouable de spéculation ?

— Non, il est riche.

Désir de se singulariser, de se faire je ne sais quelle réclame malsaine ?

— Mais de quelle réclame avait-il besoin ce nom, grand parmi les plus grands, le glorieux Christophe Colomb de la matière radiante? N'était-ce pas plutôt jeter en pâture à la jalousie toute une vie d'honneur scientifique et de grandeur morale incontestée ?

Est-ce tout ? Non certes.

En admettant qu'il eût « trompé » tout le monde, des quatre coins de l'Angleterre et de l'Europe, ne seraient-elles pas venues fondre sur l'imposteur, les protestations indignées de ceux qu'il aurait si audacieusement mystifiés, de tous les journaux auxquels il a envoyé ses communications, de tous les savants auxquels il a écrit, de tous les amis et assistants de ses séances dont il a invoqué le témoignage ? C'est en 1874 qu'il a proclamé les résultats de ses recherches ; il y a donc vingt-quatre ans que le monde scientifique a été convié à l'examen de ces révélations sans précédents, et qui donc a réclamé, qui donc l'a convaincu d'imposture (1) ?

Au surplus, est-il donc le seul qui les ait faites, ces

(1) Il les redoute si peu ces témoignages d'imposture, qu'aujourd'hui encore, en 1898, il vient de prononcer un discours dans lequel il déclare *ne rien retirer* de ses affirmations précédentes, admettant résolument : la transmission des pensées, la télépathie et la survie, surtout prouvée d'une façon si éclatante par ses expériences sur Katie King.

révélations ? Ne sont-ils pas cinquante, ne sont-ils pas cent, tous ceux qui, avant lui, ont expérimenté et conclu comme lui, les Wallace, les Oxon, les Zœllner, les Varley, les Desmond Fitz Gerald, les Carter Blake, les Elliott Coues, les Ascenti, les Gibier, les de Rochas, les Richet, les Marillier, les Nus, les Flammarion, les Aksakof... et tant d'autres observateurs sans compter tous les membres des sociétés savantes qui, tout d'abord incrédules ou récalcitrants, sont venus, vaincus par l'évidence, apporter leurs témoignages et leurs adhésions à la révélation grandiose, tels que les Edmonds, les Mapes, les Robert Hare, les Robert Dale... la liste serait interminable.

A moins d'être atteint de cécité volontaire, la plus incurable de toutes, nous ne croyons pas qu'on puisse douter de l'existence du phénomène.

En douter, en face des innombrables faits que nous avons cités, et surtout en présence d'une Katie King dont M. Crookes compte les pulsations et entend battre le cœur, qui donne des boucles de ses cheveux et des fleurs à toute une assemblée d'assistants, de « témoins » qui, pendant des heures, la voient aller et venir en pleine lumière, l'entendent parler, sentent la pression de ses mains, reçoivent ses adieux et la voient se dissiper en l'air — alors que les sténographes viennent

Ajoutons que la *Société des recherches psychologiques* dont M. William Crookes est le président, par l'initiative de quatre de ses membres les plus éminents, le Dr James, le Dr Lodge, M. Myers, de l'Université de Cambridge, et le Dr Richard Hodgson, vient de *déclarer possible* la communication entre les vivants et les morts. (Voir la note 6.)

d'écrire ses recommandations et que les photographes viennent de couvrir leurs plaques de son image — douter dans de semblables conditions... Eh bien ! qu'est-ce que vous voulez que je vous dise ? Ce serait de l'aberration, ou de l'entêtement, peut-être aussi le désir de se singulariser — piètre originalité — ce serait enfin tout ce qu'on voudra, excepté d'avoir un entendement ouvert et une loyale bonne volonté.

Si ce sont les Esprits qui réellement se mêlent à notre vie, que pouvez-vous y faire et à quoi peut aboutir votre stérile intransigeance ? On l'a dit et répété : rien de plus opiniâtre qu'un fait !... La vérité finit toujours par surgir du milieu de tous les décombres qu'on s'efforce d'entasser sur elle pour l'ensevelir. La vérité se rit des fossoyeurs et pour elle il n'y a pas de sépulcre.

« Mais, dites-vous, — c'est Eugène Nus qui parle — cela va ressusciter toutes les superstitions ! Eh bien quoi, où est-elle, ici, la superstition ? On me prouverait que ce sont les Esprits qui dirigent le phénomène, je n'en serais pas plus superstitieux pour cela... Qu'ils viennent, je les recevrai poliment et j'écouterai leurs théories, s'ils m'en font, comme j'écoute celles que me font les vivants sous le contrôle de mon bon sens et de ma raison. »

« Les superstitions ! Mais c'est précisément pour les détruire que je demande à la *vraie* science d'étudier ces phénomènes dans leur vivante réalité. »

« La superstition, dit avec raison mon ami Victor Meunier, est faite, au premier chef, d'apparences trompeuses et de fausses interprétations d'un fait vrai en soi, et elle n'est détruite que lorsque la matière dont elle est faite a été définitivement expliquée.

« Pour Dieu, expliquez donc, messieurs les savants ;

c'est votre métier après tout et cela vaudrait infiniment mieux que de tourner le dos ou de fermer obstinément les yeux et les oreilles...

« Mais la peur du ridicule !... peur française, quelle belle peur, grotesque et surtout lâche !

« Nous sommes horripilés par cette engeance de prétendus savants qui, pour se distinguer du vulgaire, nous crachent dédaigneusement telles ou telles locutions pseudo-scientifiques devant lesquelles le bon public se pâme d'autant plus qu'il y comprend moins de choses.

« Et les mots d'auteur qui éclatent comme une fusée, tels que ceux-ci : *La propriété, c'est le vol ! — Que messieurs les assassins commencent*, ou bien encore et mieux encore : *Le génie est une névrose — Le cerveau sécrète la pensée comme les reins sécrètent l'urine*... et tant d'autres paradoxes catapultueux qui font si bon effet dans un salon ou dans une conférence.

« Voilà ! Rien de plus simple. Un grand coup de tam-tam sur le tympan de la bêtise humaine... et les populations se pâment !

« — Tas d'imbéciles ! criait Mengin, aux badauds attroupés devant sa voiture, si je n'avais pas ma grosse caisse, mon casque en cuivre et mon costume de carnaval, vous n'achèteriez pas mes crayons.

« Il y a des gens qui croient avoir assisté à ses obsèques. Ils se trompent : Mengin n'est pas mort ; il ne mourra jamais (1). »

— Mais alors, monsieur Crookes, lui demanda-t-on, un jour, à Paris, et non sans une pointe d'ironie, vous croyez donc aux Esprits ?...

(1) *Choses de l'autre monde.*

Et lentement, froidement, M. William Crookes répondit avec autorité :

— Je crois à Katie King.

C'était tout dire en un mot.

Et nous, nous croyons à l'évocateur de Katie King.

CHAPITRE XVIII

CHOSES ÉTRANGES

Après les magistrales révélations qui précèdent, je cède au désir de placer sous les yeux du lecteur d'autres témoignages de natures très diverses, mais dont l'étrangeté s'impose, dont la signification, s'ajoutant à celle des preuves déjà fournies, les corrobore en les expliquant.

Ces témoignages, choisis entre cent autres et pris presque au hasard, s'enchaînent par l'unité de la thèse qu'ils affirment. C'est comme une mosaïque dont les pièces de teintes disparates en apparence se fondent dans une tonalité uniforme. C'est une sorte d'anthologie de récits extraordinaires, de faits déconcertants qui, en dépit de leur diversité, concourent au même but et nous jettent dans le monde des interrogations, des conjectures, dans le domaine des rêves... ces beaux rêves qui, sur leurs ailes de gaze, nous transportent toujours plus haut, jusqu'en ces régions où l'âme délivrée de ses attaches terrestres tressaille aux souffles qui nous viennent de l'inconnu.

Nous citerons, dit M. Ed. Schuré (1), deux faits célèbres de ce genre — il s'agit de la double vue — et absolument authentiques. Le premier se passe dans l'antiquité. Le héros en est l'illustre philosophe magicien Apollonius de Tyane.

1er *fait*. — Seconde vue d'Apollonius de Tyane. — Tandis que ces faits (l'assassinat de l'empereur Domitien) se passaient à Rome, Apollonius les voyait à Éphèse. Domitien fut assailli par Clément, vers midi ; le même jour, au même moment, Apollonius dissertait dans les jardins attenant aux *Xystes*. Tout d'un coup, il baissa un peu la voix comme s'il eût été saisi d'une frayeur subite. Il continua son discours, mais son langage n'avait plus sa force ordinaire, ainsi qu'il arrive à ceux qui parlent en songeant à autre chose. Puis il se tut comme ayant perdu le fil de son discours. Il lança vers la terre des regards effrayants, fit quelques pas en avant et s'écria : « Frappe le tyran ! » On eût dit qu'il voyait, non l'image du fait dans un miroir, mais le fait lui-même dans toute sa réalité.

Les Éphésiens (car Éphèse tout entière assistait au discours d'Apollonius) furent frappés d'étonnement. Apollonius s'arrêta semblable à un homme qui cherche à voir l'issue d'un événement douteux. Enfin, il s'écria : « Ayez bon courage, Éphésiens, le tyran a été tué aujourd'hui. Que dis-je, aujourd'hui ? Par Minerve ! il vient d'être tué à l'instant même, pendant que je me suis interrompu. »

Les Éphésiens crurent qu'Apollonius avait perdu l'esprit. Ils désiraient qu'il eût dit la vérité ; mais ils

(1) *Les Grands Initiés*, p. 368.

craignaient que quelque danger ne résultât pour eux de ce discours... Mais bientôt des messagers vinrent leur annoncer la bonne nouvelle et rendre témoignage en faveur de la science d'Apollonius, car le meurtre du tyran, le jour, l'heure où il fut consommé, tous ces détails se trouvèrent parfaitement conformes à ceux que les dieux lui avaient montrés le jour de son discours aux Éphésiens. »

(*Vie d'Apollonius* par Philostraste, traduite par Chassang.)

2ᵉ *fait*. — Seconde vue de Swedenborg.

Le deuxième fait se rapporte au plus grand voyant des temps modernes. La vision que Swedenborg eut à trente lieues de distance de l'incendie de Stockholm fit beaucoup de bruit dans la seconde moitié du XVIIIᵉ siècle. Le célèbre philosophe Kant fit faire une enquête par un ami à Gothenbourg, ville de Suède où la vision eut lieu, et voici ce qu'il en écrit à une de ses amies :

« Le fait qui suit me paraît avoir la plus grande force démonstrative et devoir couper court à toute espèce de doute.

« C'était en 1759, que M. de Swedenborg, vers la fin du mois de septembre, un samedi, vers quatre heures du soir, revenant d'Angleterre, prit terre à Gothenbourg. M. William Castel l'invita en sa maison avec une société de quinze personnes. Le soir, à six heures, M. de Swedenborg, qui était sorti, rentra au salon pâle et consterné et dit qu'à l'instant même il avait éclaté un incendie à Stockholm et que le feu s'étendait avec violence vers sa maison. Il ajouta que la maison d'un de ses amis qu'il nomma était déjà réduite en cendres et que la sienne propre était en danger. A huit heures, après une nouvelle sortie, il dit avec joie : « Grâce à Dieu, l'incendie s'est éteint à la troisième porte qui précède la mienne. »

« Le gouverneur de la ville fut informé. Le dimanche, au matin, Swedenborg fut appelé auprès de ce fonctionnaire qui l'interrogea et à qui Swedenborg décrivit exactement l'incendie, ses commencements, sa fin et sa durée.

« Le lundi soir, il arriva à Gothenbourg une estafette qui apporta des lettres de Stockholm où étaient racontés les faits avec des détails identiques à ceux qu'avait indiqués Swedenborg.

« Que peut-on alléguer, poursuit Kant, contre l'authenticité de cet événement ?

« L'ami qui m'écrit a examiné tout cela, non seulement à Stockholm, mais à Gothenbourg même. Il y connaît les familles les plus considérables auprès desquelles il a pu se renseigner complètement, ainsi que dans toute la ville où vivent encore la plupart des témoins oculaires vu le peu de temps (9 années) écoulé depuis 1759. » — (Lettre à Mlle Charlotte de Knobich, citée par Matter, *Vie de Swedenborg*.)

Voici maintenant le passage fameux tiré des Mémoires du duc de Saint-Simon, concernant un exemple non moins curieux de double vue que lui raconta le Régent lui-même et dont tous deux, pour aussi sceptiques qu'ils fussent, demeurèrent profondément impressionnés :

« Je me souviens aussi d'une chose qu'il (le Régent) me conta dans le salon de Marly, sur le point de son départ pour l'Italie, et dont la singularité vérifiée par l'événement m'engage à ne la point omettre. Il était curieux de toutes sortes d'arts et de sciences et, avec infiniment d'esprit, avait eu toute sa vie la faiblesse si commune à la cour des enfants de Henri III que Catherine de Médicis avait apportée d'Italie. Il avait, tant qu'il avait pu, cherché à voir le diable, sans y avoir pu parvenir, à ce qu'il m'a souvent dit, et à voir des choses extraordinaires et à savoir l'avenir.

« La Séry avait une petite fille chez elle de huit ou neuf ans qui y était née et n'en était jamais sortie, et qui avait l'ignorance et la simplicité de cet âge. Entre autres fripons de curiosités cachées dont M. le duc d'Orléans avait beaucoup vu en sa vie, on lui en produisit un qui prétendit faire voir dans un verre rempli d'eau tout ce qu'on voudrait savoir. Il demanda quelqu'un de jeune et d'innocent pour y regarder et cette petite s'y trouva propre. Ils s'amusèrent donc à vouloir savoir ce qui se passait alors même, dans des lieux éloignés, et la petite fille voyait et disait ce qu'elle voyait à mesure.

« Les duperies que M. le duc d'Orléans avait souvent essayées l'engagèrent à une épreuve qui pût le rassurer. Il ordonna tout bas à un de ses gens, à l'oreille, d'aller sur-le-champ chez Mme de Nancré, de bien examiner qui y était, ce qui s'y faisait, la position de l'ameublement de la chambre et la situation de tout ce qui s'y passait, et sans perdre un moment, ni parler à personne, de le lui venir dire à l'oreille. En un tournemain, la commission fut exécutée, sans que personne s'aperçût de ce que c'était, et la petite fille toujours dans la chambre.

« Dès que M. le duc d'Orléans fut instruit, il dit à la petite fille de regarder, dans le verre, qui était chez Mme de Nancré et ce qui s'y passait. Aussitôt, elle leur raconta, mot pour mot, tout ce qu'y avait vu celui qui y avait été envoyé. La description du visage, des figures, des vêtements, des gens qui y étaient, leur situation dans la chambre, les gens qui jouaient à deux tables différentes, ceux qui regardaient ou qui causaient assis ou debout, la disposition des meubles, en un mot, tout. Dans l'instant, M. le duc d'Orléans y envoya Nancré qui rapporta avoir tout trouvé comme la petite fille l'avait dit et comme le valet qui y avait été d'abord envoyé l'avait rapporté à l'oreille de M. le duc d'Orléans.

« Il ne me parlait guère de ces choses-là, parce que je prenais la liberté de lui en faire honte. Je pris alors celle de le *pouiller* à ce récit et de lui dire ce que je crus le pouvoir détourner d'ajouter foi à ces prestiges. Mais, me dit-il, ce n'est pas tout, et je ne vous ai conté cela que pour en venir au reste...

« Et tout de suite, il me conta que, encouragé par l'exactitude de ce que la petite fille avait vu et dit, il avait voulu voir quelque chose de bien plus important, à savoir *ce qui se passerait à la mort du roi,* sans toutefois en rechercher l'époque qui ne se pouvait voir dans le verre.

« Il le demanda donc tout de suite à la petite fille qui n'avait jamais ouï parler de Versailles, ni vu personne de la cour.

« Elle regarda et leur expliqua longuement tout ce qu'elle voyait. Elle fit avec exactitude la description de la chambre du roi, à Versailles, et de l'ameublement qui s'y trouva en effet à sa mort. Elle le dépeignit parfaitement dans son lit et ceux qui étaient debout auprès du lit ou dans la chambre. Elle fit la description d'un petit enfant, avec l'ordre, tenu par Mme de Ventadour (et qui devait régner plus tard sous le nom de Louis XV). Elle leur désigna Mme de Maintenon, la figure singulière de Fagon, Mme la duchesse d'Orléans, Mme la Duchesse, Mme la princesse de Conti, M. le duc d'Orléans lui-même qu'elle reconnut... en un mot, elle leur fit connaître tout ce qu'elle voyait là de princes, de seigneurs, de domestiques ou valets.

« Quand elle eut tout dit, M. le duc d'Orléans surpris qu'elle ne leur eût point parlé ni de Monseigneur, ni de Mgr le duc de Bourgogne, ni de Mme la duchesse de Bourgogne, ni de M. le duc de Berry, lui demanda si elle ne voyait point des figures de telle et telle façon ; mais elle répondit constamment que non et répéta celles qu'el'e voyait. C'est ce que M. le duc d'Orléans ne pouvait comprendre et dont il s'étonna fort avec moi et en rechercha vainement la raison.

« L'événement l'expliqua. On était alors en 1706. Tous quatre étaient alors pleins de vie et de santé et tous quatre moururent avant le roi...

« Cette curiosité achevée, M. le duc d'Orléans voulut savoir ce qu'il deviendrait. Alors ce ne fut plus dans le verre. L'homme qui était là lui offrit de le montrer comme peint sur la muraille de la chambre, pourvu qu'il n'eût point peur de s'y voir ; et au bout d'un quart d'heure, devant eux tous, la figure de M. le duc d'Orléans et dans sa grandeur naturelle parut tout à coup sur la muraille, comme en peinture et avec une couronne fermée sur la tête. Cette couronne n'était ni de France, ni d'Espagne, ni d'Angleterre, ni impériale. M. le duc d'Orléans qui la considéra de tous ses yeux, ne put jamais la deviner ; il n'en avait jamais vu de semblable : elle n'avait que quatre cercles et rien au sommet.

« C'est qu'il était alors bien loin de s'imaginer qu'il serait plus tard régent du royaume, et c'est peut-être ce que cette couronne singulière lui annonçait.

« Tout cela s'était passé à Paris, la veille du jour qu'il me le raconta, et je l'ai trouvé si extraordinaire que je lui ai donné place ici. »

Voici d'autres citations empruntées à un livre ayant pour titre : *les Renaissances de l'âme*, dont l'auteur, L. d'Ervieu, est une femme, une voyageuse hardie qui a vu, observé, réfléchi... qui a souffert aussi, c'est elle qui nous le dit : — mais ce qu'elle ne dit pas, c'est que du creuset de ces douleurs est sortie une âme singulièrement forte qui scrute les mystères de la vie, avec une maturité d'esprit et une clairvoyance dont l'originalité égale la profondeur.

Détachons-en quelques fragments :

ORGANISMES DITS SURNATURELS EXPLIQUÉS
PAR LA RÉINCARNATION

Il m'a été donné, ces jours-ci, d'entendre une des personnalités les plus surprenantes de notre temps : M. J. Shepard, le musicien écossais.

« Dans une salle obscure des plus exiguës, devant quelques chercheurs de vérité — ni sceptiques, ni croyants — M. J. Shepard, qui ne connaissait pas méthodiquement la musique, qui ne l'avait jamais apprise — dans cette vie du moins — nous a fait passer par les sensations les plus étranges, les plus inouïes de la terre.

« Je ne parlerai pas ici d'un morceau, *Rythme arabe* — inédit, nous a-t-il dit — ce sont de ces auditions que ma science musicale m'interdit de juger. Non, ce qui a frappé également sept personnes — nous nous sommes fait part de nos impressions — c'est ce que M. Shepard a nommé : *Passage de la Mer rouge ;* puis un morceau à quatre voix, avec accompagnement presque orchestral.

« Sur un pauvre piano, d'un facteur oublié, pour rendre les effets obtenus par M. Shepard, d'une harmonie imitative dépassant l'instrumentation de nos plus grands concerts, il faut avoir maîtrisé toutes les difficultés du mécanisme, tous les arcanes de la composition, toutes les ressources du son, dans ses plus puissantes vibrations, comme dans ses nuances les plus délicates.

« Figurez-vous un réel ébranlement du sol, sous le galop d'un régiment de dragons, des cris de détresse — parfaitement distincts — s'élevant au milieu de ce tumulte, comme si une foule trop lente à frayer un passage à cette lourde cavalerie se voyait piétinée, écrasée, broyée ;... le bruit des vagues se brisant contre ces humains que la terre engloutit, et après cette lutte titanique, se calmant progressivement pour en arriver au doux clapotement d'une marée tranquille sur nos plages méditerranéennes.

« Toutes les touches du piano vibrant dans un sympathique ensemble, non plus sous le doigté de deux mains, mais sous celui de quatre, de six mains, de manière à rendre impossible — par nos moyens actuels d'analyse musicale — l'écriture de ces phrases gigantesques aussi satisfaisantes pour l'oreille dans leur *forte* que dans leur ultime *pianissimo*.

« Quant au quatuor, son explication amplifiera les arguments rationnels qui découlent de ces « états artistiques ou scientifiques », non acquis par un individu dans la même vie.

« M. Shepard, ayant pris quelques minutes de repos, dans la plénitude de ses facultés excitées par la sympathie de son auditoire, se surpassa encore.

« Il débuta par un prélude majestueux. Puis, avec une splendide voix de basse, entonna un chant presque religieux… Tout à coup, passant de la voix masculine la plus riche au plus magnifique des sopranos, il nous fit tressaillir… O merveille !… à la voix de soprano, succéda un émouvant contralto qui *méla ses accents durant une mesure* à ceux du soprano, tandis que, quelques minutes plus tard, lui répondait une troisième voix : le mezzo-soprano… Toutes personnalités vocales absolument distinctes comme timbre, comme registre, comme qualité de son…

« Voilà les faits… Ils seront niés par ceux qui, en dépit de leurs yeux et de leurs oreilles, ne veulent ni voir, ni entendre.

« Ces faits, tout merveilleux qu'ils soient, s'expliquent cependant. L'idée des réincarnations entraîne toujours la conséquence suivante : Dans chaque enveloppe matérielle, nous retrouvons tout ce que nous avons constitué au préalable : état moral, état intellectuel, état artistique, état scientifique, tout enfin.

« Ce n'est point par inspiration que M. Shepard nous éblouit… il fait revivre — comme il revit lui-même — un talent qu'il acquit et développa dans ses vies précédentes.

« Il est impossible de posséder des idées, des talents,

des arts, des langages non acquis. Ce que nous appelons *intuition* n'est que la réapparition objective de ce que nous avons su et vu autrefois. Et c'est pourquoi, si M. Shepard a pu nous donner l'illusion ou la réalité d'un quatuor prodigieux — une voix masculine et trois voix féminines — c'est que, sans compter toutes les autres, il avait passé par ces quatre manifestations antérieures ; car le sexe, je l'ai déjà dit, est chose tout à fait secondaire dans l'œuvre gigantesque du transformisme. »

LES ENFANTS PRODIGES

« Impossible de le contester ; dans tous les pays augmente de plus en plus le nombre des enfants prodiges.

« J'ai en ce moment sous les yeux une petite Portugaise âgée de quatre ans qui est bien l'une des petites créatures les plus extraordinaires que l'on puisse imaginer.

« Il y a un mois, à peine, elle arriva à Paris qu'elle voyait pour la première fois. Quinze jours après son installation rue de Châteaubriand, elle alla avec son père, sa mère et sa grand'mère, chez des amis demeurant rue Montaigne. Je ne sais pour quelle raison, la grand'mère ne voulut pas prolonger sa visite ; elle laissa le jeune couple mari et femme et revint chez elle, avec sa mignonne petite-fille.

« C'était le lundi de la Pentecôte, vers cinq heures, c'est-à-dire au moment du retour des courses. Toujours gentille, la petite fut fort aimable avec sa grand'mère jusqu'à la porte de la pension de famille où elles habitaient. Là, profitant d'un moment de distraction de son aïeule, elle la quitta, longea la rue Balzac, traversa les

Champs-Élysées, au milieu de la cohue des voitures d'un jour de fête, retrouva la maison où ses parents — ébahis et effrayés de la revoir — étaient loin de l'attendre. On lui fit, comme vous pouvez vous l'imaginer, de sérieuses remontrances. Elle les écouta avec ce sang-froid de la femme faite qui vous laisse exprimer une opinion différente de la sienne ; mais quand on essaya de l'effrayer par la menace des sergents de ville qui auraient pu la mettre dans leur sac, elle sourit gracieusement, en haussant doucement les épaules. Quand on lui dit, en regagnant le logis, qu'elle aurait risqué de se perdre, de se tromper de chemin :

« — Ah ! non, papa ! s'écria-t-elle, je puis encore te montrer une autre route qui conduit au même endroit. »

« Et la petite fée indiqua un détour par le quartier Marbeuf.

« Notez ce fait, qu'elle n'avait jamais été dans cette partie de la ville.

« Comment expliquer ce sens prodigieux de l'orientation ? »

« C'est la même fillette qui à la question d'un monsieur lui demandant si « elle l'aimait » lui répondit énergiquement «non», puis se penchant à l'oreille de sa mère :

« Si, je l'aime beaucoup ; mais c'est mieux de ne pas le lui dire. »

« Et comme le monsieur insistait pour connaître le secret murmuré, elle mit le doigt sur sa bouche, pour recommander le silence à sa mère.

« Cette enfant ravissante ne pleure jamais, n'a jamais de caprices. A table, elle s'acquitte de la dégustation de tous les mets, avec la plus exquise délicatesse. Elle danse avec une grâce parfaite. Elle narre, dans leur ordre respectif, les faits et gestes des journées de ses parents. En somme, elle aurait vingt ans, qu'en beaucoup de choses — moralement parlant — elle ne nous montrerait guère plus d'acquis. »

« Je connais une autre petite fille, celle-ci de huit ans. Très malade et constamment, jusqu'à l'année dernière, elle n'a jamais vu aucun enfant et il était rigoureusement défendu à ses bonnes et à ses gouvernantes de rien lui enseigner. Ce qui n'a pas empêché que toute seule, en accrochant d'ici et delà quelques lettres et quelques mots, elle a appris à lire, en trois langues différentes.

« Maintenant qu'elle commence à travailler, vous mettez sous ses yeux n'importe quel axiome de morale, vous lui demandez de l'expliquer, et elle le fait avec un sens philosophique d'une justesse inouïe. Son petit être se dilate dans la plus pure jouissance, quand on lui parle du beau et du bien.

« C'est de plus une grande amie de la nature. Entre quatre et cinq ans, connaissant l'effet que lui produisait une belle végétation, ses sœurs la conduisirent, pour la première fois, en Autriche, dans un site admirable entouré de sombres forêts de sapins — arbres qu'elle n'avait jamais vus.

« Ses aînées s'attendaient à une vive manifestation de surprise et d'enthousiasme qui ne vint pas. Très étonnées, elles lui demandèrent si elle ne trouvait pas ce pays remarquable.

« — Si, répondit-elle ; seulement il y a bien longtemps que je le connais. »

« Elle n'y était cependant jamais venue. »

« Une autre fillette de huit à neuf ans qu'il m'a été donné de suivre pendant six mois, dans ses études musicales, dès la première leçon de piano, s'initiait complètement à la lecture des notes, à leur valeur, à la mesure. Elle put immédiatement étudier seule, et au bout de six semaines, après avoir déchiffré et exécuté un grand nombre de morceaux, elle jouait en maître la *Chacone* de Durand qui n'est déjà pas si facile. »

« Une autre fillette encore, nommée Charlotte, toute petite, de deux ou trois ans, s'était collée contre un mur, cachant sa petite figure entre ses deux mains, lorsque la galerie en verre de leur escalier s'était effondrée à ses pieds, l'inondant de toutes parts de débris coupants... puis sans un seul cri de détresse regagnant sa nursery !

« Quatre à quatre, son père, témoin de son courage, avait franchi les degrés pour la rejoindre. Alors, la pressant sur son cœur :

« — Comme tu as été gentille, mignonne, de ne pas avoir eu peur ! »

« Et Charlotte, avec un geste beaucoup plus énergique que ne le comportait sa toute petite personne, se frappa la poitrine.

« — Moi, s'écria-t-elle, j'étais sûre qu'il ne m'arriverait rien ! »

« Étrange confiance de la petite prédestinée ! »

« Je cite encore cette enfant du peuple, de la rue Saint-Maur, adoptée par une dame de ma connaissance, qui, la première fois qu'elle vit son père adoptif, se jeta à son cou, puis, dès qu'elle eut franchi le seuil de sa nouvelle demeure, manœuvra auprès des domestiques comme un vieux diplomate, et qui, en un seul jour, devint complètement, pleinement l'enfant de la maison, sans crainte, avec amour, avec abandon. »

« Je ne saurais oublier de mentionner ce ravissant petit violoniste de huit ans, Hubermann, que nous avons entendu récemment à Paris et avec quelle admiration ! Sa mère le menait, à l'âge de quatre ans, au théâtre de Varsovie, et l'enfant, en écoutant certaines mélodies qui lui allaient au cœur, s'élançait, voulait se précipiter vers l'orchestre, dans une poussée d'enthousiasme irrésistible. »

« Et puis enfin la délicieuse petite fille d'un de nos éminents pianistes, enfant de trois ans qui arrête l'exécution d'un air, quand on en change le rythme ou que — pour essayer de la tromper — l'on jette quelques fausses notes et que dans son langage enfantin elle s'écrie : « Non, non, pas ça ! »

« Je pourrais citer encore ; mais j'en ai assez dit pour être autorisé à constater que *nos enfants* non seulement ont déjà vécu, mais encore que beaucoup d'entre eux sont parvenus à un degré d'incarnation très avancé. Dans ce dernier cas, nous ne dirigeons plus leurs efforts. Ils connaissent assez de mystères, ils possèdent assez d'acquis, pour trouver en eux les ressources propres à leur développement actuel.

« La preuve évidente que nous pouvons très peu pour

leur avancement est que leurs aptitudes se manifestent en dépit de tout ce qui leur fait obstacle : *organisme faible, milieu antipathique, affinités des parents complètement opposées aux leurs.*

« Que de fois ne voit-on pas, dans les familles, des enfants issus du même sang et différents de tous points de leurs frères et de leurs sœurs, au moral, comme au physique ? Et ni les pays divers, ni les circonstances diverses qui présidèrent à leur conception ne peuvent suffire à expliquer logiquement d'aussi étranges divergences. »

Témoignages divers extraits du *Fakirisme occidental* de M. le Dr Paul Gibier.

L'on désigne habituellement sous le nom de « jongleries des fakirs » les phénomènes extraordinaires auxquels donnent lieu les pratiques mystérieuses de ces *fakirs* qui sont les sujets inférieurs de la caste sacerdotale des brahmes.

Ces prétendus « jongleurs » ne sont pas autre chose, en somme, que des *médiums* d'une remarquable puissance, ou en d'autres termes, pour nous servir de l'expression de M. William Crookes, des hommes doués du pouvoir d'émettre une *force* particulière appelée *psychique*, dont il nous reste à connaître la véritable nature.

Quoi qu'il en soit, voici le récit que nous empruntons à l'ouvrage de M. Jacolliot, ayant pour titre *le Spiritisme dans le monde :*

« Au nombre des prétentions les plus extraordinaires des fakirs est celle d'influer d'une manière directe sur la végétation des plantes. Quelque fantastique que fût la chose, je résolus de faire reproduire par Covindasamy (1), dont la force était réellement merveilleuse, tous les phénomènes que j'avais déjà vu accomplir par d'autres expérimentateurs.

« Il devait me donner encore deux heures d'expérience, en pleine lumière, avant la grande séance de nuit, et je me décidai à les consacrer à cet examen.

« Le fakir ne se doutait de rien et je crus, je l'avoue, fortement le surprendre, lorsqu'à son arrivée — il était trois heures de l'après-midi — je lui fis part de mes intentions.

« — Je suis à tes ordres, me dit-il, avec sa simplicité ordinaire.

« Je fus un peu déconcerté par cette assurance, cependant je repris aussitôt :

« — Me laisseras-tu choisir la terre, le vase et la graine que tu vas faire pousser devant moi ?

« — Le vase et la graine, oui ; mais la terre doit être prise dans un nid de *carias*.

« Ces carias sont de petites fourmis blanches qui construisent des monticules qui atteignent souvent une hauteur de 8 à 10 mètres. Elles sont fort communes dans l'Inde et rien n'est plus facile que de se procurer un peu de cette terre. J'ordonnai à mon *cansama* (serviteur hindou) d'aller en chercher un plein vase à fleurs et de m'apporter en même temps quelques graines de différentes espèces.

« Moins d'un quart d'heure après, mon domestique était de retour. Je remis au fakir le vase plein d'une terre blanchâtre. Il la délaya lentement dans un peu d'eau, puis me pria de lui donner la graine que j'avais

(1) Nom d'un fakir célèbre que l'auteur rencontra à Bénarès.

choisie, ainsi qu'un morceau d'étoffe quelconque. Je pris au hasard une graine de papayer dont j'entaillai légèrement la pellicule, avec l'autorisation du fakir, et la lui donnai en même temps que quelques mètres de mousseline à moustiquaire.

« — Je vais bientôt dormir du sommeil des esprits, me dit Covindasamy ; jure-moi de ne toucher ni à ma personne, ni au vase.

« Je le lui promis.

« Il sema alors la graine dans la terre, puis, enfonçant son bâton à sept nœuds — signe d'initiation qui ne le quittait jamais — dans un coin du vase, il s'en servit comme d'un support sur lequel il étendit la mousseline que je lui avais donnée. Après quoi, il s'accroupit, étendit les deux mains horizontalement au-dessus de l'appareil et tomba peu après dans un état de complète catalepsie.

« J'ignorais si cette situation était réelle ou simulée, mais lorsqu'au bout d'une demi-heure je vis qu'il n'avait pas fait un mouvement, je fus forcé de me rendre à l'évidence ; aucun homme éveillé, quelle que soit sa force, n'étant capable de tenir pendant dix minutes seulement les deux bras étendus horizontalement devant lui.

Une heure s'écoula ainsi, sans que le plus petit jeu de muscles vînt déceler la vie... Presque entièrement nu, le corps luisant et bruni par la chaleur, l'œil ouvert et fixe, le fakir ressemblait à une statue de bronze dans une pose d'évocation mystique.

« Il y avait deux heures que j'attendais. Le soleil baissait rapidement à l'horizon, lorsqu'un léger soupir me fit tressaillir. Le fakir était revenu à lui.

« Il me fit signe d'approcher et, enlevant la mousseline

qui voilait le vase, me montra fraîche et verte une jeune tige de papayer ayant à peu près 20 centimètres de hauteur. Devinant ma pensée, Covindasamy enfonça ses doigts dans la terre qui, pendant l'opération, avait perdu presque toute son humidité, et, retirant délicatement la jeune plante, il me montra, sur l'une des deux pellicules qui adhéraient encore aux racines, l'entaille que j'avais faite deux heures auparavant.

« Mais, dira-t-on, était-ce la même graine et la même entaille ?

« Je n'ai qu'une chose à répondre.

« Je ne me suis aperçu d'aucune substitution.

« Le fakir n'était point sorti de la terrasse. Je ne l'avais pas perdu de vue. Il ignorait en venant ce que j'allais lui demander. Il ne pouvait cacher une plante quelconque sous ses vêtements, puisqu'il était presque entièrement nu, et dans tous les cas comment aurait-il pu prévoir d'avance que je choisirais une graine de papayer, au milieu de trente espèces différentes que le cansama m'avait apportées.

« Voilà le fait ; je ne puis rien dire de plus. Il est des cas où la raison proteste, même en présence de phénomènes que les sens n'ont pu prendre en flagrant délit de tromperie.

« Et cependant...

Après avoir joui quelques instants de ma stupéfaction, le fakir me dit avec un mouvement d'orgueil mal dissimulé :

« — Si je continuais les évocations, dans huit jours, le papayer aurait des fleurs et, dans quinze, des fruits. »

Et ils en font bien d'autres, ces prodigieux fakirs !...

L'un des exercices familiers qu'ils font communément s'appelle la danse des feuilles. Un certain nombre de feuilles sont embrochées par le milieu sur autant de bâtons de bambou fixés en terre dans des pots ou ailleurs. Si on en fait la demande, le *charmeur* ne prépare rien lui-même, et ne touche aucun des « accessoires ».

Lorsque tout est préparé, il s'assied sur le sol, les mains étendues et à une distance telle qu'on peut passer entre les feuilles et ses mains. Au bout d'un instant, les spectateurs sentent une sorte de brise fraîche leur caresser le visage, bien que les tentures environnantes restent immobiles, et bientôt les feuilles montent et descendent plus ou moins rapidement, le long des bâtons qui les traversent. Cela, bien entendu, sans contact visible ni tangible, entre l'opérateur et les objets servant à l'expérience.

D'autres fois, un vase rempli d'eau se meut spontanément sur une table, se penche, oscille, s'élève à une hauteur assez sensible, sans qu'une seule goutte du liquide soit renversée.

Ou bien encore, des coups sont frappés à la demande des assistants, ici ou là et en nombre déterminé.

S'il y a des instruments de musique, ils rendent des sons, jouent des airs, en plein soleil, sous les yeux de ceux qui sont présents, à plusieurs mètres du fakir et sans que celui-ci se départe un seul instant de son immobilité marmoréenne.

Est-il doué d'un puissant pouvoir psychique, il va mettre le comble à votre étonnement. Il se place dans un endroit bien en vue dans la salle où chacun l'observe, et là, en pleine lumière, faisant face à l'assistance, il se croise les bras sur la poitrine. Son visage rayonne, ses yeux s'allument d'un feu sombre, puis lentement, tout doucement, il quitte terre, s'élève plus ou moins, parfois, à plusieurs pieds au-dessus du sol, quelquefois même jusqu'au plafond !...

Autre merveille enfin. Se trouve-t-il, dans l'assistance, un étranger nouvellement arrivé, Provençal ou Savoisien, peu importe, on l'invite à penser à un vers de *Mireille* ou à une phrase quelconque du patois de son pays. Est-ce un lettré, il pensera à un vers de Virgile ou d'Homère...

Voici que le fakir étend du sable fin sur une table ou toute autre surface unie. Un petit bâtonnet de bois est placé sur le sable égalisé en couche mince, tandis que l'homme nu, le corps en demi-cercle, les jambes repliées sous lui à l'orientale et les mains étendues vers la table, reprend son immobilité de statue.

Le silence se fait; l'on attend quelques instants... et voilà qu'à la stupéfaction intense et palpitante des spectateurs l'on voit le bâtonnet se dresser, trotter, courir tout seul sur le sable, où chacun peut lire bientôt, l'un, son vers de Mistral, l'autre, sa phrase en patois savoyard, le troisième, enfin, quelques vers de l'*Iliade* ou des *Bucoliques* (1) !...

Lorsqu'on questionne les fakirs sur ces prodiges incomparables, ils répondent qu'ils sont produits par les *Esprits*.

« Les Esprits, disent-ils, qui sont les âmes de nos ancêtres, se servent de nous comme d'un instrument. Nous leur prêtons notre fluide naturel pour le combiner

(1) M. L. Jacolliot obtint par ce procédé le nom d'un ami mort plusieurs années auparavant.

avec le leur, et, par ce mélange, ils se constituent un *corps fluidique*, à l'aide duquel ils agissent sur la matière ainsi que vous l'avez vu. »

Voilà, en quelques mots et résumée par les fakirs, la théorie exacte et entière de tous les phénomènes de médiumnité.

Extrait du même ouvrage, *le Fakirisme occidental :*

« Voici ce que nous avons observé, dit M. le Dr Gibier, après un examen attentif du médium Slade :

« La première fois que nous l'avons vu dans un de ses états d'extase tout spéciaux, l'accès débuta ainsi : d'abord une légère rougeur colora la face et une sorte de rictus fit contracter les muscles du visage ; les yeux se convulsèrent, puis se fermèrent énergiquement, un grincement de dents se fit entendre et une secousse convulsive de tout le corps annonça le début de la « possession ».

« Après cette courte phase assez pénible à voir, le visage du sujet s'anima d'un sourire et la voix complètement changée, ainsi que l'attitude, le personnage nouveau, Slade véritablement transformé, nous salua gracieusement ainsi que chacun des assistants.

« Dans cet état de *transe*, comme disent les Anglais, ou d'*incarnation*, ainsi que s'expriment les spirites français, Slade est remplacé (suivant ses propres affirmations), remplacé *animiquement* par l'Esprit d'un Indien nommé Owasso. Dans ce cas, il est assez gai. D'autres fois Owasso cède la place à l'Esprit d'un grand chef Peau-Rouge de sa tribu; mais celui-ci ne sachant pas l'anglais, l'on voit alors Slade se dresser, marcher à grands pas et déclamer dans une langue sonore qui, paraît-il, est celle des Indiens caraïbes.

Nous avons entendu Slade raconter maintes fois qu'il lui arrive parfois, lorsqu'il est dans cette situation, de parler français ou toute autre langue aussi inconnue de lui.

« Nous avons eu une opération à faire à Slade pour un kyste du cuir chevelu. Comme il est très sensible à la douleur et très pusillanime, il ne fallut pas songer à pratiquer l'opération par le bistouri. Nous eûmes donc recours aux caustiques. L'application de la pâte employée fut dès le début très douloureuse pour Slade qui, au bout de quelques minutes, souffrit d'une façon intolérable. Il suait à grosses gouttes et tous ses membres étaient agités d'un tremblement convulsif.

« Nous lui suggérâmes alors l'idée de faire appel à « Owasso », qui du reste ne se fit nullement prier. Slade tomba bientôt en état de transe et, avec la voix modifiée dont nous avons parlé, il s'entretint gaîment avec nous et M. F. qui assistait à l'opération. La douleur devait devenir de plus en plus intense, car la potasse mordait dans les couches sensibles du derme ; mais Slade ne paraissait pas plus s'en préoccuper que s'il se fût agi d'un autre patient que lui.

« Au commencement de l'opération, le pouls était à 85 pulsations à la minute ; quelques instants après il était tombé à 60 ; la peau, qui était chaude tout à l'heure, était devenue froide presque subitement et Slade-Owasso continuait à causer et à rire avec nous.

« Nous lui avons pincé violemment la partie dorsale de la main, et le patient, qui sursaute au moindre contact, à l'état normal, ne parut pas s'apercevoir de la petite torture que nous lui faisions subir.

« Au bout d'un quart d'heure, le caustique fut enlevé, Slade eut une convulsion et revint à son état naturel. Il nous serra la main en disant *good bye* comme au moment d'un départ. La douleur se fit de nouveau sentir, mais très supportable, et Slade se plaignit plutôt de souffrir à l'endroit où nous l'avions pincé.

« Il faut bien avouer que tout cela est fort étrange. »

Voici un fort curieux article de M. Victor Meunier, rédacteur scientifique du journal *le Rappel* :

« M. le Dr Liébault nous envoie le procès-verbal d'une expérience étonnante de suggestion hypnotique faite devant un certain nombre de savants, médecins et pharmaciens (dont les noms sont cités dans l'article).

« Cherchant à constater si le prétendu miracle de la stigmatisation ne couvre pas quelque phénomène hypnotique, M. Focachon entreprit avec une demoiselle Élisa, pour sujet, des recherches qui l'amenèrent à produire des brûlures et de la vésication, par simple suggestion, — ce qui fut constaté par de nombreux témoins.

« Après avoir obtenu de la vésication sans substance vésicante, M. Focachon fut naturellement curieux de voir si l'effet inverse réussirait également. Et c'est dans ce but que fut organisée l'expérience suivante :

« D'un morceau de toile vésicante, il fut fait trois parts :

« L'une fut appliquée sur le bras gauche de Mlle Élisa (dormant du sommeil magnétique). L'autre fut appliquée sur son bras droit. La troisième fut appliquée sur la poitrine d'un malade soigné à l'hospice civil.

« A peine les emplâtres lui sont-ils posés, qu'avec énergie M. Focachon fait à Mlle Élisa cette déclaration : que le vésicatoire appliqué sur son bras gauche ne doit y produire aucun effet.

« Du commencement de l'expérience — dix heures vingt-cinq minutes du matin, jusqu'à huit heures du soir — Mlle Élisa ne resta pas seule un instant.

« A huit heures du soir, revenus et réunis auprès d'elle, les témoins ci-dessus, après s'être assurés par l'état du pansement qu'il n'avait pas été dérangé, l'enlevèrent et constatèrent ceci :

« Que, sur le bras gauche où la suggestion avait annulé l'effet du vésicatoire, la peau était intacte ; que sur le bras droit, la toile vésicante avait opéré son effet ordinaire ; enfin, que sur la poitrine du malade de l'hôpital fut trouvée une ampoule magnifique. »

AUTRE PHÉNOMÈNE DE SUGGESTION

Voici en quels termes le raconte lui-même M. Liégeois, professeur à la Faculté de droit de Nancy et auteur de l'expérience :

« Je dois m'accuser, dit M. Liégeois, d'avoir essayé de faire tuer mon ami M. P., ancien magistrat, et cela, circonstance aggravante, en présence de M. le commissaire central de Nancy.

« Je m'étais muni d'un revolver et de quelques cartouches. Pour ôter l'idée d'un jeu pur et simple, à la personne mise en expérience et que je pris au hasard parmi les cinq ou six somnambules qui se trouvaient ce jour-là chez M. Liébault, je chargeai un des coups du pistolet et je le tirai dans le jardin. Je rentrai aussitôt, montrant aux assistants un carton que la balle venait de perforer.

« En moins d'un quart de minute, je suggère à Mme G., l'une des somnambules, de tuer M. P. d'un coup de revolver. Avec une inconscience absolue et une parfaite docilité Mme G. s'avance sur M. P. et tire sur lui.

« Interrogée immédiatement par M. le commissaire, elle avoue son crime, avec une entière indifférence. Elle a tué M. P., parce que... il ne lui plaisait pas. On peut l'arrêter; elle sait bien ce qui l'attend; si on lui ôte la vie, elle ira dans l'autre monde, comme sa victime qu'elle vit étendue à terre, baignant dans son sang. On lui demande si ce n'est pas moi qui lui ai suggéré l'idée du meurtre qu'elle vient d'accomplir. Elle affirme que non ; elle y a été portée spontanément ; elle seule est coupable. »

TROISIÈME EXEMPLE PLUS SUGGESTIF ENCORE

« L'observation la plus intéressante, dit M. le Dr Dufour, médecin en chef de l'asile de Saint-Robert (Isère), est celle du nommé T. atteint d'hystéro-chorée, considéré comme très dangereux et qui cependant erre en liberté dans l'un des quartiers de l'asile.

« Il devint rapidement accessible à la suggestion, qui successivement a eu raison chez lui de crises hystériques, de tendances au suicide et d'hallucinations pénibles de l'ouïe. T., qui s'est évadé trois fois d'un asile, va et vient maintenant, sans songer à la moindre tentative d'évasion, parce que, étant en somnambulisme, il lui a été suggéré de ne plus s'échapper.

« D'autre part, ce même personnage extraordinaire est étonnamment sensible à l'action des médicaments, même à distance. Qu'on en juge par ces faits surprenants.

« Un gramme d'ipéca, placé dans un papier plié et mis sur sa tête, sous un chapeau à haute forme, a déterminé des nausées et des régurgitations qui se sont arrêtées dès l'instant où fut enlevé le médicament.

« Un paquet de racines de valériane, placé sur sa tête sous un bonnet de laine, a produit des faits inconcevables. T. suit une mouche des yeux et quitte sa chaise pour courir après elle; il se met à marcher à quatre pattes, joue comme un jeune chat avec un bouchon, fait le gros dos si l'on aboie, lèche sa main et la passe sur ses oreilles — c'est un chat.

« Après l'enlèvement de la valériane, tout disparaît, et T. se trouve à quatre pattes fort étonné de se trouver en cette posture. Il n'a aucun souvenir de ce qui vient de se passer.

« Voici qui est plus fort encore. Le laurier-cerise, appliqué sur sa tête, provoque en lui une explosion religieuse, alors qu'il se déclare d'habitude anarchiste et athée. Il montre un mur où il faudrait mettre un Christ; en prévision de ce Christ, il s'agenouille, lève les mains au ciel, puis dévotement se découvre... Mais, en ôtant son bonnet, il fait tomber les feuilles, avec lesquelles tombe immédiatement son accès de dévotion. Nul souvenir de ce qui s'est passé. »

En voilà des étrangetés! Nous n'avons pas tout dit encore cependant.

Écoutez le récit frémissant de visions et d'obsessions que nous fait celui-là même qui en fut l'objet... l'on pourrait dire la victime.

Bien des gens ont lu le *Horla*, histoire étrange et fantastique que nous raconte — comme il savait le faire — le pauvre Guy de Maupassant, déséquilibré déjà et de telle sorte, qu'on aurait pu prévoir la triste fin qui lui était réservée.

Connut-il les phénomènes spirites? Rien ne nous permet de le supposer ; mais ce qu'il y a d'incontestable, c'est qu'il fut l'objet d'une obsession terrible qu'il nous conte en ces termes :

« *4 Août.* — Querelles parmi mes domestiques. Ils prétendent qu'on casse les verres, la nuit, dans les armoires. Le valet de chambre accuse la cuisinière qui accuse la lingère qui accuse les deux autres... Quel est le coupable (1) ?

« *6 Août.* — Cette fois, je ne suis pas fou, j'ai vu... Je ne puis douter, j'ai vu... J'ai encore froid jusque dans les ongles, j'ai encore peur jusque dans les moelles, j'ai vu !...

« Je me promenais, à deux heures, en plein soleil, dans mon parterre de rosiers. Comme je m'arrêtais à regarder un *Géant des batailles* qui portait trois fleurs magnifiques, je vis, je vis distinctement, tout près de moi, la tige d'une de ces roses se plier comme si une main invisible l'eût tordue, puis se casser comme si cette main

(1) Il a constaté, après d'horribles cauchemars, qu'un être est là, qu'il le hante et l'obsède. Tous les matins, sa carafe est vide et son lait disparaît chaque nuit. Reprenons son récit.

l'eût cueillie! Puis la fleur s'éleva suivant la courbe qu'aurait décrite un bras en la portant vers sa bouche et elle resta suspendue en l'air transparent, toute seule, immobile, effrayante tache rouge à trois pas de mes yeux.

« Éperdu, je me jetai sur elle pour la saisir! je ne trouvai rien; elle avait disparu. Alors je fus pris d'une colère furieuse contre moi-même; car il n'est pas permis à un homme raisonnable et sérieux d'avoir de pareilles hallucinations... Mais était-ce bien une hallucination? Je me retournai pour chercher la tige et je la retrouvai sur l'arbuste fraîchement brisée, entre les deux autres roses demeurées à la branche.

« Alors, je rentrai chez moi l'âme bouleversée, car je suis certain maintenant qu'il existe près de moi un être invisible qui peut toucher aux choses, les prendre, les changer de place, doué par conséquent d'une nature matérielle, bien qu'imperceptible pour mes sens et qui habite sous mon toit!...

« Il ne se manifeste plus, mais je le sens près de moi, m'épiant, me regardant, me pénétrant, me dominant surtout et plus redoutable, en se cachant ainsi, que s'il signalait, par des phénomènes surnaturels, sa présence invisible et constante.

« *14 Août.* — Je suis perdu! Quelqu'un possède mon âme et la gouverne. Quelqu'un ordonne tous mes actes, tous mes mouvements, toutes mes pensées. Je ne suis plus rien en moi, rien qu'un spectateur esclave et terrifié de toutes les choses que j'accomplis. Je désire sortir, je ne peux pas. *Il* ne le veut pas et je reste éperdu, tremblant, dans le fauteuil où il me tient assis.

« Puis, tout d'un coup, il faut, il faut que j'aille au fond du jardin, cueillir des fraises et les manger. Et j'y vais, car il faut obéir ! Oh ! mon Dieu, mon Dieu !

« Mais celui qui me gouverne, quel est-il, cet invisible cet inconnaissable, ce rôdeur d'une race surnaturelle ?

« Donc les Invisibles existent ! Alors, comment, depuis l'origine du monde, ne se sont-ils pas encore manifestés d'une façon précise ? Je n'ai jamais rien lu qui ressemble à ce qui s'est passé dans ma demeure (1). Oh ! si je pouvais la quitter, m'en aller, fuir et ne plus revenir ! Je serais sauvé ; mais je ne peux pas.

« Nous sommes si infirmes, si désarmés, si ignorants, si petits, nous autres, sur ce grain de boue qui tourne délayé dans une goutte d'eau.

« Je m'assoupis en rêvant au vent frais du soir.

« Or, ayant dormi environ quarante minutes, je rouvris les yeux sans faire un mouvement, réveillé par je ne sais quelle émotion confuse et bizarre. Je ne vis rien d'abord, puis tout à coup il me sembla qu'une page du livre resté ouvert sur ma table venait de tourner toute seule. Aucun souffle d'air n'était entré par ma fenêtre.

« Je fus surpris et j'attendis. Au bout de quelques minutes, je vis, je vis de mes yeux, une autre page se soulever et se rabattre sur la précédente, comme si un doigt l'eût feuilletée. Mon fauteuil était vide, semblait vide ; mais je compris qu'il était là, lui, assis à ma place et qu'il lisait.

« D'un bond furieux, d'un bond de bête révoltée qui

(1) Guy de Maupassant l'ignorait ; mais combien de fois se sont passées des choses semblables !

va éventrer son dompteur, je traversai ma chambre pour le saisir, pour l'étreindre, pour le tuer !...

« Mais mon siège, avant que je l'eusse atteint, se renversa comme si l'on eût fui devant moi. Ma table oscilla, ma lampe tomba et s'éteignit et ma fenêtre se ferma comme si un malfaiteur surpris se fût élancé dans la nuit, en prenant à pleines mains et en tirant sur lui les battants.

« *19 Août.* — Je sais, je sais tout. Je viens de lire ceci dans la *Revue du monde scientifique* :

« Une nouvelle assez curieuse nous arrive de Rio de Janeiro. Une folie, une épidémie de folie, comparable aux démences contagieuses qui atteignirent les peuples d'Europe, au moyen âge, sévit en ce moment dans la province de San-Paulo. Les habitants éperdus quittent leurs maisons, désertent leurs villages, abandonnent leurs cultures, se disent poursuivis, possédés par des êtres invisibles bien que tangibles, des sortes de vampires qui se nourrissent de leur vie pendant leur sommeil.

« M. le professeur Don Pedro Henriquez, accompagné de plusieurs savants médecins, est parti pour la province de San-Paulo, afin d'étudier sur place les origines et les manifestations de cette surprenante folie et de proposer à l'empereur du Brésil les mesures qui lui paraîtront le plus propres à rappeler à la raison ces populations en délire. »

« Il est donc venu Celui que redoutaient les anciens peuples naïfs, Celui qu'exorcisaient les prêtres inquiets, que les sorciers évoquaient par les nuits sombres et à qui les hommes épouvantés prêtèrent toutes formes monstrueuses ou gracieuses : gnomes, esprits, génies, fées, farfadets.

« Après les grossières conceptions des terreurs primitives, des hommes plus perspicaces l'ont pressenti clairement. Mesmer l'avait deviné, et les médecins, depuis dix ans déjà, ont découvert la nature de sa puissance. Ils ont joué avec cette arme du Seigneur nouveau, la domination du mystérieux vouloir sur l'âme humaine devenue esclave. Ils ont appelé cela magnétisme, hypnotisme, suggestion... que sais-je ?

« Malheur à nous ! Il est venu le... comment se nomme-t-il ? Il me semble qu'il me crie son nom... Oui, j'ai entendu, c'est le Horla. Le Horla est venu, l'Être invisible et redoutable, ce corps transparent, ce corps inconnaissable... ce *corps de l'Esprit !* »

PHÉNOMÈNES DE TÉLÉPATHIE

La *Société pour les recherches psychiques* de Londres s'est occupée principalement, jusqu'à ce jour, d'un ordre de phénomènes qu'elle appelle les « hallucinations véridiques » et pour lesquels elle a créé un mot nouveau, tiré du grec, *télépathie* (sensation ou souffrance à distance).

En voici quelques exemples.

« Le 10 février 1874, écrit M. Oxon dans l'un de ses ouvrages (1), nous fûmes attirés par un triple frappement tout particulier sur la table, et nous reçûmes com-

(1) *Spirit identity.*

munication d'un récit circonstancié — avec les âges précis et les petits noms — de la mort de trois petits êtres, enfants du même père à qui ils avaient été enlevés subitement. Nul de nous n'avait connaissance de ces noms qui étaient peu communs. Ces enfants étaient morts dans un pays éloigné, l'Inde, et quand le message nous fut envoyé, nous n'avions aucun moyen d'information qui pût nous permettre de vérifier les faits. Ils le furent cependant.

« Le 28 mars de la même année, je fis la connaissance de M. et Mme Wats. Notre conversation roula principalement sur l'évidence des phénomènes psychiques et je racontai le fait plus haut mentionné. Mme Wats fut très frappée de ce récit qui correspondait avec une triste histoire qu'elle avait entendu raconter chez une Mme Leaf. Il s'agissait d'un gentleman résidant dans l'Inde qui, dans un court espace de temps, avait perdu sa femme et trois enfants. Renseignements pris par Mme Leaf, il se trouva que toutes les indications données par le message étaient d'une exactitude absolue. »

Un fait analogue s'est passé tout récemment à Paris, dans une séance d'expérimentation où se trouvait M. Jules Baissac qui nous fit le récit suivant que j'ai entendu de mes oreilles (c'est M. Eugène Nus qui parle) :

« Le 7 mai de cette année, 1890, on a eu l'idée, à la maison, de faire parler la lourde table de mon cabinet de travail. Nous nous sommes rangés autour de la table, ma femme, un de mes fils, un parent de la famille et deux dames de nos amies.

« Après une application de nos mains ayant à peine duré cinq minutes, la table a d'abord frémi, puis fortement craqué, et finalement s'est dressée à plusieurs reprises sur l'un de ses quatre pieds.

— Qui est là? demanda mon fils, et voici la réponse obtenue :

Louis Constant, originaire de la Charente, près de Limoges, soldat mobilisé, mort à vingt-sept ans, dans un combat des premiers jours de décembre 1870.

« Or, comme j'ai au ministère de la Guerre mon bureau à côté des archives administratives, mes enfants m'ont demandé de rechercher les cartons des soldats morts en 1870.

« Je laissai passer huit jours, puis, sur les instances réitérées de ma famille, je priai l'employé chargé du service des archives de me montrer le carton du nommé Constant, décédé en 1870, et voici le texte même de l'acte que j'y ai lu de mes propres yeux : — Constant, Louis, né à Saint-Coutant, canton de Champagne-Mouton (Charente), né le 3 août 1843, mobilisé en novembre 1870, tué le 8 décembre 1870 au combat de Josnes.

« Aucun de nous n'avait jamais entendu parler de ce Constant, ni ne se doutait qu'il eût jamais existé. »

Par quel procédé, poursuit Eugène Nus, et à quel propos, l'inconscience, l'hémi-conscience ou quelque état que ce soit de conscience obscure, logé dans les hémisphères cérébraux de M. Baissac et de ses convives, a-t-il apporté dans cette table l'extrait mortuaire de ce pauvre diable de mobilisé? Quel groupe d'images a pu s'y condenser, pour former dans le cerveau de l'un des assistants cette personnalité réelle de Louis Constant, né dans la Charente?

Il y a là, pour la moderne psychologie, matière à un

supplément d'informations, en attendant que de nouvelles énigmes lui soient posées par ce fantasque phénomène qui semble se jouer de la science.

Un colonel, dans une réunion d'amis, voit tout à coup devant lui un cercueil ouvert dans lequel est couchée une de ses sœurs, pour laquelle il avait une affection profonde. Le colonel était alors dans une ville de Birmanie. Sa sœur était en Angleterre. Il ignorait qu'elle eût été malade. Il apprit quelque temps après qu'elle était morte, en effet, au moment même où il l'avait vue couchée dans son cercueil.

Au cap Horn, un matelot monté dans les vergues pour carguer une voile voit tout à coup, au milieu de la rafale, sa fiancée vêtue d'une robe blanche flottante qui plane vers lui, poussée par le vent. A son retour en Angleterre, il apprend qu'elle est morte au moment même où elle lui était apparue.

Un contremaître maçon travaillait assez loin de sa demeure et n'y revenait que chaque soir. Un jour, il sent un violent désir de rentrer. Il essaie de n'en pas tenir compte. Mais, de minute en minute, le désir devient plus véhément. Enfin, ne pouvant plus résister, il quitte son travail et court chez lui. Il frappe à la porte, une sœur de sa femme vient lui ouvrir et toute surprise s'écrie : Comment avez-vous su ? — Su, quoi ? — Ce qui est arrivé. — Mais je ne sais rien. — Alors pourquoi venez-vous ? — Je ne puis le dire, une force me poussait ; mais qu'y a-t-il ?

Et on lui apprend que sa femme avait été renversée

par un cab, sérieusement blessée, il y avait plus d'une heure, et que, depuis ce moment, elle n'avait cessé de l'appeler auprès d'elle, par les cris les plus déchirants.

Un étudiant, un soir, se sent tout à coup extrêmement malade, fiévreux, tremblant, sans cause apparente. Il va chez un ami qui s'exclame à sa vue, lui sert du wisky, apporte un trictrac pour le distraire. Impossible de jouer. Le malaise dure plusieurs heures, puis enfin le calme revient. Il rentre chez lui, se couche. Le lendemain il était guéri. Dans l'après-midi, il reçoit une lettre lui annonçant que, la veille, son frère jumeau est mort, à l'heure où il lui avait semblé qu'il allait mourir lui-même.

« Des milliers de récits, venus de toutes parts, racontent des choses analogues. Les détails seuls diffèrent. Les uns n'ont entendu que la voix du mourant qui les appelait ; d'autres ont vu devant eux l'ami ou le parent leur annonçant sa mort. Tantôt ces trépassés ou trépassants se présentent dans le costume qu'ils portaient lorsque vous les avez connus; tantôt ils apparaissent comme des fantômes enveloppés d'un blanc suaire ; d'autres fois, on les voit sur leur lit funèbre, ou dans une bière, à l'église, entourée des appareils de la mort.

« Qu'est-ce à dire ? Si c'est le sujet qui s'impressionne lui-même par des inquiétudes éprouvées sur le sort de la personne qui lui apparaît, l'hallucination est purement subjective, tout en se trouvant véridique. Mais, si l'aventure arrive, comme dans le cas du colonel ou du matelot, alors que vous n'avez aucun souci de l'absent, et que vous ne songez même pas à lui, il est difficile de ne pas supposer que l'avertissement vient de la personne mourante dont la pensée franchit l'espace et va frapper l'appareil sensitif de l'être ou des êtres qui sont l'objet de ses préoccupations dernières.

« Quoi qu'il arrive de ces questions mytérieuses, des discussions qu'elles provoquent et des divergences d'opinions adverses, il en résultera toujours ceci : l'existence reconnue, constatée, de forces psychiques indépendantes de la matière et fournissant à la doctrine spiritualiste des éléments nouveaux dont on pourra discuter les conséquences, mais qu'il est désormais impossible de remettre en question. »

LES COMMUNICATIONS D'OUTRE-TOMBE

Certes il y en a de médiocres, d'insignifiantes, d'emphatiques ou parfois d'incompréhensibles, dans les recueils qu'en ont faits les auteurs spéciaux ; mais il y en a aussi de fort belles et particulièrement instructives ou curieuses.

D'où viennent ces différences ? La raison en est bien simple. Il ne faut pas oublier que, parmi les Esprits lumineux qui flottent sur la terre et nous entourent de leurs légions, il s'en trouve d'autres, vulgaires, grossiers ou pervers qui n'ont abdiqué ni leur incapacité, ni leur vanité, ni leurs dispositions malfaisantes, ni leur criminelle perversité. C'est par la vanité surtout que se font remarquer les plus légers, les plus incapables d'entre eux. L'une des ineptes plaisanteries qu'ils ne se lassent pas de répéter, c'est de signer de noms illustres leurs élucubrations les plus plates. Ces piètres *loustics* d'outre-tombe trouvent du meilleur goût de s'appeler Socrate, saint Louis, Pascal ou Lamennais. De là ces écœurants quiproquos qui révoltent ou scandalisent les lecteurs non prévenus.

« Le caractère habituel des communications, lisons-nous dans une remarquable brochure du Dr E. Gyel dont il sera question plus loin, leurs qualités et leurs défauts s'expliquent facilement.

« Tout dans la nature se modifiant par transitions insensibles, il ne saurait y avoir pour les êtres pensants de transformations considérables de leur situation après la mort.

« Les désincarnés ne sont certainement pas très différents de ce qu'ils étaient de leur vivant, d'après les principes mêmes de la doctrine évolutionniste.

« Cela est surtout vrai pour les esprits d'ordre moyen, de beaucoup les plus nombreux.

« Les Esprits arriérés, loin d'être supérieurs à leur dernière incarnation, subissent par la perte de leurs sens matériels un obscurcissement psychique momentané pouvant aller jusqu'à une demi-inconscience.

« Seuls les Esprits élevés jouissent d'une conscience très étendue synthétisant la somme des progrès acquis dans de nombreuses incarnations et sont après la mort au-dessus de l'une quelconque des personnalités qu'ils ont successivement constituées.

« Seulement ces Esprits supérieurs sont éloignés de l'humanité terrestre dans laquelle la plupart ne reviendront plus et peuvent très difficilement ou pas du tout se mettre en rapport avec nous.

« Nous savons qu'un désincarné ne peut se manifester dans le champ matériel qu'en agissant *sur un organisme vivant* ou *par un organisme vivant*. Dans le premier cas (suggestion sur le médium), la capacité psychique de l'Esprit sera forcément limitée dans une proportion considérable par la capacité psychique du médium. Dans le deuxième cas, l'Esprit, subissant une véritable réincarnation relative, sera soumis aux conséquences fatales plus ou moins atténuées de la réincarnation normale : c'est-à-dire l'obscurcissement de la conscience. Le désincarné ne peut rentrer dans le champ matériel, soit pour une réincarnation, soit pour une communication momentanée avec nous, sans subir plus ou moins la loi formelle de l'oubli.

« Après cet examen de la situation des désincarnés, on comprend que les communications reçues ne *peuvent pas être différentes de ce qu'elles sont*. Et quant à la fréquence des communications inférieures ou peu élevées, elle est inévitable.

« Concluons donc que toutes les objections faites si légèrement au spiritisme à propos du contenu intellectuel des communications, des obscurités, des banalités, des mensonges ou des contradictions qu'elles renferment — toutes ces objections ne sont pas rationnelles.

« Il n'en est pas moins vrai, empressons-nous de l'ajouter, que l'on obtient parfois en revanche des communications très élevées révélant des connaissances et une intelligence supérieures à celles du médium ou des assistants. Elles peuvent alors nous donner des renseignements inattendus, des conseils précieux et même jusqu'à des prévisions de l'avenir. »

Commençons la série par celle de Jean Reynaud, l'éloquent précurseur, on le sait, du spiritualisme morderne (Communication spontanée faite à la Société spirite de Paris) :

« Mes amis, que cette nouvelle vie est magnifique ! C'est une sorte de torrent lumineux qui entraîne, dans sa course immense, les âmes ivres de l'infini. Après la rupture de mes liens charnels, devant mes yeux se sont étendues les splendides merveilles des horizons nouveaux qui m'entourent.

« Ma mort a été bénie. Mes biographes la jugent prématurée. Aveugles ! Ils regrettent quelques écrits, nés de la poussière, que j'aurais pupublier encore, et ils ne comprennent pas combien le bruit — petit bruit — qui se fait autour de ma tombe mi-close est utile pour la sainte cause du spiritisme. Mon œuvre était finie ; j'avais atteint ce point culminant où l'homme a donné ce qu'il avait de meilleur et où il ne fait plus que recommencer. Ma mort a ravivé l'attention des lettrés et la ramène sur mon ouvrage capital qui touche à la grande question spirite qu'ils affectent de méconnaître et qui bientôt les entraînera. »

Puis dans une autre communication :

« Qui vous dit que ma mort n'est pas un bienfait pour le spiritisme, pour son avenir, pour ses conséquences ? Avez-vous remarqué la marche que suit le progrès, la route qu'a prise la foi spirite ? Dieu a tout d'abord donné des preuves matérielles : danse des tables, coups frappés, phénomènes de toutes sortes ; c'était pour appeler l'attention ; c'était une préface amusante. Il faut aux hommes des preuves palpables pour croire. Maintenant c'est autre chose. Après les phénomènes matériels Dieu parle à l'intelligence, au bon sens, à la raison. Ce ne sont plus des tours de force, mais des choses rationnelles qui vont maintenant convaincre et rallier même les incrédules les plus opiniâtres. Et ce n'est encore que le commencement. Prenez note de mes paroles : toute une série de faits intelligents, irréfutables, vont se succéder et le nombre des adeptes, déjà si grand, va s'augmenter encore. C'est aux intelligences d'élite, aux sommités de l'esprit, du talent et de la science, que Dieu va s'adresser. Cela va être comme un rayon lumineux, comme un irrésistible courant magnétique qui va s'élargir sur la terre et poussera les plus récalcitrants à la recherche de l'infini. »

Autre évocation à Bordeaux :

« Je me rends avec plaisir à votre appel. Oui, vous avez raison, le trouble spirite n'a pour ainsi dire point existé pour moi (ceci répondait à la pensée du médium). Exilé volontaire sur votre terre, où j'avais reçu pour mission de jeter la première semence sérieuse des grandes vérités qui enveloppe le monde, j'ai toujours conservé le souvenir de la patrie et me suis vite reconnu au milieu de mes frères.

« *Le médium.* — Bien que beaucoup d'Esprits aient déjà raconté leurs premières sensations au réveil, voudriez-vous me dire ce que vous avez éprouvé en revenant à vous et comment s'est opérée la séparation de votre Esprit et de votre corps ?

« *Jean Reynaud.* — Comme pour tous. J'ai senti s'approcher le moment de la délivrance ; mais, plus heureux que tant d'autres, je n'en ai point éprouvé d'angoisses, parce que j'en connaissais les résultats, quoiqu'ils fussent encore plus saisissants que je ne le pensais. Le corps est une entrave pour les facultés spirituelles et, quelles que soient les lumières que l'on ait conservées, elles sont toujours plus ou moins étouffées par le contact de la matière.

« Je me suis endormi, espérant un heureux réveil ; le sommeil a été court, l'admiration immense ! Les splendeurs célestes déroulées à mes regards brillaient de tout leur éclat incomparable. Ma vue émerveillée plongeait dans les immensités de ces mondes dont j'avais affirmé l'existence et l'habitabilité. C'était un mirage qui me révélait et me confirmait la vérité de mes croyances. L'homme a beau se croire sûr, quand il parle, il y a souvent au fond de son cœur des moments de doute, d'incertitude. Il se méfie, sinon de la vérité qu'il proclame, du moins parfois des moyens imparfaits qu'il emploie pour la démontrer. Convaincu de la vérité que je voulais faire admettre, j'ai eu souvent à combattre, contre moi-même, contre le découragement de voir, de toucher, pour ainsi dire, la vérité, sans pouvoir la rendre palpable à ceux qui auraient tant besoin d'y croire pour marcher résolument dans leur voie.

« *Le médium.* — De votre vivant, professiez-vous le spiritisme ?

« *Jean Reynaud.* — Entre professer et pratiquer, il y a une certaine différence. Je pratiquais, mais ne professais pas. Tout homme peut être spirite qui croit à son âme immortelle, à ses réexistences, à sa marche progressive incessante, aux épreuves terrestres, sortes d'ablutions nécessaires à la purification ; j'y croyais, j'étais donc spirite. J'avais compris l'erraticité, ce lien intermédiaire entre les incarnations successives, ce purgatoire où l'Esprit coupable se dépouille de ses vêtements souillés, où l'Esprit en progrès *lisse* avec soin la robe qu'il va porter de nouveau et qu'il veut conserver pure. »

19

Nous allons citer une autre communication de Jean Reynaud ; mais quelques explications préalables sont nécessaires.

Dans une des séances de la Société spirite de Paris, où l'on avait discuté la question du « trouble » qui suit généralement la mort, un Esprit, Esprit pervers et endurci auquel personne n'avait fait allusion, se manifesta spontanément, par l'étrange communication suivante :

Disons tout d'abord que cet Esprit était celui de Lapommeray, triste héros d'une cause célèbre et dont le procès a fait grand bruit il y a quelques années.

« Que parlez-vous de trouble ; pourquoi ces vaines paroles ? Vous êtes des rêveurs et des utopistes. Vous ignorez absolument les choses dont vous prétendez vous occuper. Non, le trouble n'existe pas, sauf peut-être dans vos cervelles. Je suis aussi parfaitement mort que possible et je vois clair en moi, autour de moi, partout !...

« La mort est une terreur, un châtiment, un désir, suivant la faiblesse ou la force de ceux qui la craignent, la bravent ou l'implorent. Pour tous, elle est une amère dérision !

« La lumière m'éblouit et pénètre *comme une flèche aiguë la subtilité de mon être* (1)... On m'a châtié par les ténèbres de la prison et on a cru me châtier par les ténèbres du tombeau, ou par celles que rêvent les superstitions catholiques. Eh bien ! c'est vous qui subissez l'obscurité et moi, le dégradé social, je plane au-dessus

(1) Mots caractéristiques. Il reconnaît par là que son corps est fluidique et pénétrable à cette lumière odieuse qui le perce comme une flèche aiguë.

de vous... Je veux rester *moi !* Fort par la pensée, je dédaigne les avertissements qui résonnent autour de moi. Je vois clair... Qu'est-ce qu'un crime ? Un mot. Le crime existe partout. Quand il est exécuté par des masses d'hommes, on le glorifie ; dans le particulier, il est honni. Absurdité !

« Je ne veux pas être plaint... Je ne demande rien... Je me suffis et je saurai bien lutter contre cette odieuse lumière ! »

Jean Reynaud, évoqué à ce sujet, a répondu par la communication suivante :

« La justice humaine ne fait pas acception de l'individualité des êtres qu'elle châtie ; mesurant le crime au crime lui-même, elle frappe indistinctement ceux qui l'ont commis et la même peine atteint les coupables sans distinction de sexe, d'éducation ou de personnalité.

La justice divine procède autrement : les punitions qu'elle inflige correspondent au degré d'avancement des êtres qui en sont frappés. L'égalité du crime ne constitue pas l'égalité des coupables. Deux hommes criminels au même chef peuvent être séparés par la distance des épreuves qui plongent l'un dans l'opacité intellectuelle des premiers cercles initiateurs, tandis que l'autre, qui les a dépassés, possède la lucidité qui affranchit l'Esprit du trouble. Ce ne sont plus alors les ténèbres qui châtient, mais l'acuité de la lumière spirituelle ; elle transperce l'intelligence terrestre et lui fait éprouver l'angoisse d'une plaie mise à vif.

« Les êtres incarnés que poursuit la représentation matérielle de leur crime subissent le choc de l'électricité physique ; ils souffrent par leurs sens ; ceux qui sont déjà dématérialisés par l'Esprit ressentent une douleu[r] bien supérieure qui anéantit dans ses flots amers le sou[-] venir des faits, pour ne laisser subsister que la visio[n] persistante de leurs causes. »

Communication de M. Jobard, ancien directeur d[u] musée de l'Industrie de Bruxelles, président honorai[re] de la Société spirite de Paris, savant original, espr[it] prime-sautier et rempli d'imagination.

On se proposait de l'évoquer le 8 novembre lorsqu[e] prévint ce désir en donnant spontanément la commun[i-] cation suivante :

« Me voici, moi que vous allez évoquer. Je ve[ux] d'abord vous raconter mes impressions au moment de [la] séparation de mon âme. J'ai senti un ébranlement inou[ï,] je me suis rappelé tout à coup ma naissance, ma je[u-] nesse, mon âge mûr ; ma vie entière s'est déroul[ée] devant moi. J'étais libre, mon cadavre était là gisa[nt] inerte. Ah ! quelle ivresse de dépouiller la pesanteur [du] corps ! Quelle ivresse d'embrasser et de posséder l'e[s-] pace !

« Ne croyez cependant pas que je sois devenu tou[t à] coup un élu du Seigneur ; non, je suis parmi les Espr[its] qui, ayant un peu retenu, doivent encore beauco[up] apprendre. Je n'ai pas tardé à me souvenir de vo[us] « mes frères d'exil », et je vous l'assure, toute ma sy[m-] pathie, tous mes vœux vous ont enveloppés.

« J'ai vu la splendeur, mais je ne puis la décrire. [Je] me suis appliqué à discerner ce qui était vrai dans [les] communications, prêt à redresser toutes les assertio[ns] erronées, prêt enfin à être le « chevalier de la vérité » dans l'autre monde, comme je l'ai toujours été dans le vôtre.

« *Le médium*. — Veuillez nous dire à quelle place vous êtes au milieu de nous et comment nous vous verrions si nous pouvions vous voir ?

« *Jobard*. — Je suis près du médium ; vous me verriez sous l'apparence du Jobard qui s'asseyait à votre table, car vos yeux mortels non dessillés ne peuvent voir les Esprits que sous leur apparence mortelle.

« Cette place, je l'occuperai souvent et à votre insu même, car mon Esprit habitera parmi vous.

« *Le médium*. — Les conditions dans lesquelles vous êtes au milieu de nous vous semblent-elles étranges ?

« *Jobard*. — Non, car mon esprit désincarné jouit d'une netteté qui ne laisse dans l'ombre aucune des questions qu'il envisage.

« Je me rappelle mes existences antérieures et je trouve que je suis amélioré. Je vois et je m'assimile ce que je vois. Lors de mes précédentes incarnations, Esprit troublé, je ne m'apercevais que des lacunes terrestres. »

« *Le médium*. — Vous souvenez-vous de votre avant-dernière existence, de celle qui a précédé M. Jobard ?

« *Jobard*. — Dans mon avant-dernière existence, j'étais un ouvrier mécanicien rongé par la misère et le désir de perfectionner mon travail. Or, « j'ai réalisé, étant Jobard, les rêves du pauvre ouvrier », et je loue Dieu dont la bonté infinie a fait germer la plante dont il avait déposé la graine dans mon cerveau.

« *Le médium*. — Vous êtes-vous déjà communiqué ailleurs ?

« *Jobard.* — Rarement. Dans beaucoup d'endroits, un Esprit a pris mon nom. Ma mort est si récente que j'appartiens encore à certaines influences terrestres. Lorsqu'un homme un peu connu quitte la terre, il est appelé de tous côtés ; mille Esprits s'empressent de revêtir son individualité, c'est ce qui est arrivé pour moi, en plusieurs circonstances.

« *Le médium.* — De votre vivant, vous partagiez l'opinion qui a été émise sur la formation de la terre par l'agglomération de quatre planètes qui auraient été soudées ensemble. Êtes-vous toujours dans cette croyance ?

« *Jobard.* — Non ; c'était une erreur. Les nouvelles découvertes géologiques prouvent les convulsions de la terre et ses formations successives. La terre, comme les autres planètes, a eu sa vie propre, et Dieu n'a pas eu besoin de ce grand désordre et de cette agrégation de planètes.

« *Le médium.* — Vous pensiez aussi que les hommes peuvent demeurer en catalepsie pendant un temps illimité et que le genre humain a été apporté de cette façon sur la terre ?

« *Jobard.* — Illusion de mon imagination qui dépassait toujours le but. La catalepsie peut être longue, mais non indéterminée. Traditions, légendes grossies par l'imagination orientale : J'ai beaucoup souffert en repassant les illusions dont j'ai nourri mon esprit. J'avais beaucoup appris, mais, je dois l'avouer, mon intelligence, prompte à s'approprier ces vastes et diverses études, avait gardé de ma dernière incarnation l'amour du merveilleux et du compliqué, puisé dans les imaginations populaires.

« Je me suis encore peu occupé des questions purement

intellectuelles dans le sens où vous le prenez. Comment le pourrais-je, ébloui, entraîné comme je le suis par le merveilleux spectacle qui m'entoure ? »

Après quelque temps de recueillement, M. Jobard a pris rang parmi les Esprits qui travaillent activement à la rénovation sociale, en attendant son prochain retour parmi les vivants pour y prendre une part plus directe.

Depuis cette époque, il a souvent donné à la Société de Paris, dont il tient à rester membre, des communications d'une incontestable supériorité, sans se départir jamais de l'originalité ni des spirituelles boutades qui faisaient le fond de son caractère et le font reconnaître avant qu'il ait donné sa signature.

Nous pourrions multiplier ces citations curieuses, car c'est par milliers qu'elles ont été recueillies.

Et toutes, qu'elles aient été faites dans telle ou telle ville d'Europe, d'Asie ou d'Amérique, toutes nous répètent les mêmes témoignages concernant les sensations divines dont sont pénétrées les âmes que la désincarnation affranchit des répugnantes attaches de la matière.

C'est toujours le même cri de triomphe qu'elles poussent invariablement, à l'heure bénie où retombent les chaînes. — Écoutez-les, ces chants de délivrance :

M. Sanson, ancien membre de la Société spirite, mort en 1862 :

« Je suis Esprit ; ma patrie, c'est l'espace, et mon avenir, c'est le Dieu qui rayonne dans l'immensité. Plus de douleur ; la jeunesse, la force et la vie dans ce monde merveilleux où tout est joie, gloire et grandeur !

« Lorsque j'ai pu revenir à moi, je suis demeuré tout ébloui. Je me suis vu entouré de nombreux amis, d'Esprits protecteurs qui m'entouraient et me souriaient. Guéri de toute misère, délivré de toute souffrance, ardent, infatigable, je m'élançai à travers les espaces où ce que je voyais n'a de nom dans aucune langue ! »

M. Samuel Philippe mort en 1862 :

« Bien qu'ayant cruellement souffert dans ma dernière maladie, je n'ai point eu d'agonie. La mort est venue à moi comme un sommeil, sans lutte, sans secousse, sans douleur. Oh ! si les hommes comprenaient ce qu'est la vie future, quelle force, quel courage cela leur donnerait ! »

Le Dr Demeure mort à Albi en 1865 :

« Heureux ! Ah, certes oui, je le suis ! Plus de vieillesse, plus d'infirmité ; mon lamentable corps n'était qu'un déguisement imposé. Je suis jeune et beau, beau de cette éternelle jeunesse des Esprits dont les rides ne plissent jamais le visage et dont les cheveux ne blanchissent jamais. Comme l'oiseau, je traverse l'espace ; je contemple, je bénis, j'aime et je m'incline, atome, devant la grandeur, la sagesse, la science de notre Créateur et devant les merveilles qui m'entourent. Oh ! qui jamais pourra dire les splendides beautés du monde des élus, raconter les cieux, les terres, les soleils, leur rôle dans l'harmonie universelle ? »

Mme veuve Foulon, artiste peintre, morte en 1865 :

« Il n'y a que trois jours que je suis morte et je sens

que je suis artiste. Mes aspirations vers l'idéal de la beauté dans l'art n'étaient que l'intuition de facultés que j'avais acquises dans d'autres existences et qui se sont développées dans ma dernière vie terrestre. Mais combien j'ai à faire pour reproduire un chef-d'œuvre digne des grandes scènes de la région de la lumière ? Des pinceaux, des pinceaux ! et je prouverai au monde que l'art spirite est le couronnement de l'art païen, de l'art chrétien qui périclite et qu'au spiritisme seul est réservée la gloire de le faire revivre dans tout son éclat, sur votre monde déshérité.

« J'ai souffert, mais mon Esprit a été plus fort que la souffrance du dégagement. Après le « suprême soupir », je suis tombée en syncope, n'ayant nulle conscience de mon état, dans une vague somnolence qui n'était ni le sommeil du corps, ni le réveil de l'âme, puis, sortant de ce long évanouissement, je me suis réveillée au milieu de frères que je ne connaissais pas. Ils me prodiguaient leurs soins, leurs caresses et me montraient dans l'espace un point lumineux qui ressemblait à une étoile lointaine. « C'est là que tu vas aller avec nous, me disaient-ils, tu n'appartiens plus à la terre. » Alors, je me suis souvenue, je me suis appuyée sur eux, et, en groupe gracieux nous élançant vers les sphères inconnues où l'on est sûr de trouver le bonheur, nous sommes montés, montés... et l'étoile grossissait toujours. »

Un médecin russe :
« Ce que vous appelez le dernier moment n'est rien. Je n'ai ressenti qu'un craquement très court et je me suis trouvé débarrassé de ma misérable carcasse. J'ai eu le bonheur de voir une quantité d'amis venir à

ma rencontre et me souhaiter la bienvenue. J'habite l'espace, mais que de degrés dans cette immensité ! Que d'échelons à cette échelle de Jacob qui va de la terre au ciel, c'est-à-dire de l'avilissement de votre incarnation terrestre, jusqu'à l'épuration complète de l'âme ! L'on n'arrive là où je suis qu'à la suite de nombreuses épreuves, c'est-à-dire d'incarnations nouvelles ; mais, sachez-le, c'est déjà une immensité de bonheur que de savoir que l'on peut s'élever infiniment. »

La comtesse Paula, jeune, belle, riche et d'illustre naissance, morte en 1851 :

« Oui, je suis heureuse, je le suis au delà de tout ce qu'on peut exprimer et pourtant je suis encore loin du dernier échelon. J'étais cependant parmi les heureux de la terre. Jeunesse, santé, fortune, hommages, j'avais tout ce qui constitue la félicité sur la terre ; mais qu'est-ce que ce bonheur auprès de celui que l'on goûte en ces régions célestes ? Que sont vos fêtes les plus splendides, auprès de ces assemblées d'Esprits resplendissant d'un éclat incomparable ? Que sont vos palais dorés, auprès de ces éblouissantes demeures aériennes qui, dans les champs de l'espace, feraient pâlir les arcs-en-ciel ? Que sont vos promenades et vos voyages, auprès de ces sillages à travers l'immensité, plus rapides que l'éclair ? Que sont vos horizons bornés et nuageux, auprès de ces grandioses profondeurs où se meuvent les mondes sous la main directrice du Tout-Puissant ? Que sont enfin vos plus admirables concerts, auprès de ces harmonies ineffables où vibrent toutes les fibres de l'âme, dans les fluides frissonnants de l'éther ?... Et que vos plus grandes joies sont insipides et tristes, comparées aux sensations exquises d'un bonheur dont les effluves inondent tout l'être, sans mélange d'inquiétude, d'appréhension, de souffrance, parce qu'ici tout respire l'amour, la confiance, la sincérité.

« Et nulle passivité dans ce bonheur incessant, mais éternellement varié. Point de concert perpétuel, point de fêtes inutiles, point de béate et monotone contemplation. Non, c'est le mouvement, c'est l'activité, c'est la vie !

« Chacun a sa mission à remplir, ses protégés à assister, ses amis de la terre à visiter, des âmes souffrantes à consoler, des rouages de la nature à diriger ; on va non d'une rue à l'autre, mais d'un monde à un autre ; on se sépare pour se rejoindre, on se disperse pour se retrouver à tel rendez-vous désigné, l'on se concerte, l'on s'assiste, l'on s'associe pour les œuvres difficiles, et le travail avance et la grande œuvre s'accomplit.

« Ce n'est point sans luttes ni sans douleurs que je suis arrivée au rang que j'occupe dans la vie spirituelle. Ma dernière station terrestre a été douce et heureuse, mais pendant combien d'existences ai-je dû passer par les plus dures épreuves que j'avais volontairement choisies.

« Travailleurs, j'ai connu vos misères ; comme vous j'ai eu faim, j'ai eu froid, j'ai pleuré, j'ai souffert... mais j'ai vaincu, parce que mon âme s'est fortifiée dans l'épreuve. »

Antoine Costeau, membre de la Société spirite de Paris, inhumé le 12 septembre 1863, au cimetière Montmartre, dans la fosse commune. — C'est au cimetière même que fut faite l'évocation. C'est sur le bord de la fosse que le médium écrivit sous la mystérieuse dictée...

Et ce fut une scène saisissante que d'entendre ce mort — non moins vivant que ses auditeurs — leur parler dans un silence où les cœurs cessaient presque de battre et où les assistants, tout pâles, écoutaient en frissonnant cette suprême voix du sépulcre. Et par delà la tombe, cette voix disait :

« Merci, mes amis ! La terre va recevoir mes restes ; mais, vous le savez, sous cette poussière, mon âme ne demeurera pas ensevelie ; elle va planer dans l'espace, puis s'élancer vers Dieu, car je vis de la vraie vie, de la vie éternelle.

« Mon convoi, convoi du pauvre, n'est pas accompagné par un public nombreux ; d'orgueilleuses manifestations ne seront pas faites sur ma tombe et cependant, amis, croyez-moi, *la foule immense ne manque pas ici*, car les bons Esprits nous entourent. Je n'ajoute plus qu'un mot : la mort c'est la vie ! »

Mme Anaïs Gourdon, morte en novembre 1860 :

« Je suis heureuse ; j'espère, j'attends, j'aime ; les cieux n'ont pas de terreur pour moi, j'attends avec confiance et amour que les ailes blanches me poussent, c'est-à-dire que j'entends devenir pur Esprit et resplendir comme les messagers célestes qui m'éblouissent. Que ces chers êtres qui me pleurent ne m'attristent plus par la vue de leurs regrets, puisqu'ils savent que je ne suis pas perdue pour eux ; que ma pensée leur soit douce, légère et parfumée de leur souvenir. J'ai passé comme une fleur, et rien de triste ne doit subsister de mon rapide passage. »

M. Van Durst, mort à Anvers en 1863, à l'âge de quatre-vingts ans :

« S'éveiller dans un nouveau monde ! Plus de corps matériel, plus de vie terrestre, la vie immortelle ! Plus d'hommes charnels autour de moi, mais des formes légères, des Esprits qui glissent, tournent autour de vous et que vous ne pouvez tous embrasser du regard, car c'est dans l'infini qu'ils flottent ! Avoir devant soi l'espace et pouvoir le franchir d'un coup d'aile... vie nouvelle, vie brillante, vie de jouissances ineffables ! »

Et c'est ainsi, toujours et partout, que monte vers le ciel, ivre d'une allégresse débordante, l'éternel hosanna de la délivrance !

Autre communication, originale s'il en fût, obtenue par une dame. Ces vers lui furent dictés, au moment où parut la nouvelle intitulée *Spirite* de Théophile Gautier :

Au tour leste de ces strophes élégantes, l'on en devinerait l'auteur, alors même qu'elles ne seraient pas signées ; mais elles le sont.

> Me voici revenu. Pourtant j'avais, Madame,
> Juré sur mes grands dieux de ne jamais rimer.
> C'est un triste métier que de faire imprimer
> Les œuvres d'un auteur réduit à l'état d'âme.
>
> J'avais fui loin de vous, mais un Esprit charmant
> Risque en parlant de nous d'exciter le sourire !
> Je pense qu'il en sait bien plus qu'il n'en veut dire,
> Et qu'il a quelque part trouvé son revenant.

Un revenant ! vraiment cela paraît étrange.
Moi-même, j'en ai ri quand j'étais ici-bas,
Mais lorsque j'affirmais que je n'y croyais pas,
J'aurais, comme un sauveur, accueilli mon bon ange.

Que je l'aurais aimé, lorsque, le front jauni,
Appuyé sur ma main, la nuit, dans la fenêtre,
Mon esprit, en pleurant, sondait le grand *peut-être*
En parcourant au loin les champs de l'infini !

Ami, qu'espérez-vous d'un siècle sans croyance ?
Quand vous aurez pressé votre fruit le plus beau,
L'homme trébuchera toujours sur un tombeau,
Si pour le soutenir il n'a plus d'espérance.

Mais ces vers, dira-t-on, ils ne sont pas de lui.
Que m'importe, après tout, le blâme du vulgaire ?
Lorsque j'étais vivant, il ne m'occupait guère,
A plus forte raison, en rirais-je aujourd'hui.

Alfred de Musset.

Nous pourrions clore ici la série de ces communications étranges ; mais voici qu'un ouvrage sensationnel, s'il en fût, nous en fournit bien d'autres et non moins extraordinaires (1).

Nous ne pouvons résister au désir d'en citer quelques-unes choisies parmi les plus originales — en les résumant quelquefois.

Chose curieuse à remarquer, la plupart de ces messages d'outre-tombe sont signés par des grands prêtres de l'Inde antique. L'un d'eux se désigne lui-même sous le nom d'Oriental.

(1) *La Survie ; Echos de l'Au-delà* publiés par Rufina Noeggerath (Librairie des Sciences psychiques).

Nos frères de l'Au-delà. — « Après avoir quitté leur enveloppe corporelle, les extra-terriens, quelque élevés qu'ils soient et même à cause de leur grandeur d'âme, sont affligés de la douleur de ceux qui les ont perdus. Ils ne peuvent se résoudre à quitter ces chers aimés qui les pleurent et, à ce moment, s'ils peuvent se communiquer, ils y consacrent toutes leurs forces. C'est avec une joie enthousiaste qu'ils vous prouvent qu'ils ne sont pas perdus pour vous, qu'ils pensent à vous et qu'au delà de la tombe on aime mieux que dans votre monde. Dans l'avenir, lorsqu'il y aura des médiums dans chaque famille, les disparus se révéleront immédiatement après leur mort terrestre et ils ne quitteront leurs aimés qu'après les avoir consolés et fortifiés. »

(Un grand prêtre de l'Inde antique.)

C'est là-haut qu'il faut regarder. — « Lorsque vous mourez à la terre, pour renaître dans l'espace enchanté où nous vivons, oh! ne regardez pas derrière vous ! Dans cet instant critique, on *est*, parce qu'on *est* toujours. Votre sommeil périodique de chaque nuit est institué par la divine harmonie pour vous habituer à quitter ce qui n'est qu'une demeure passagère. A mesure que vos yeux corporels deviendront immobiles, sans regards et se refroidiront dans leurs orbites, les yeux de votre âme lèveront leurs paupières et vous reviendrez à la véritable lumière, vous serez libres, vous reprendrez toutes vos facultés, et c'est alors que vous serez *double :* ici, la statue glacée qui vous représente *mort* et vous, l'être *vivant.* »

(Liana, grand prêtre indien).

Esprits attardés. — « Les désincarnés, qui après leur départ de ce monde ne savent pas se rendre compte de suite de leur situation exacte, se croient encore vivants ; ils demeurent dans leur famille, retournent à leurs anciennes occupations, jouissent de votre musique terrestre, s'ils sont artistes, reviennent dans vos fêtes, s'ils ont été mondains, et ne reconnaissent leur erreur que lorsque le jour revient.

« Ces êtres attardés, jusqu'à l'heure de leur véritable réveil, n'ont d'autres satisfactions que celles que peut encore leur procurer la terre. Ils se retrouvent, de l'autre côté de la vie, dans un état relativement semblable à celui où ils se trouvaient avant leur désincarnation, à ce point qu'ils sont encore soumis à certains besoins matériels, tels que celui de la faim par exemple ; aussi entourent-ils vos tables dont ils hument les mets, ne pouvant en savourer que le parfum, n'ayant plus de corps assez dense pour s'en nourrir comme autrefois. C'est ainsi que la vie extra-terrestre n'est pour nombre de désincarnés que la pâle image de la vôtre. »

(L'Oriental.)

Déconvenue des dévots désincarnés. — « Les désincarnés qui pendant leur vie terrestre ne se sont nourris que de fictions dogmatiques, les désincarnés dévots en particulier sont fort à plaindre. Pour gagner une place dans la « béatitude éternelle », ils se sont traînés, leur vie durant, sur les dalles des temples, le front courbé, l'âme noyée dans leurs prières, et, une fois désincarnés, ils ne retrouvent ni le paradis espéré, ni l'enfer redouté, ni même le purgatoire. Pour être introduits dans « l'assemblée céleste » de leur rêve, ils appellent les saints à leur secours, mais nul ne leur répond. Au lieu de se sentir « pousser des ailes », ils rampent dans les bas-fonds terrestres. Ils courent affolés dans les habitations, dans les campagnes, y font parfois entendre de douloureux gémissements, parce qu'ils ne trouvent nulle part ce paradis qu'ils avaient cru pouvoir acheter à l'église.

« Ces pauvres dévots désemparés sont en nombre incalculable. C'est parfois pendant des siècles qu'ils tournent désespérément dans le même cercle et ils ne sortent de leur aveuglement que lorsque, après de nombreuses désincarnations, ils comprennent enfin combien la Force-Amour qui fait vivre l'univers a été travestie, défigurée par leurs religions mensongères. »

(L'Oriental.)

Les bohèmes de l'espace. — « Il y a des êtres qui, aussitôt sortis de l'état qu'on pourrait appeler « chrysalidaire » et qu'amène toujours la mort, partent en véritables « nomades ». Ces bohèmes de l'espace vont et viennent au gré de leurs caprices. C'est tantôt aux profondeurs de la terre qu'ils descendent, tantôt aux abîmes océaniques qu'ils plongent. Ils y revoient les existences vécues. Et c'est ainsi pendant un nombre incalculable d'années ou de siècles, jusqu'à ce que l'amour enfin, l'éternelle et suprême loi de la vie, les arrache à leur curiosité insatiable et mette un terme aux péripéties de leur *stérile* voyage scientifique, car la science ne peut devenir sagesse que lorsqu'elle s'allie à l'amour.

« Les âmes sont des lyres, or les nomades qu'absorbe le spectacle des merveilles de l'univers n'ont eu le temps ni de compléter, ni d'accorder leur lyre, et pour qu'elle puisse se mêler au concert universel, il faut que ses cordes, autrement dit que les facultés acquises par l'Esprit, soient « harmonisées » par l'amour. »

(L'Oriental.)

Le mal. — « Le mal tel que l'entendent vos déistes et qu'ils ont fini par incarner dans le diable est un enfantillage et un non-sens.

« Le mal, c'est la souffrance de l'avancement, la difficulté qu'éprouve le vieil homme à se dépouiller de l'animalité, la rançon du progrès, le creuset où s'effectue l'évolution. Le rachat d'une faute n'est pas imposé à l'âme, c'est l'âme elle-même qui spontanément l'effectue par une expiation volontaire. »

(Un ancien grand prêtre de l'Inde.)

Ames sœurs, âmes épouses. — « Tout se lie, tout s'enchaîne. Si une certaine sympathie vous attire les uns vers les autres, cette sympathie a ses origines dans le passé. Si tels amis sont pour vous plus que des parents et vous témoignent une affection qui vous remue le cœur, cette affection n'est pas née spontanément, elle a ses attaches dans vos vies antérieures. Les fluides s'attirent et vous rapprochent sans même que vous vous y prêtiez; le hasard n'a rien à voir là-dedans, car il n'y a pas de hasard... Rien d'autre ici que des miracles d'amour que font les âmes sœurs et les âmes épouses. »

Liberté, égalité, fraternité. — « Les principes d'égalité et de fraternité ont été supprimés par l'orgueil des hommes. Vous n'avez jamais compris la signification des mots que vous inscrivez au fronton de vos monuments, au nom d'une république quelconque.

« La véritable égalité, la véritable fraternité, la véritable liberté n'émanent que des progrès réalisés par chaque âme.

« Oui, égalité par les réincarnations qui appauvrissent les riches et humilient les orgueilleux.

« Oui, liberté par le progrès accompli en raison directe duquel progresse cette liberté.

« Oui, fraternité par le perfectionnement des âmes en qui se manifestent l'amour et la justice, les plus hautes vertus que puisse atteindre la perfectibilité humaine. »

(L'Oriental.)

Les moissons célestes. — « Les mondes sont des champs que Dieu cultive pour en tirer la récolte des âmes. Les mondes se forment, les mondes disparaissent; mais vous, êtres perfectibles qui empruntez aux feux des soleils votre quintessence vitale, vous demeurez éternellement, sans cesse renouvelés, toujours plus aimants, toujours plus aimés. »

(Çakya Mouni.)

Rajeunissement des mondes. — « Les planètes de votre système et votre soleil lui-même s'éteindront successivement. Alors qu'ils seront allés puiser une nouvelle vie dans les grands foyers d'où ils ont émergé autrefois, ils en sortiront refondus, perfectionnés et rien ne prouve que ces mondes ainsi transformés ne redeviennent le séjour des êtres qui les auront vus mourir et qui reviendront y vivre, mais dans un état proportionnel à la transfiguration de ces mondes.

« Toutes les variétés se trouvent dans l'univers sidéral. Il y a des systèmes planétaires qu'éclairent des soleils de couleurs différentes, rouges, bleus, jaunes et combien d'autres. Que l'on imagine les colorations extraordinaires que donnent ces diverses vibrations lumineuses aux fleurs, aux animaux, aux hommes eux-mêmes, quels spectacles inimaginés surgissent du milieu de ces prodigieuses combinaisons !

« Et ce n'est pas seulement par ces colorations étranges que seront modifiés ces mondes, ils pourront l'être encore par leur degré de matérialité. Il y a des mondes presque fluidiques sur lesquels peuvent habiter, seuls, les Esprits les plus élevés. Mondes irrêvés dont rien ne peut exprimer la splendeur inouïe. »

(L'Oriental.)

Infériorité de notre terre. — Votre planète terrestre est une des dernières nées, c'est ce qui explique son infériorité. La planète aînée de la vôtre (Mars) a une coloration rouge. C'est celle dans laquelle la vie a le plus d'analogie avec la vôtre ; mais combien plus élevés que vous ne l'êtes sont les hommes qui l'habitent. La guerre leur est inconnue, et ce que vous appelez le « régime gouvernemental » y est véritablement basé sur les principes de la liberté, de l'égalité et de la fraternité qui pour vous ne sont que des mots. Là, tous les hommes travaillent en vue de la mutualité. Le mobile de leur activité n'est pas l'amour du gain, mais l'amour du prochain. Ils connaissent véritablement la *science*, tandis que l'emploi de ce mot chez vous n'a d'autre but que de cacher votre incapacité. Aussi appellent-ils votre globe qu'ils connaissent fort bien *la terre des ignorants.*

« Ces hommes connaissent aussi la douleur, mais non

la douleur physique, et les connaissances qu'ils ont acquises leur en allègent le fardeau.

« Quant à Jupiter, il est tout différent de votre terre. Ses habitants ont des corps semi-fluidiques que la maladie ne saurait atteindre. Développés par de nombreuses incarnations, ils cultivent les sciences, les arts, et se préoccupent fort peu de leur nourriture matérielle qui, toute prête à être consommée pousse, pour ainsi dire à leurs pieds. »

(Le Fakir.)

Téléphonie universelle. — « Le fluide universel ou lumière astrale établit entre les êtres une communication constante. Ce fluide est le véhicule de transmission de la pensée comme sur votre terre l'air est le véhicule du son. C'est une sorte de « téléphonie » universelle qui relie les mondes et permet aux habitants de l'espace de correspondre avec ces mondes. Le fluide de chacun de vous est une modification du fluide universel. »

(Swedenborg.)

« Votre monde est vivant ; il crée de lui-même. L'esprit est une quintessence des fluides qui doit *absorber* la matière. »

(Çakya Mouni.)

Philosophies stériles. — « De toutes les philosophies religieuses auxquelles les hommes se sont attachés quelle est celle qui ne s'est pas effondrée ? Où est celle qui a affranchi l'humanité, qui a rendu l'homme vraiment libre et responsable devant sa conscience ? Elle n'existe nulle part,

« Les philosophes sont perplexes ; ils ont vécu de discussions stériles, car le principe de vie qui est dans l'homme leur a toujours échappé.

« Où donc est la vérité ? Vous la verrez apparaître. Elle grandira par la science au milieu des dogmes écroulés. »

(Socrate.)

« Aimez, mais n'adorez pas. Il n'est aucun dieu que vous deviez adorer. Aimer tout, c'est aimer Dieu qui est dans tous les règnes, qui remplit l'univers entier, qui est en vous-mêmes puisque vous êtes formés de son essence et c'est dans la nature et dans vous-mêmes que vous devez l'aimer. »

(Çakya Mouni.)

Origine des cultes. — « La pure croyance persista longtemps chez les peuples ariens. Mais plus tard les inspirés, devenus prêtres, exploitèrent leurs inspirations. Le culte s'établit, et alors commença la suprématie de ceux qui, prétendant parler au nom de Dieu, s'arrogèrent le droit de se placer entre Lui et l'Homme. Du premier pontife au dernier paria, des lignes de démarcation furent établies. Dieu fut subdivisé en plusieurs puissances. On fabriqua une *trinité* et le Dieu anthropomorphe fut imposé à la foi des croyants. L'Ame universelle fut adorée par les hommes... sous la figure d'un homme !

« Croyants de nos jours, n'êtes-vous pas effrayés à la pensée que les anciens âges ne vous ont légué que la superstition des prêtres et que toute cette dogmatique mensongère vous est venue par le judaïsme qui est d'origine assyrienne et égyptienne en même temps que par le christianisme lui-même, mais si tôt défiguré !

« Si l'erreur vous est venue de l'Inde, c'est aussi l'Inde — celle des premiers jours de clarté — qui vient aujourd'hui vous révéler la science retrouvée, établissant entre l'Inde des temps védiques et les animistes des temps modernes une fraternité dont nous sommes heureux nous, les Esprits de l'espace.

« Oui, tout vous est venu de l'Inde et les prêtres bouddhistes en montrant leurs parchemins pourraient dire aux missionnaires chrétiens : Ce que vous venez prêcher ici y a été enseigné il y a trente mille années. Vous nous parlez du Christ, nous vous parlerons de Christna et nous pouvons vous déclarer de plus que l'incarnation du Christ n'est autre chose que la *réincarnation* de Christna. C'est la même âme qui les anima tous deux. C'est la même philosophie et la même morale qui ont été professées par Christna et par Jésus.

« Pour aller à Dieu, pour marcher à la conquête de son amour et de sa science, il faut être libres, et cette liberté, c'est Dieu lui-même qui vous l'a donnée. Vous n'avez à compter qu'avec votre conscience, n'écouter que les inspirations de votre cœur. Vous n'avez qu'à aimer pour être bons, pour être justes, vous n'avez qu'à aimer pour vous *déifier*. »

(L'Oriental.)

Les sacrifices. — « Pour se rendre agréables à leurs divinités, les hommes immolèrent tout d'abord des animaux, puis des enfants, puis des vierges. Ces hommes barbares qui se nourrissaient de chair et de sang étant semblables aux bêtes féroces qu'ils combattaient se figurèrent que des sacrifices sanglants pouvaient seuls plaire à la divinité mystérieuse et terrible qui ne se révélait que par les roulements de sa foudre.

« Époque de barbarie effroyable qui pendant des siècles se prolongea, s'aggrava.

« Au Pérou, chez les Incas, au Yucatan, à Carthage, à Rome, chez les druides, comme chez les sauvages, il y eut d'innombrables victimes sacrifiées aux dieux sanguinaires. Les foules prosternées, féroces, abêties, regardaient couler le sang, sans qu'aucun sentiment de pitié ne se manifestât jamais. Les cris des victimes étaient étouffés par les chants sacrés, les flots de sang disparaissaient sous les monceaux de fleurs qu'on jetait sur l'autel.

« Et pourquoi toutes ces victimes ? Le sang qui coule, c'est la vie qui palpite, la *sainte* vie qu'on prodigue inutilement. S'accoutumer aux gémissements d'agonie, c'est étouffer toutes les protestations du cœur. L'enfant habitué à voir verser le sang de la bête versera plus tard sans pitié le sang de ses semblables. Du sang de la victime, la buée maudite s'épaississait autour des hommes, leur donnait le féroce appétit du crime.

« Le progrès, toutefois, est venu lentement. A la place de la cruauté que provoquent et surexcitent les appétits immondes, ont fleuri la charité, l'indulgence, la pitié, la bonté. L'homme n'adore plus le serpent qui représentait à ses yeux les contorsions de l'éclair redouté. Il est devenu le dieu des éléments, et les forces indomptées de la nature obéissent à sa volonté.

« Plus de sang, plus de sang ! Plus d'homme aux plaies béantes cloué sur un gibet !...

« Il y a dix-neuf siècles que parut un homme en qui

se manifestaient des harmonies supérieures. Il prêcha le pardon des offenses, l'amour, l'art d'être bienfaisant, et les prêtres d'autrefois le massacrèrent, et depuis lors d'autres prêtres en ont fait une divinité, mais une divinité qu'on offre toujours en holocauste sur les autels, qu'on immole incessamment à un Dieu inexorable que rien n'apaise ni ne désarme... Et cela chaque jour, sans repos ni trêve et dans toutes les parties de la terre. Toujours l'éternel sacrifice du juste — comme si sa faute était inexpiable — du juste immolé à Dieu — son père et le père des hommes !... spectacle impie, écœurant et lamentable.

« Et toi, ô Jésus-Amour, tu pardonnes. Tu pardonnes, sans te lasser jamais, aux barbares qui t'évoquent éternellement dans l'horreur de ton supplice, qui toujours fouillent ton flanc de leur lance et te font de ta couronne d'épines un diadème sanglant. »

(L'Oriental.)

« L'a-t-on assez lâchement insulté, le Nazaréen, ce grand tribun, ce grand philosophe, ce grand humanitaire, cet homme immense dont la voix a retenti d'un bout du monde à l'autre.

« Et ce n'était point assez. Toujours on l'évoque cloué sur le bois de son supplice. Il leur faut éterniser le martyre de la victime. Quel sentiment d'horreur cela inspire à ceux qui ont vu dans Jésus l'apôtre de la pitié, de la charité, de la liberté.

« Et pour comble d'ignominie, ils prétendent, ces prêtres barbares, boire son sang et manger sa chair !... comme les anthropophages mangent les hommes... Et ils appellent cela *l'adorer !*

« Évoquez Jésus-Amour, le grand égalitaire, Jésus. Liberté et Justice. Honorez-le, aimez-le — mais *ne l'adorez pas !...* »
(Robespierre.)

La messe. — « Dans la messe, je vois d'anciennes cérémonies païennes : évocations, passes magnétiques, libations, couleurs symboliques, victime expiatoire — pratiques usitées en magie. »
(Liana, ancien grand prêtre de l'Inde.)

Jésus homme. — « Pour ceux qui le méconnaissent Jésus ressent de la pitié ; pour ceux qui le comprennent mieux, il est amour ; pour les autres, il n'est rien. Pour ceux-là, il est frère ; pour ceux-ci, il voudrait l'être mais comme il n'est pas Dieu, si l'on prononce ce blasphème, il souffre et s'éloigne de ceux qu'il voudrait garder sur son cœur ; il s'éloigne, parce qu'il se sent méconnu et repoussé. »
(Çakya Mouni.)

Catholicisme et animisme. — « L'Église se meurt, le catholicisme est mort ; il ne vit plus que par son écorce, l'arbre n'a plus de sève. A sa naissance, le christianisme était grand. C'était la fraternité, l'amour humanitaire. Mais bientôt parut l'oligarchie catholique. Les inspirés disparurent. Les papes et les conciles instituèrent les dogmes et les sacrements. Ils firent argent de tout ; ils vendirent leurs bénédictions, firent payer aux époux le droit de s'unir, vendirent l'eau bénite aux cadavres et arrivèrent même à vendre par les indulgences les mérites du crucifié. Et les peuples abêtis leur obéissent depuis vingt siècles. C'est effrayant !

« Le peuple oublia ses médiums, autrefois si nombreux

il oublia la manière d'obtenir les phénomènes et il alla dans les temples pour y voir des expériences. Les médiums, devenus prêtres, cachèrent jalousement leurs secrets. C'est ainsi que la vérité se voila, puis disparut. Les grandes intelligences de l'espace se détournèrent des prêtres, qui, voyant qu'ils n'obtenaient plus de communications réelles, en donnèrent de fausses... et le peuple allait toujours aux temples et crut aux phénomènes faux, parce que ses ancêtres en avaient vu de vrais.

« Maintenant, il n'en faut plus de ces religions mensongères. Répandez la vérité. Il faut que les hommes apprennent d'où ils viennent et où ils vont. La survie démontrée et prouvée transformera la société et quelle magnifique ère nouvelle s'ouvrira désormais. Chaque maison sera un temple, chaque famille appellera le concours de ses chers disparus.

« L'atmosphère saturée de fluides favorables permettra aux extra-terriens de se manifester de cent manières différentes. Alors toutes les nations, toutes les races ne formeront plus qu'un peuple. Les hommes se respecteront, s'aimeront entre eux. Ce sera l'âge d'or ; ce sera la récompense de cette humanité qui a tant lutté et qui devra lutter encore avant de disparaître de ce monde. »

(Paul-Louis Courier.)

Plus de mort, plus d'enfer. — « La mort, le jugement, le paradis, l'enfer, autant de mots vides de sens, mais autant d'abominables erreurs qui ont retenu le peuple dans l'ignorance.

« La mort — c'est la renaissance.

« Le jugement — c'est la réminiscence des existences passées que chacun de nous aura à juger lui-même.

« Le paradis — c'est le bonheur intime que procure le souvenir du bien que l'on a fait, c'est le séjour dans un milieu plus harmonique que notre terre, avec la certitude d'un avenir meilleur.

« L'enfer — c'est le doute torturant, le découragement désespéré de tous ceux qui ont cru à un Dieu anthropomorphe, impitoyable, sanguinaire et vengeur.

« Prêter à Dieu l'intention de faire brûler ses enfants pendant l'éternité pour des péchés imaginaires, inventés à plaisir, est une odieuse calomnie, *un crime de lèse-Divinité.* »

(A. N.).

Réponds, pape infaillible. — « Il y a plus de dix-huit siècles qu'apparut en Palestine le fils du charpentier. Il avait reçu pour mission de réformer la loi rabbinique et d'enseigner aux hommes la fraternité, le pardon et l'amour.

« Les prêtres le clouèrent sur une croix. Puis d'autres prêtres leur succédèrent, qui depuis des siècles ont pour chef celui qui trône au Vatican.

« Descends de ce trône d'or, ô pape, et réponds à l'humanité qui t'interroge.

« Es-tu vraiment le successeur de saint Pierre ?

« Tu prêches l'humilité et tu es la personnification de l'orgueil.

« Tu prêches la pauvreté et tes caisses regorgent des trésors que tu extorques aux peuples.

« Qu'as-tu fait des âmes et des consciences humaines ?

« Réponds, Infaillibilité !

« En emprisonnant, en torturant ceux qui affirmaient que la terre tourne, l'as-tu empêchée de tourner ?

« Ce n'est pas en couvrant tes acolytes de robes noires, couleur symbolique des dogmes sombres, que tu étoufferas la vérité. Le temps est passé, tu le sais, où tu m'aurais fait brûler en même temps que mon livre.

« Brûle celui-ci, si tu n'oses le lire. Mais je te défie bien d'éteindre la lumière qui jaillira de cette œuvre de vérité. »

(Voltaire.)

Canonisation de Jeanne d'Arc. — « Qu'êtes-vous devenus, prêtres qui pour plaire à l'Anglais qui vous payait m'avez poursuivie de votre haine ?

« Église, qu'es-tu aujourd'hui ? Ont-ils grandi, tes papes ?

« Que me veut-il ce pontife romain ; qu'ai-je besoin de sa bienveillance ? En quoi ai-je mérité l'encens que ses prêtres veulent brûler pour moi, moi, la sorcière, la relapse, la maudite d'autrefois ? — Jeanne d'Arc, une sainte, Jeanne d'Arc appartenant à l'Église qui l'a persécutée, déshonorée, brûlée et qui, sur l'effroyable bûcher, n'a trouvé rien d'autre chose à faire que de lui mettre sur la tête le bonnet d'ignominie ! »

(Jeanne d'Arc.)

Invocation à Dieu. — « Vérité des vérités ! *Summum* de la vie universelle ! Être dont la personnification est amour et progrès, les battements de ton cœur sont les effluves qui font palpiter les mondes. Tu verses ton amour avec la lumière. Majesté des majestés, soleil dont les mondes sont enfantés et par qui les soleils enfantent la vie... que l'atome monte, perdu dans l'espace, et qu'il comprenne ta grandeur, sachant qu'il est formé d'une *étincelle Dieu.*

« Père, je t'adore par mon amour. Je comprends que je ne suis rien, car je n'ai de force qu'en t'aimant. »

(Jésus.)

Nous terminerons la série de ces extraits par quelques communications d'un tour philosophique qui nous viennent d'une amie, d'une dame, médium délicatement réceptif, et pour l'authenticité desquelles nous avons la double garantie d'une haute intelligence et d'une nature que caractérisent essentiellement le sérieux et la dignité.

« La nature est la forme que prend le fluide universel pour donner aux âmes une habitation digne d'elles. Les merveilles de cette nature dans les différents mondes sont en raison de l'élévation de ses habitants. »

« L'immortalité de l'âme est son propre ouvrage par la volonté de Dieu. Le libre arbitre laissé à l'homme constitue la vraie grandeur de sa destinée; aussi c'est la bonne éducation de cette volonté libre qui fait accomplir le plus de progrès dans une existence. »

« Ne pleurez pas, vous qui perdez la croyance aux traditions vieillies des dogmes officiels, ce n'était pas la vraie foi. Celle-ci se dégagera de ses cendres pure et rayonnante. Le Tout-Puissant a voulu pour toute chose une résurrection transcendante. »

« Le Dieu de vérité se révélera de plus en plus à

mesure que l'humanité sera plus en état de le comprendre. C'est pourquoi il ne peut y avoir de religion stationnaire. »

« Les pensées se forment de diverses manières. D'abord par le travail personnel de l'esprit. Mais il en est d'autres qui nous viennent du dehors. Le cerveau, qui est un instrument enregistreur et réflecteur reçoit, des impressions fournies par une influence étrangère, ce sont les pensées suggérées. Une étude plus approfondie de l'être vivant et survivant vous fera discerner facilement les idées qui sont vôtres et celles qui viennent d'une autre intelligence, et c'est de l'association de vos idées personnelles à celles que vous suggèrent des êtres supérieurs que naissent des créations plus claires, plus fortes et de nature exceptionnelle. »

« Le matérialiste, au delà du passage sombre, se réveille dans un cauchemar qui le hante longtemps, parce qu'il ne distingue pas la réalité des fantasmagories de son rêve pénible.

« Le dégagement du spiritualiste est tout autre, s'étant effectué déjà avant l'heure dernière. Son âme se réveille doucement dans les bras de ses bien-aimés qui l'emportent bien vite au-dessus de la lourde atmosphère terrestre et des cauchemars angoissants. »

« Lorsque nous vous montrons un point de vue trop élevé pour vous, dites-vous qu'il faut pour l'atteindre des siècles et encore des siècles ; mais dites-vous aussi que, pour marcher vers l'idéal dont on a une vague notion et qu'on cherche à comprendre, il a également fallu des siècles et des siècles encore. »

Nous avons raconté jusqu'ici bien des choses étranges ; en voici d'autres encore qui tout au moins égalent, si elles ne les dépassent pas, celles qui viennent d'être énumérées.

Nous avons déjà parlé de corps pesants qui, sans nulle intervention de force apparente, s'élèvent et se soutiennent dans l'espace.

Nous avons fait de rapides allusions à d'autres phénomènes découverts ou retrouvés par le colonel de Rochas.

Les uns et les autres sont dus à cette mystérieuse force qui, sous des noms divers : éthérique, neurique, électrique ou psychique, constitue l'un des problèmes les plus insolubles, en apparence, dont notre génération cherche la solution insaisissable et décevante.

Citons quelques exemples de ces phénomènes étranges qui, malgré leurs diversités complexes, peuvent être classés sous les dénominations générales de phénomènes de lévitation et de phénomènes d'extériorisation de la sensibilité.

Phénomènes de lévitation (1).

Le Dr Cyriax, de Berlin, raconte dans une brochure publiée, il y a quelques années, sous le titre : *Comment je suis devenu spiritualiste*, une aventure qui lui arriva à Baltimore où il habitait en 1853.

(1) Tiré du mot latin *levitas*, légèreté.

« Une centaine de personnes se trouvaient un soir réunies dans le vaste atelier du peintre Lanning, pour entendre un discours de Mlle French (en état de transe médianimique) lorsqu'elle fut tout à coup enlevée de l'estrade où elle se trouvait et portée vers le fond de la salle dont elle fit complètement le tour en planant à une hauteur de deux pieds environ du plancher.

« La vue de ce phénomène constaté par mes yeux, comme il l'était au même moment par une centaine de personnes, me donna le frisson. Je voyais devant moi, dans la plénitude de ma connaissance, une femme qui, sans remuer un membre, les bras croisés et les yeux fermés, planait au-dessus du plancher, puis qui revenant de la même manière, du fond de la salle jusque sur l'estrade, poursuivait son discours, comme s'il ne se fût rien passé d'extraordinaire.

« Quelle était donc la force qui avait été mise en jeu ? Existait-il une force naturelle, aveugle, qui pût réaliser un pareil résultat ? Cette hypothèse étant inadmissible, je fus contraint de conclure que les lois de la pesanteur avaient été momentanément supprimées et qu'il fallait admettre l'intervention d'une volonté intelligente émanant d'une personnalité étrangère.

Les lévitations de Home.

Ces lévitations ont été constatées par un très grand nombre de témoins, et notamment par M. W. Crookes qui donne à leur sujet les détails suivants dans ses *Recherches sur le spiritualisme*.

« Les cas d'enlèvements les plus frappants dont j'ai été témoin ont eu lieu avec M. Home. En trois circonstances différentes, je l'ai vu s'élever complètement au-dessus du plancher de la chambre. La première fois, il était assis sur une chaise longue, la seconde il était à genoux sur la chaise et la troisième il était debout.

« Il y a au moins cent cas bien constatés de l'enlèvement de M. Home qui se sont produits en présence de beaucoup de personnes différentes, et j'ai entendu de la bouche même de trois témoins, le comte de Dunraven, lord Lindsay et le capitaine Wynne, le récit des faits de ce genre les plus frappants et les plus circonstanciés.

« Rejeter l'évidence de ces manifestations, poursuit M. W. Crookes, équivaut à rejeter tout témoignage humain quel qu'il soit, car il n'est pas de fait dans l'histoire sacrée ou dans l'histoire profane qui s'appuie sur des preuves plus imposantes. L'accumulation des témoignages qui établissent les enlèvements de M. Home est énorme. »

En voici quelques autres :
« Home fut enlevé de sa chaise et je lui pris les pieds tandis qu'il flottait au-dessus de nos têtes. »
(Lettre du comte Tolstoï à sa femme, 17 juin 1866.)

« Puis M. Home annonce qu'il se sent lui-même soulevé. Son corps prend la position horizontale et il est transporté, les bras croisés sur la poitrine, jusqu'au milieu de la salle. Après y être resté quatre à cinq minutes, il est ramené à sa place, transporté de la même manière. »
(Procès-verbal rédigé par le Dr Karpovitch d'une séance tenue à Saint-Pétersbourg, chez la baronne Taoubi en présence de témoins.)

« Le même soir, Home s'étant mis au piano commença

à jouer ; comme il nous avait engagés à nous approcher, j'allai me placer auprès de lui. J'avais une de mes mains sur sa chaise et l'autre sur le piano ; pendant qu'il jouait, *sa chaise et le piano s'élevèrent à une hauteur de trois pouces*, puis se remirent en place. »

(Attestation de lord Lindsay.)

Autre récit détaillé d'une fantastique lévitation qui eut lieu à Londres, le 16 décembre 1868, rédigé par lord Lindsay pour la *Société dialectique* :

« Home, qui était en transe depuis un certain temps, après s'être promené dans la chambre, se dirigea vers la salle voisine. A ce moment, une communication vint m'effrayer.

« J'entends une voix murmurer à mon oreille : — Il va sortir par une fenêtre et rentrer par l'autre.

« Tout ahuri à la pensée d'une expérience aussi dangereuse, je fis part à mes amis de ce que je venais d'entendre, et ce fut avec une profonde anxiété que nous attendîmes son retour.

« Nous entendons alors la fenêtre de l'autre chambre se soulever et presque immédiatement *nous voyons Home flotter en l'air*, en dehors de notre fenêtre. La lune donnait en plein dans la chambre, et comme je tournais le dos à la lumière, l'appui de la fenêtre faisait ombre contre le mur qui me faisait face et je vis les pieds de Home qui vinrent se projeter au-dessus. Après être resté dans cette position quelques secondes, il souleva la fenêtre, glissa dans la chambre, les pieds en avant, et vint s'asseoir.

« Lord Adare passa alors dans l'autre pièce et, remarquant que la fenêtre par laquelle il était sorti ne présentait qu'une ouverture de dix-huit pouces environ, il exprima sa surprise de ce que Home eût pu passer par cette ouverture.

« Le médium toujours en transe répondit simplement « Je vais vous montrer. » Tournant alors le dos à la fenêtre, il se pencha en arrière et fut projeté dehors la tête la première, le corps entièrement rigide... puis rentra et revint à sa place. »

Home, interrogé sur ces phénomènes prodigieux, attribuait les lévitations et la plupart des autres phénomènes qu'il produisait, à l'intervention d'êtres intelligents et invisibles qui s'emparaient de sa force nerveuse pour se manifester.

Telle était également l'opinion du Dr Hawksley :

« Après un sérieux examen, j'en suis venu à conclure que ces manifestations sont provoquées par un esprit intelligent qui s'empare du fluide du médium et peut le quitter momentanément, pour opérer à distance certains actes : jouer par exemple d'un instrument, soulever et projeter des corps matériels, lire dans la pensée ou répondre avec intelligence par des coups frappés (*raps* en anglais) aux questions qui lui sont posées.

« Les cas de possessions signalés par les Écritures nous autorisent à penser que les phénomènes actuels sont de tous points identiques à ceux qui avaient lieu aux temps de la primitive Église. »

Des cas de lévitations analogues furent observés en divers lieux et par l'intervention de médiums différents, tels que M. Stainton Moses, clergyman, professeur l'Université de Cambridge, le sculpteur C., médium cité par Donald Mac-Nab dans le *Lotus rouge*, dirigé par M. Gaboriau, le médium observé par M. B., ancien élève de l'École polytechnique, et combien d'autres encore.

Nous nous bornerons ici à citer quelques cas de lévitations extraordinaires arrivés à la célèbre Eusapia Paladino, médium de puissance hors ligne.

Eusapia est une femme de Naples âgée aujourd'hui d'une quarantaine d'années et dont les facultés médianimiques ont été étudiées par de nombreux savants à Naples, à Rome, à Milan, à Varsovie, à Cambridge et en France.

Lévitation à Naples en 1889. — Séance racontée par M. le chevalier Chiaia.

« Au bout de peu d'instants pendant lesquels on n'entendait que le grincement habituel des dents du médium qui était en léthargie, Eusapia, au lieu de causer comme toujours en mauvais patois napolitain, commença à parler en pur italien, en priant les personnes présentes de lui tenir les mains et les pieds. Puis, sans entendre le moindre frottement, sans remarquer la plus légère ondulation de la table autour de laquelle nous étions assis, MM. Otéro et Tassi s'aperçurent d'une ascension inattendue, car ils se sentirent soulever tout doucement les bras et, ne voulant pas quitter les mains du médium, ils durent l'accompagner dans son ascension. Ce cas remarquable de lévitation est d'autant plus digne d'attention qu'il avait eu lieu sous la plus rigoureuse surveillance et avec une telle légèreté qu'on semblait soulever une plume.

« Bien qu'étourdis par un fait si extraordinaire, l'un de nous demanda à John (personnalité invisible dont Eusapia se prétend possédée dans ses accès de transe) s'il lui serait possible de soulever le médium de dessus la table les pieds joints de manière à nous permettre de constater encore mieux le soulèvement. John accéda de suite à ce désir et Eusapia fut soulevée de 10 à 15 centimètres, si bien que chacun de nous put librement passer la main sous les pieds de la « magicienne » suspendue en l'air !

« Quand elle voulut descendre de la table, ce qu'elle fit sans notre aide avec une adresse non moins merveilleuse que celle qu'elle avait mise à monter, nous la trouvâmes étendue la tête et une petite partie du dos appuyées sur le rebord de la table, le reste du corps horizontal, raide comme une barre et sans aucun autre appui à sa partie inférieure.

« Du reste, j'ai eu l'occasion d'être témoin d'une chose plus extraordinaire encore. Un soir, je vis le médium étendu rigide, dans l'état le plus complet de catalepsie, se tenir dans la position horizontale, n'ayant *que la tête* appuyée sur le rebord de la table, pendant cinq minutes, et cela *à la lumière du gaz*, en présence de nombreux professeurs, écrivains et autres personnages. »

Enlèvement du médium sur la table.

« Le soir du 28 septembre, le médium, ayant ses deux mains tenues par MM. Richet et Lombroso, se plaignit de mains qui le saisissaient sous le bras, puis, en état de transe, dit d'une voix toute changée (qui lui est ordinaire dans cet état) : « Maintenant j'apporte mon médium sur la table, » et au bout de deux ou trois secondes, en effet, la chaise avec le médium qui y était assis fut soulevée et déposée sur la table. Le médium annonça ensuite sa descente, ce qui fut fait avec sûreté et précision. Pendant sa descente, MM. Richet et Finzi sentirent à plusieurs reprises une main qui les touchait légèrement sur la tête. »

Nous pourrions citer encore d'autres cas analogues de lévitations observées, surveillées et déterminées avec la même précision.

Les unes furent effectuées à Varsovie, en 1893 et 1894, les autres à Agnélas, près de Voiron (Isère), en 1895, d'autres encore à Rome en 1893, où, avec l'intervention du médium Alberto Fontana, trois personnes furent soulevées d'un seul coup et portées sur une table... En tous pays, en toutes circonstances, ces faits se reproduisirent dans les mêmes conditions de prodigieuse étrangeté (1). N'insistons pas davantage.

(1) Tous ces faits de lévitation humaine, toutes ces manifestations d'un phénomène incompréhensible sont racontés et décrits avec un luxe de documentation qu'on ne peut désirer plus complète, dans une brochure de M. Albert de Rochas ayant pour titre : *Recueil de documents relatifs à la lévitation humaine*; Paris, 1897.

Dans ce curieux opuscule, l'auteur a groupé d'innombrables témoignages tirés de l'histoire des saints, comme de l'histoire profane.

Sans préjuger de l'authenticité des faits anciens, ni de la valeur des sources où ils ont été puisés, nous nous sommes bornés aux citations qui précèdent, parce que toutes ont pour garantie des attestations de savants contemporains dont nul, à coup sûr, ne saurait contester ni l'irrécusable compétence, ni la parfaite honorabilité.

Passons maintenant aux phénomènes d'extériorisation de la sensibilité. Étrangetés plus prodigieuses encore.

Extériorisation de la sensibilité, mieux encore transport de la sensibilité que l'on fait objective et dont on anime un corps inerte — phénomène inouï que M. le colonel de Rochas a découvert... ou retrouvé.

Oui, retrouvé, car on le connaissait aux âges où la jeune humanité pressentait tant de choses. — Disons plutôt qu'elle s'en souvenait. Au xve et au xvie siècle, Florentins et Florentines, les Médicis en tête — qui nous l'ont apporté en France — en pratiquaient couramment les maléfices, dans leur patrie superstitieuse, terre aux passions surchauffées et aux haines mortelles au service desquelles étaient mises toutes les armes : poignard, stylet, poisons, incantations diaboliques, tout le fiel corrosif que peut distiller le cœur de l'homme contre l'homme son ennemi, tous les fluides malfaisants, mystérieux et perfides qui frappent de loin, tuent dans l'ombre et ne laissent jamais de traces.

Ah ! qu'elle est donc féroce la sanguinaire bête humaine et quel héritage redoutable nous ont transmis nos ancêtres de l'âge tertiaire !

Eh bien ! oui, ces « envoûtements » étaient une réalité monstrueuse. Réussissaient-ils toujours ? Qu'importe ? Ils voulaient faire le mal et ce mal était chose possible. Connaissant déjà — bien mieux que nous — toutes les propriétés redoutables de notre organisme invisible, les magiciens, les nécromanciens savaient qu'on peut transporter au dehors notre force psychique, répandre au loin notre fluide éthérique, disperser notre

CHOSES ÉTRANGES

sensibilité, extérioriser notre souffrance. Et c'est ainsi qu'opéraient les magnétiseurs d'autrefois.

Ils modelaient grossièrement une figurine de cire à l'image de la victime, l'imprégnaient, l'animaient de son fluide, puis d'une aiguille rougie au feu perçaient le cœur de la figurine, dans l'espoir et le désir meurtriers de percer l'autre cœur palpitant, de tarir à distance la source de la vie que l'on avait fait ruisseler au dehors.

Tuaient-ils ? Je ne sais ; mais, à coup sûr, ils pouvaient faire souffrir, rendre la victime malade, quand elle était particulièrement sensible et que les maléfices avaient été perpétrés avec une habileté suffisante... et la preuve, c'est qu'on peut le faire encore et qu'on le fait dans les séances d'expérimentations (1).

Voilà les faits ; ces faits étranges dont nous avions promis la série. Nous croyons devoir la clore ici, car il faut se borner et nous pourrions en remplir des volumes (2).

Double vue, renaissances de l'âme, miracles du fakirisme oriental, suggestions de toute nature, communications d'outre-tombe, apparitions, hypnose, médium-

(1) M. Jules Bois ne nous racontait-il pas, dans l'une de ses dernières conférences (sur l'envoûtement et les suggestions), que Mlle Lina, le médium très sensible qui lui prête son concours dans ses expériences, s'est évanouie, l'autre jour, par suite de l'imprudence d'un spectateur qui, dans un brusque mouvement, avait brisé la tige d'une rose que l'on avait sensibilisée, en la chargeant du fluide de la jeune femme ?

(2) Voir, pour en trouver d'autres exemples, les ouvrages d'Allan Kardec, d'Eugène Nus, de Gabriel Delanne, de Léon Denis, de L. d'Ervieu, de Paul Gibier, etc., etc.

nités diverses, lévitations, extériorisations de la sensibilité, transmissions de pensées, prodigieuses et troublantes télépathies qui, d'un bout du monde à l'autre, relient les âmes, font palpiter les cœurs, traversent l'espace et remplissent l'univers de leurs sillages, en si prodigieuse quantité, que, dans les comptes rendus de la *Société des recherches psychiques* de Londres (publiés tous les six mois), l'on peut relever, à l'heure qu'il est, plus de dix-sept mille six cent cinquante-trois expériences de transmission de pensée !... Que prouvent les manifestations de tous ces phénomènes, où se donnent carrière toutes les forces psychiques, sinon que *l'esprit* nous déborde, nous submerge, que l'animisme dirige désormais l'évolution de notre humanité moderne et que c'est « un monde nouveau qui s'ouvre pour nous », suivant l'expression de M. Charles Richet.

Depuis un demi-siècle, lentement, mais sûrement, la science s'achemine de découverte en découverte vers la connaissance de la vie fluidique, de la vie invisible, que nous révèlent les médiums. En d'autres termes, c'est Psyché, notre Belle au bois dormant qui, depuis des siècles, sommeillait dans le château que lui avait élevé sur la montagne solitaire notre inconscience des vérités supérieures, c'est elle qui s'éveille à la vie, aux premières lueurs de cette seconde aurore signalée dès le début de ce livre.

Le flot des forces psychiques nous soulève et nous entraîne. Les horizons s'illuminent et reculent. Le couvercle sous lequel nous étouffions craque, se morcelle et nous ouvre des échappées au travers desquelles notre regard éperdu plonge en des profondeurs qui nous donnent le vertige.

Laissons-nous emporter par ce courant irrésistible. Regardons, étudions, ayons confiance ! Les faits sont là pressants, impérieux, dans leur inéluctable autorité. Or, les faits se rient des académies sceptiques. Niés, bafoués, aujourd'hui, par les arbitres diplômés du jour, ils reparaîtront demain, narquois et invincibles.

Tant pis pour les obstinés qui ont fermé les yeux, se sont bouché les oreilles. Ils seront renversés et roulés par le flot des croyants, aveuglés par le rayonnement de la vérité qui tôt ou tard triomphe... et c'est alors, mais trop tard, qu'ils se repentiront de n'avoir voulu rien comprendre et de ne pas s'être inclinés devant les nobles et fières paroles que l'illustre William Thompson prononçait dans son discours d'inauguration de l'Association britannique pour l'avancement des sciences, dans sa session d'Édimbourg : « La science est tenue, par « l'éternelle loi de l'honneur, de regarder en face et sans « crainte tout problème qui résolument se présente « devant elle. »

CHAPITRE XIX

CONCLUSION

Il est temps de résumer, afin de pouvoir conclure.

Nous avons dit ce qu'est la Doctrine ésotérique dont le « Nouveau Spiritualisme » américain et le « Spiritisme » français, que l'on appelle encore le « Fakirisme occidental », ne sont que de modernes rééditions.

Que le premier mouvement de certains lecteurs ait été un silencieux haussement d'épaules, accompagné peut-être d'un sourire plus ou moins dédaigneux ; — cela, c'est leur affaire et nous n'avons rien à objecter. L'heure pour eux n'a pas encore sonné.

Qu'il y ait eu, qu'il y ait encore nombre de spirites ignorants, hallucinés, névrosés, détraqués, si l'on veut ; qu'il y en ait surtout qui, se trompant d'étiquette, se soient mis sur le dos le nom de *Spirites*, alors qu'ils ne sont en réalité... soyons polis, que des prestidigitateurs plus ou moins expérimentés dans leur art — nous en tombons d'accord.

Mais ce que nous affirmons, c'est que c'est par milliers et par millions que se comptent les hommes sincères et honnêtes, les savants consciencieux dont les témoignages abondent, comme aussi les croyants qui, religieusement convaincus de la vérité de la Doctrine, trouvent en elle espérance et consolation.

Tout cela, ce nous semble, prouve qu'il y a là vraiment « quelque chose » et que ce quelque chose vaut la peine qu'on s'en occupe.

Eh bien! l'on s'en occupe, en effet, dans tous les mondes et de toute façon. Qui ne parle de spiritualisme, aujourd'hui?

Le malheur est qu'en dehors des initiés et des groupes de savants qui l'ont scrupuleusement étudié, rien n'égale l'ignorance de la foule au sujet de cette nouvelle Doctrine.

Mais combien d'autres, en revanche, cherchent et s'informent. Écoutez le jugement que porte sur elle un savant docteur qui « ne croyant pas encore » veut savoir et s'enquiert « pour se convaincre lui-même » et dans quel large et loyal esprit de sincérité philosophique (1).

Résumons quelques-unes des pages de ce remarquable *Essai*.

« Envisageons quelques-unes des conséquences qui résulteront bientôt, sans doute, de la constatation rigoureusement scientifique des deux principes fondamentaux de la doctrine spiritualiste :

« Persistance du moi conscient après la mort ; évolution progressive de l'âme par ses propres efforts.

« Ce n'est ni plus ni moins qu'une révolution complète

---

(1) Le D⁰ C. Gyel, *Essai de revue générale du Spiritisme*. (Chamuel, éditeur.)

dans la philosophie, dans la morale, dans la vie social[e] et individuelle. »

Dans le *domaine religieux*, suppression des obscur[i]tés systématiques, des doctrines incohérentes et caduque[s] bientôt oubliées devant la simplicité lumineuse de [la] doctrine nouvelle et devant la satisfaction complè[te] qu'elle apporte à nos instincts de bonheur, à nos désir[s] d'immortalité, à notre espoir, enfin réalisé, de connaîtr[e] l'Au-delà.

Plus d'idées néantistes si déprimantes et si désespé[rantes. Plus de ces dieux anthropomorphes, capricieu[x] et cruels, armés de leurs pouvoirs discrétionnaires d[e] grâce et de prédestination, choisissant leurs élus, assoi[f]fés de sacrifices sanglants pour « apaiser leur colère [»]. Plus de dogmatiques déraisonnables restreignant not[re] libre arbitre. Plus de péché originel avec ses cons[é]quences barbares (1). Plus d'aberrations féroces su[r] l'enfer et ses supplices éternels.

Combien ces dogmes paraissent monstrueux en regar[d] des enseignements de la philosophie nouvelle : doubl[e] idée d'involution et d'évolution embrassant tout dans u[n] panthéisme grandiose. Évolution progressive des monde[s] et des êtres, par leurs propres forces, sans interventio[n] d'une divinité extérieure à l'univers. L'âme individuell[e] n'est pas créée de toutes pièces, avec les facultés qu[e] bien voulu lui assigner le caprice du créateur.

Elle se forme et se développe elle-même par se[s] efforts, ses travaux et ses souffrances.

Les inégalités humaines, au point de vue de l'intelli[gence, de la conscience et du cœur, inégalités qu[e]

---

(1) Conséquences monstrueuses allant jusqu'à la damnation de[s] enfants morts sans baptême. (Doctrine de Bossuet entre autres[.)]

CONCLUSION

n'expliquent suffisamment ni l'hérédité, ni l'influence des milieux, trouvent leur interprétation facile dans les différences évolutives des êtres. Sans la loi des réincarnations, c'est l'iniquité qui gouverne le monde.

L'explication du mal n'est pas moins satisfaisante. Le mal n'est autre chose que la mesure de l'infériorité des mondes et la condition nécessaire à leur perfectionnement. Châtiments et récompenses ne viennent que de nous-mêmes et sont la « conséquence naturelle » de nos fautes ou de nos efforts. Qu'il nous suffise de savoir que notre bonheur futur résultera nécessairement de nos progrès évolutifs.

Quant aux conséquences morales, elles se déduisent avec la même facilité.

La morale nouvelle constituera une « science », dont les principes découlent des connaissances acquises sur notre destinée.

Nécessité du travail personnel.

Solidarité forcée entre les hommes.

Nécessité du libre développement individuel.

Le libre arbitre est toujours proportionnel à l'avancement de l'être.

Notion de nos devoirs envers les animaux provenant de la certitude où nous sommes d'avoir passé par une série d'organismes inférieurs.

L'idée nouvelle s'imposera à quantité d'intelligences élevées qui s'attachent aveuglément aux religions ancestrales par dégoût du matérialisme.

Elle sera également accueillie par les hommes d'élite qui se croient matérialistes et athées par dédain des dogmes religieux.

Dans l'enivrement de ces conceptions grandioses,

l'homme trouve la distraction des soucis journaliers, comme aussi et surtout la consolation des grandes douleurs. Il lui suffit, pour oublier les petites passions humaines — querelles et jalousies, agitations politiques et misères inhérentes à toutes les imperfections de la vie sociale, — il lui suffit d'entrevoir, non plus comme une chimère, mais comme une certitude future, la réalisation du bonheur dans son idéal sublime d'AMOUR et de LIBERTÉ.

Ajoutons que le spiritualisme s'appuie sur toutes les sciences, plonge ses racines dans le domaine entier des connaissances humaines.

Avec les *sciences naturelles*, son accord est absolu. Entre le transformisme et la théorie de l'évolution animique, connexe à l'évolution organique, se révèle une analogie indiscutable. Pas plus dans le plan psychique que dans le plan matériel, la nature ne saurait faire de « saut ».

Le transformisme et le spiritisme, nés à la même époque ou peu s'en faut, aboutissent aujourd'hui à une conciliation inattendue, aux dépens du matérialisme néantiste et du spiritualisme dogmatique.

Le spiritisme est d'accord avec l'*astronomie*, qui nous offre l'hypothèse très vraisemblable de la pluralité des mondes habités. La persistance de la vie intellectuelle, dit M. Flammarion, s'associe merveilleusement à la réalité splendide des régions ultra-terrestres.

Conformément aux données de la *physique* et de la *chimie*, la doctrine spirite nous fait entrevoir l'unité de la matière et l'unité des forces.

La grande découverte de la matière radiante permet la compréhension facile de la constitution du corps fluidique. Enfin, nos connaissances sur la constitution moléculaire des corps nous autorisent à considérer comme possibles les phénomènes de matérialisation et de dématérialisation.

Dans le domaine de la *physiologie*, la notion de la force périspritale explique clairement la conservation de l'individualité physique et intellectuelle, malgré le renouvellement perpétuel des molécules organiques, comme aussi les rapports du physique et du moral.

Mais c'est surtout la théorie du corps fluidique qui s'accorde admirablement avec les constatations faites en physiologie :

Écoutons ce que dit Claude Bernard de la formation organique :

« Nous voyons dans l'évolution de l'embryon apparaître une simple ébauche de l'être avant toute organisation. Les contours du corps et des organes sont d'abord simplement arrêtés, en commençant par les échafaudages organiques provisoires qui serviront d'appareils fonctionnaires du fœtus. Aucun tissu n'est encore distinct. Toute la masse n'est constituée que par des cellules plasmatiques et embryonnaires. Mais, dans ce canevas vital, *est tracé le dessin idéal* d'un organisme encore invisible pour nous, mais qui a *assigné* à chaque partie et à chaque élément sa place, sa structure et ses propriétés. Là où doivent être des vaisseaux sanguins, des nerfs, des muscles, des os, etc., les cellules embryonnaires se changent en tissus artériels, veineux, nerveux, musculaires et osseux. »

Et ailleurs :

« Ce qui est essentiellement du domaine de la vie et qui n'appartient ni à la chimie, ni à la physique, c'est *l'idée directrice* de cette action vitale. Pendant toute la durée de l'organisation, l'être reste sous l'influence de cette même *force vitale créatrice.* »

Si nous passons à la *psychologie*, le spiritisme devient un guide merveilleux au milieu des difficultés de toute sorte qu'elle nous présente.

La notion des existences successives fait comprendre les inégalités d'intelligence, de sensibilité morale ou affective que ni les efforts individuels, ni l'influence des milieux, ni l'hérédité ne suffisent à expliquer. Les différences entre l'hérédité physique et l'hérédité psychique sont telles, qu'elles ne trouvent d'explication possible que dans l'hypothèse des vies antérieures.

Les phénomènes de l'hypnotisme et du somnambulisme, les dédoublements de la personnalité, la télépathie, les manifestations de la subconscience que la science est incapable d'expliquer, trouvent dans la théorie spirite la plus lumineuse interprétation.

Dans le *domaine philosophique*, nous pouvons faire d'intéressantes remarques.

La notion du corps fluidique supprime la grave difficulté de concevoir l'âme sans forme définie.

En constatant que *esprit, force et matière* sont indissolublement unis, le spiritisme offre un terrain de conciliation au matérialisme et au spiritualisme. Esprit, force et matière tournant en cycle éternel seraient les phases successives de l'Unité créatrice.

Disons, en terminant, que la doctrine spirite qu'admettent plus ou moins franchement nombre de philosophes modernes (1) est contenue dans toutes les grandes

(1) Ch. Bonnet, Jean Reynaud, Henri Martin, Flammarion, Pezzani, Ch. Renouvier, peut-être et jusqu'à Hœckel lui-même qui hésite, tergiverse et cherche évidemment sa voie.

religions de l'antiquité, bien que plus ou moins dissimulée sous les symboles et les manifestations du culte.

On la retrouve particulièrement dans l'Inde, en Égypte, chez les Druides, et de tous temps les phénomènes spirites spontanés ou provoqués ont été observés.

Les évocations des morts dans l'antiquité païenne, les oracles des sibylles et des pythonisses; plus tard les innombrables faits de sorcellerie et de possession, les hallucinations et apparitions historiques montrent d'une façon irréfutable que les recherches actuelles ne portent pas sur des nouveautés. »

Oui, la voilà bien dans toute sa largeur, la Doctrine ésotérique clairement définie et philosophiquement expliquée par le D⁰ Gyel.

C'est une confirmation des idées précédemment exposées; il ne nous reste plus, par le commentaire de ce résumé suggestif, qu'à donner à nos conclusions l'ampleur que ne pouvaient comporter des citations rapides et condensées.

Un fait — on vient de le voir — qui tout d'abord s'impose indiscutablement, c'est la simplicité grandiose de cette Doctrine qui s'annonce comme devant être la nouvelle et unique « religion » possible de l'avenir (1).

(1) Rappelons, ici, l'admirable réponse de la table à qui Eugène Nus et ses amis demandèrent, un jour, ce que serait la religion de l'avenir.

« Cette religion, répondit l'invisible interlocuteur, aura l'idéal progressif pour dogme, les arts pour culte, la nature pour temple. »

Entendons-nous, toutefois, car ce mot nécessite une explication préalable.

La dénomination de *religion* a impliqué, jusqu'à ce jour, l'idée d'un dogmatisme plus ou moins artificiel, plus ou moins façonné par les mesquines fantaisies humaines.

Eh bien ! cette marque de fabrique, nous ne la trouvons nullement ici. L'homme seul n'aurait jamais pu trouver une conception de cette envergure. Ce n'est que par une série de communications spéciales, répétées de siècle en siècle et renouvelées de nos jours, que nous avons pu comprendre qu'il ne s'agit plus de l'une de ces élucubrations mythologiques dont les annales de tous les peuples nous fournissent de si nombreux et si bizarres spécimens. Quelle pauvre et piteuse figure font toutes ces petites chapelles qui, depuis les pratiques grossières des fétichistes, jusqu'aux dogmes nouvellement promulgués par le « successeur de saint Pierre », encombrent les abords de la nef immense du temple universel que remplit le Dieu des dieux !

Ce ne sont pas les humanités qui le lui ont consacré, c'est lui-même qui l'a édifié, non pour lui — que lui importent les cultes ? — mais pour nous, pour l'édification de cette œuvre dont nulle cervelle humaine n'eût jamais pu concevoir l'incomparable majesté (1).

Il s'agit, avant tout, de bien comprendre que nous ne

---

(1) Nous jugeons inutile d'insister sur les divergences qui se sont manifestées parmi certains adeptes de la doctrine spiritualiste. Il y a des hommes qui ont la manie des petits catéchismes. Ne les chicanons pas sur ces misères.

Combien rayonne, au-dessus de ces ombres qui passent, la grande Lumière que rien ne voile.

sommes pas les habitants attitrés et définitifs de notre mesquine fourmilière humaine ; que ce n'est nullement pour l'accomplissement de nos minuscules affaires terrestres que nous avons été créés ; mais que nous sommes les acteurs du drame éternel de la vie et rien moins que les « collaborateurs » du Créateur lui-même qui nous associe à son œuvre.

Les vrais facteurs de la vie ne sont pas les hommes incarnés, ce sont les Esprits qui, dans la gamme des matérialisations possibles, se choisissent le degré proportionnel au rôle qu'ils sont appelés à jouer dans le drame universel. Des profondeurs indéterminées, jusqu'aux hauteurs suprêmes, tous les êtres, en travail d'évolution, conscients ou inconscients, gravissent cette échelle symbolique où le visionnaire Jacob, endormi au désert, voyait les anges monter jusqu'au trône de l'Éternel. De tous les points de la rose des vents de l'Univers, ils convergent vers le centre idéal d'où rayonnent toute force et toute vie.

Il n'y a plus ici de dogmes estampillés par la Congrégation de l'Index. Plus de péché originel, plus de peines éternelles, plus de purgatoire, plus de ciel aux stalles numérotées par saint Pierre. Le paradis spirite n'a rien de commun avec ces paradis enfantins conçus par la stérile imagination des hommes.

L'Univers est le champ de travail éternel, le rayonnant tourbillon des activités continues. Les Esprits, à quelque degré qu'ils soient parvenus, ne sont pas les contemplateurs passifs d'un Dieu figé dans son immobile éternité.

Ce sont ses envoyés, ses missionnaires « laïques », ses ouvriers dans les champs où les moissons croissent éternellement pour mûrir et renaître, sous le rayonne[ment] d'un soleil qui ne s'éteint pas.

Tous les mondes que fait vibrer une incessante palp[i]tation de vie sont des étapes successives sur le gran[d] chemin de l'immortalité ; disons mieux, des « écoles d[e] perfectionnement ».

S'il est une cosmogonie physique, il y a aussi un[e] cosmogonie spirituelle qui nous raconte l'histoire d[e] l'évolution des âmes, et c'est à cette dernière qu'a é[té] donné le nom de « transmigration », que d'ineptes com[mentateurs ont, par ignorance ou mauvaise foi, confon[due avec la métempsycose rétrograde des ancienne[s] mythologies.

Que l'on dise, maintenant, dans quel système philo[sophique ou dans quel dogme religieux l'on trouvera comme ici, les vrais principes sur lesquels puisse êtr[e] basée la Justice absolue. Que l'on dise à quelle autr[e] foi peut avoir recours l'homme sérieux de nos jours qui avec un égal dédain, rejette l'immortalité abstraite d[e] certaines philosophies et le paradis inadmissible des re[ligions officielles, tandis qu'il est contraint, d'autre part par la nature même et la noblesse de ses désirs, d[e] repousser les désespérantes négations des doctrine[s] néantistes. Il n'y a que la certitude d'une « immortalit[é] organique », ainsi que s'exprime Ed. Schuré, qui puiss[e] convenablement répondre à ses légitimes exigences.

Le Dieu qui nous a créés, qui nous a doués de facul[tés et d'aspirations, pour aussi vagues qu'elles soient[,] mais que l'on rencontre dans le cœur de tout homme, c[e] Dieu-là nous *devait* une satisfaction, c'est-à-dire la réa[

lisation des promesses que contiennent implicitement les dons qu'il nous a faits. Quoi ! il nous aurait donné faim et soif de justice, de vérité, et il ne nous aurait donné ni vérité, ni justice !

Passe encore s'il ne s'agissait ici que du Jéhovah du Deutéronome, ce Dieu « fort et jaloux qui punissait l'iniquité des pères sur les enfants jusqu'à la quatrième génération », mais le Dieu de l'Évangile, le Dieu des miséricordes, le Père du Galiléen, notre Père à nous qui se réclame de notre amour... Allons donc !

La logique, ici, s'impose impérativement. Que l'on me montre un homme de foi sincère et de cœur droit qui, s'il n'est pas complètement hypnotisé par son orthodoxie, puisse appeler juste le Dieu qui, sachant que tel misérable qu'il allait créer était condamné à l'avance au feu de l'éternel supplice, l'aurait, dans un accès d'insouciance inouïe ou de cruauté systématique, lancé dans cette éternité de douleur.

Juste, ce Dieu, qui, pour racheter des coupables dont la culpabilité était inévitable, n'a trouvé rien de mieux que de condamner à leur place, en « sacrifice expiatoire »... son fils, son fils pur de tout péché !

Quel est-il donc ce Dieu dont la prétendue « justice » réclame toujours du sang et quel sang ? celui de l'innocent par excellence ?

Ah ! certes, l'apôtre Paul ne croyait pas si bien dire, quand il appelait cela la « folie de la croix ».

Quel dogme, quel arrêt, quel jugement inique pourra donc jamais faire passer pour responsable l'héritier d'une culpabilité étrangère qui lui est arbitrairement imposée?

Présenté sous cet aspect, le péché originel qui fait rejaillir sur l'humanité tout entière la désobéissance d'un premier couple — couple hypothétique en somme et faute dérisoire — et qui, pour qu'une *faible partie* de cette humanité soit sauvée, alors que tout le reste ira au feu éternel, nécessite l'immolation de celui qui ne connut point le mal !... cela ne constitue-t-il pas le défi le plus stupéfiant, le plus paradoxal qu'on puisse jeter à la logique et aux notions de justice les plus élémentaires

Ah ! comme l'on reconnait vite, dans ce dogme, cette marque de fabrique humaine dont je parlais plus haut. Où donc aurait-il pu naître, ce dogme extravagant sinon dans la cervelle de prêtres dévoyés qui voyaient rouge au milieu de leurs hécatombes de victimes irresponsables et qu'hallucinaient les traditions d'un âge barbare, où le cœur de l'homme battait encore dans une poitrine d'animalité mal éteinte... Et que c'est bien le cas de répéter ici le mot d'une communication précédemment citée : « Crime de lèse-Divinité ! »

Quand on songe que c'est de cette religion de colère et de sang qu'a vécu et que vit encore l'humanité depuis deux mille années bientôt !... N'est-ce pas pitié de se dire qu'il faudra, pour dessiller les yeux de toutes les nations « dites chrétiennes », raisonner, argumenter accumuler les objurgations et les prosopopées ?... et cela, pendant combien de siècles encore ? — N'avions nous pas raison de dire, dès le début, que l'erreur humaine est chose incommensurable ?

Ce n'est pas tout du reste. En supposant même que le « paradis » pût être acheté à ce prix exorbitant, en voudrait-il, l'homme qui sent palpiter dans son cœur l'ombre même d'une conscience ? Il ne s'agit plus, aujourd'hui, comme aux beaux siècles de foi orthodoxe de se sauver, tout seul, en laissant égoïstement les autres se débattre dans « l'étang de feu et de soufre ». Il faut que tous montent ensemble... ou nul ne montera !

— *Demande pardon !* dit-on à l'enfant qui, par ce moyen louche peut esquiver la punition.

— *Répare !* faut-il dire à l'homme qui, par ce moyen, seul, légitime et juste, peut obtenir sa propre absolution.

Ce n'est plus par le sang d'un autre qu'on rachète ses fautes ; c'est par l'expiation personnelle.

« De quelque nom que l'on appelle cette loi monstrueuse de la grâce arbitraire, dit Eugène Nus (1), dans une superbe envolée d'indignation — en supposant même qu'elle existe — qui donc pourrait la comprendre et l'accepter ?

« Si l'injustice absolue réside au sein de la nature, matrice inconsciente de la vie soumise à la force et au hasard ; s'il n'y a, pour régir le monde moral, ni intelligence, ni plan, ni quoi que ce soit qui ressemble à une idée ; s'il n'y a pas une loi pour sauvegarder les destinées, mais rien que des événements qui s'enchaînent ou bien plutôt s'accrochent et se suivent ; si d'un bout à l'autre de cette échelle de destruction l'individu est sacrifié à l'espèce, sans recours, sans rémission, et doit plonger au bout de sa course dans le gouffre noir où tout s'engloutit, bêtes et gens, planètes et soleils ; si c'est un tel cercle infernal qui est la vie, toute la vie...

« Oh ! alors, c'est le mal, le mal horrible, indiscutable, sans fin, sans trêve, et la seule explication qu'on puisse

(1) *A la recherche des destinées.*

concevoir de cette monstruosité sans exemple, c'est qu'elle est la réalisation de l'absurde et de l'infâme, en haut, en bas, ici, partout ! »

Eh bien ! c'est en face de ce chaos de ténèbres et de folie que se dresse, blanche, radieuse et réconfortante cette Doctrine qui sauvegarde la dignité humaine, répond à ses aspirations, reconstitue l'univers moral et justifie la justice de Dieu.

Est-il admissible que dans notre fétichisme des conceptions étranges que nous offrent les conciles — fussent-ils œcuméniques — nous nous refusions à devenir les citoyens de ce « royaume des cieux » dont l'humble mais divin visionnaire de la Galilée essayait, par ses paraboles, de faire pressentir la grandeur et la sérénité ?

« Aujourd'hui, dit Ed. Schuré (1), que l'homme moderne est morcelé, mutilé, par le travail de notre civilisation enfiévrée, par les appétits inassouvis, par les revendications insatisfaites — de quelle importance pourrait être l'acceptation de cette Doctrine qui rétablirait l'unité, élèverait les cœurs et réconcilierait la justice et l'amour dans la haute synthèse de la paix lumineuse !

« C'est là que serait le cordial qui rendrait à notre humanité ondoyante et anémiée l'équilibre de sa pensée et la virilité de ses forces, alors que la terre aurait pour perspective, non plus les horizons bas et le cercle brumeux qui l'enserrent, mais la hauteur infinie de son ciel, où pourraient se donner rendez-vous aspirations, désirs, espérances... Quel rêve et ce rêve, cependant, pourrait devenir une réalité ! »

(1) *Le Drame musical.*

Oui, mais, en attendant la réalité, le rêve seul demeure... et encore chez qui? Chez quelques songeurs naïfs, utopistes en chambre dont se rient les positifs, les ambitieux, les aigrefins que ne contentent ni les nuées flottantes, ni les lointains mirages.

S'enrichir au plus tôt — le moyen n'importe guère. — Jouir le plus possible — qu'importe l'échéance ultérieure? Courons, c'est de l'or qui, là-bas, brille au soleil. Fouillons ici, c'est là que s'ouvre la mine inépuisable?

Et c'est ainsi que triomphe la matière insultante et hautaine, étouffant les aspirations légitimes, écrasant du talon les plus justes revendications de l'idéal.

Quelle différence entre le monde actuel, monde des traditions ineptes, des passions surchauffées, de l'égoïsme dominateur... et ce monde nouveau qui s'annonce avec sa largeur, sa tolérance, sa haute conception du vrai « sens de la vie ».

L'on parle beaucoup de fraternité — dans les livres. Les moralistes nous prêchent volontiers l'amour du prochain, qu'ils appellent « l'altruisme », mais c'est de l'altruisme... uniquement approprié aux besoins personnels de chacun. C'est aux autres que nous réclamons la tolérance et la bonté, alors que dans nos cœurs subsistent les haines, les jalousies, les amitiés hypocrites et la pitié à fleur de peau.

Ne trouvez-vous pas qu'il serait temps, bientôt, d'essayer de mettre en application l'un ou l'autre des trois mots dérisoirement gravés au fronton de nos édifices?

La fraternité, nous savons ce qu'elle vaut.

La liberté, c'est pour soi que chacun la réclame.

Et de l'égalité enfin, qu'en fait-on, alors que, de toutes parts, grondent les justes revendications de ceux qui sont en bas et qui réclament leur tour. Le partage ne peut être absolument égal, soit — l'égalité n'est nulle part dans la nature — mais au moins faudrait-il une égalité proportionnelle aux capacités, aux aptitudes, aux besoins, et pour chacun sa part *équitable* des biens et des maux de la vie, — sans compter que l'acceptation de la Doctrine rendrait l'espérance aux cœurs meurtris, consolerait les tristesses d'aujourd'hui par les promesses du lendemain, élargirait les perspectives, soulèverait le ciel lourd et ferait luire, dans les ténèbres du crépuscule, quelques rayons précurseurs des futures aurores. (Voir la note 7.)

Voilà pour le point de vue social. Il n'en est pas autrement au point de vue intellectuel.

C'est vainement, nous l'avons déjà dit, qu'on chercherait une philosophie comparable à celle que nous offre le *monisme* (1) transcendantal de la doctrine ésotérique, dans tous ces systèmes boiteux qui oscillent, par une sorte de bascule périodique, du scepticisme au mysticisme et du matérialisme à la métaphysique. Quelles vérités réconfortantes nous ont-ils apportées, de quelle lumière ont-ils pénétré cette pauvre cervelle humaine qui s'est laissé duper par tous les mirages, égarer par toutes les voix discordantes et contradictoires ?

La science seule — je parle de la vraie — a rompu

(1) Le *monisme*, en langage philosophique, est la doctrine de l'unité. Il désigne, particulièrement aujourd'hui, la théorie d'après laquelle la matière et l'esprit sont ramenés à une identité fondamentale.

les barrières, brisé les voûtes surbaissées et lancé la terre, que l'on croyait immobile, dans l'espace illimité.

« Grande nouvelle ! Plus d'enfer avec ses verrous, plus de ciel avec ses portes entre-bâillées ; Dieu est partout ! »

Qui nous dit cela ? C'est Giordano Bruno, l'apôtre inspiré du panthéisme spiritualiste, Giordano le martyr de l'Inquisition qui le fit brûler vif.

Écoutez ses fières déclarations :

« Débarrassés du fardeau des cieux théologiques, il n'y a plus pour nous ni limites, ni termes, ni barrières, ni murailles qui nous séparent de l'univers infini de choses. »

Ce dominicain qui a jeté son froc à la face de l'Église est devenu le prophète d'une religion nouvelle.

« Désormais, poursuit le glorieux précurseur, j'ouvre mes ailes, je fends les cieux, j'embrasse l'infini et, tandis que je m'élève d'un globe à l'autre et que je pénètre dans les champs éthérés, je laisse derrière moi ce que les autres entrevoient à peine. »

Age viril que celui où ce moine, devenu homme, osa dire à ses juges ces hautaines paroles : « Vous avez plus peur en prononçant ma sentence que moi en l'écoutant. »

« Combien sommes-nous déchus de ces hauteurs sereines ! Ce que le Grec possédait dans ses rites au milieu de ses temples et de ses dieux, ce que l'homme du moyen âge trouvait dans sa cathédrale, l'homme moderne le cherche en vain dans le désert de sa vie morale. Nous dépérissons dans notre civilisation compliquée, mais déplorablement vide et qui ne satisfait aucun des instincts profonds de notre âme. Les sciences spéciales avec leurs stériles formules nous cachent la nature. L'Église momifiée monopolise et pervertit la religion qui est le besoin de l'infini, et la vie sociale avec son absence de franchise et ses petitesses conventionnelles nous dérobe notre humanité. » (Ed. Schuré.)

Il ne tient qu'à nous de la reconquérir.

Nous sommes entourés de forces inconnues, mais vives et créatrices. Une sève nouvelle coule à pleins bords de la nature qui, dans tout l'appareil de sa puissance, ne cherche plus à se soustraire à notre ardente curiosité. Le voile d'Isis s'est déchiré. Les mystères se succèdent, s'enchaînent, s'expliquent les uns par les autres. Le pressentiment d'hier est devenu la certitude d'aujourd'hui. De nouvelles lois viennent élargir le champ des hypothèses. La matière semble palpiter et s'agite. La pesanteur abdique dans la lévitation. L'impénétrabilité cède et se récuse. Certaines lois, intangibles jusqu'à ce jour, sont violées par de mystérieuses énergies qui défient nos balances, se rient de nos dynamomètres et déconcertent nos sens d'observation... Les Esprits, enfin, se manifestent, se matérialisent en pleins cénacles scientifiques et devant les plus clairvoyants expérimentateurs qui soient au monde. Ils posent devant les photographes, se moulent dans la paraffine, nous touchent de leurs mains vivantes, se promènent au milieu de nous, nous parlent, nous conseillent et, dans certaines communications dont nous avons l'impression intime, nous dirigent, nous inspirent, nous consolent, nous appellent leurs frères et du doigt nous montrent le ciel où ils nous attendent, pour partager avec nous leur glorieuse destinée. Et c'est de tous les points du monde que nous arrivent leurs révélations multiples, concordantes, convergentes, répétant aux échos grossissants l'antique apostrophe, l'émouvante injonction :

« Paix sur la terre ; bonne volonté parmi les hommes. »

Ah ! poignante ironie ! Où donc la chercher cette bonne volonté, dans notre triste monde que déchirent les haines, qu'ensanglantent les passions déchaînées ! Elle seule, pourtant, pourrait faire comprendre à ces belligérants forcenés tout ce qu'ont de méprisable et d'avilissant ces ambitions que rien n'assouvit, alors que le règne de la paix pourrait permettre aux hommes de lever la tête vers ces hauteurs sereines où nous sont gratuitement offertes toutes les largesses divines.

Fourberie et mauvaise foi, voilà ce qui à l'heure présente remplace cette bonne volonté qu'on invoque.

L'on parle de paix universelle, alors que le sang coule et que l'on ne rêve que conquêtes illimitées. C'est à l'heure où l'on propose un désarmement général que chacun s'arme dans l'ardeur d'une fièvre farouche. C'est à qui cherche à intimider les perfidies par d'audacieux défis, à devancer les trahisons par des trahisons plus perverses.

Chaque peuple se hérisse de fer, triple sa cuirasse, invente des engins de massacre, tandis que les canons, trépidants sur leurs affûts, semblent attendre le signal qui déchaînera leurs tonnerres (1).

---

(1) Jetez un coup d'œil sur les chiffres suivants que nous fournit la statistique (*Revue des revues*, 15 septembre 1898).

« Il y a en ce moment, en Europe, 4 millions 250.000 hommes

Comment ne pas dire un mot de ce qui, depuis des années, oppresse la conscience de la France ?

N'avons-nous pas vu, dans la débâcle universelle, se perpétrer de monstrueuses iniquités, telles qu'il s'en commettait aux siècles barbares du moyen âge — avec cette différence, justificative pour le moyen âge, que nous vivons à la fin du XIX° siècle.

Pendant des années, sur cette terre que l'on appelait autrefois le pays de la justice, de l'honneur, de la générosité, n'a-t-on pas vu se déchaîner un véritable débordement de passions dont l'impudence criminelle déconcerte la pensée ?

Oligarchies factieuses, fourberies éhontées, haines implacables, accusations odieuses, sauvageries d'un autre

sous les armes. S'il éclatait une guerre générale, il y en aurait 16 millions 410.000 prêts à marcher et, avec les réserves, 34 millions de mobilisables. Si on les rangeait en lignes, sur quatre hommes de profondeur, ils occuperaient, serrés les uns contre les autres, la distance de Madrid à Saint-Pétersbourg.

« Sur le globe entier, il y a 5 millions 250.000 soldats permanents. Dans le cas d'un conflit universel, il y aurait 44 millions 250.000 hommes sous les armes ; et si ces hommes armés recevaient l'ordre d'exterminer le reste de la population terrestre, chacun d'eux n'aurait à massacrer que 32 personnes. Placés en file, tous ces soldats, chacun d'eux appuyant son fusil sur l'épaule de celui qui serait devant lui, feraient un cordon qui ferait le tour de l'équateur. Pour les passer en revue, il faudrait que le général en chef se plaçât sur une locomotive marchant de telle sorte qu'il ne mettrait qu'une minute pour passer devant le front de 2.000 hommes et elle devrait rouler pendant 70 jours. Toutes ces armées, même en temps de paix, ne coûtent pas moins de 6 milliards par an, et cette dépense effroyable est de tous points improductive ! — Voilà de quels éléments se compose la population de notre triste terre affolée, forcenée, et cela après dix-neuf siècles de prétendue civilisation *chrétienne !* »

âge, grotesques comédies « nationalistes »... le tout affolant la France et la dévoyant à ce point que ce n'est que peu à peu et grâce à d'énergiques protestations indignées qu'elle a pu se ressaisir, rougir de sa défaillance et reprendre lentement, bien lentement son équilibre.

Et c'est de toutes parts que se manifeste cet effondrement de la conscience humaine.

Sur tous les points de la terre, un malaise douloureux, une inquiétude frémissante agitent et tourmentent les nationalités. Peuples, classes sociales, individus isolés se débattent dans ce trouble mortel. Les gouvernants avachis — je parle des nôtres — ne savent plus où ils mènent, les gouvernés ne savent plus ce qu'on réclame d'eux. Les riches font les pauvres, dit Elisabeth Browning (*Aurora Leigh*), les pauvres maudissent les riches, et tous, pêle-mêle, agonisent dans le spasme social.

Aussi quel désarroi, quelles défaillances dans la pauvre âme humaine, lasse et dégoûtée de la vie! Quel nombre effrayant de suicides, que de crimes de toute nature! Et l'on voit de tout jeunes gens figurer sur ces listes funèbres! C'est en pleine fleur de jeunesse que ces désespérés abdiquent toute énergie, repoussent toute espérance, se méfiant de l'avenir et de ses mensongères promesses.

Manque absolu de croyances! clame-t-on avec indignation et colère.

Sans aucun doute, manque de croyances; mais, nous le demandons encore, où donc les trouveraient-ils celles qui pourraient les consoler?

Jusqu'au pied des autels, une foi de commande réclame vainement aux derniers simulacres des cultes morts cette sérénité, cette confiance que les servants de ces autels ne possèdent plus eux-mêmes.

Qu'aller demander à ces prêtres qui ne croient à rien, parce qu'ils n'ont jamais rien su, ni des mystères de la vie morale, ni des problèmes délicats de la conscience?

Qu'aller demander aux autres gens d'Église, bien supérieurs à ces derniers, mais n'ayant guère à leur disposition que la « panacée » de leur orthodoxie qui ne console plus le cœur, parce que le cœur qui a sa raison aussi ne peut plus croire que ce que cette raison accepte.

Nous savons, d'autre part, ce que leur diraient les moralistes, les philosophes et les savants spéciaux. Les premiers leur réciteraient leurs préceptes, les seconds leurs syllogismes, les troisièmes leurs formules.

Au physiologiste seul, au physiologiste philosophe, à l'initié moderne qui, penché sur l'abîme, essaie d'en voir le fond, l'on peut aller demander ce qu'il pressent, ce qu'il devine, ce qu'il a trouvé, et alors tous ceux dont les noms remplissent ces pages, tous ceux que nous avons interrogés, consultés, cités, vous répondront d'une seule et même voix que c'est bien plus haut qu'il faut regarder.

Pour savoir où va la vraie science, il faut monter, planer au-dessus d'elle. Or nous savons ce qu'elle cherche, malgré ses doutes, ses hésitations...

« La science tend à l'esprit, » déclare la métaphysique allemande. « C'est maintenant l'heure des âmes, » a dit un autre philosophe. — Belles et profondes paroles.

Quelle ampleur donnerait aux tentatives que poursuit notre évolution l'acceptation de « l'esprit » comme facteur de cette évolution elle-même. Quel large clavier s'ouvrirait devant l'artiste qui sommeille dans chacun de nous, artiste le plus souvent inconscient, sans doute, mais qui, dans son inconscience même, n'est pas moins contraint de se consacrer à l'œuvre immense et si belle de la floraison de son individualité.

Qu'il s'en rende compte ou non, chacun de nous a la sourde intuition du travail à accomplir.

Les uns s'y soumettent et travaillent, les autres résistent, reculent, s'obstinent à descendre vers les bas-fonds où ils s'enfoncent avec une malsaine perversité.

C'est qu'ils ne savent pas, les insensés, qu'il leur faudra, un jour ou l'autre, dans dix ans ou dans vingt siècles, se soumettre, frissonnants et vaincus, à l'impérieux aiguillon de la nécessité qui s'impose... que chacun s'impose à soi-même, quand l'heure définitive a sonné. A quoi sert donc de régimber? Il faut que le bien se réalise, que l'évolution s'effectue.

Vous ne voulez pas encore? Soit, le bien attendra. Le temps n'est rien; le but importe seul.

Quant à ceux qui le connaissent ce but, qu'ils y marchent résolument.

Sachons obéir à cette impulsion qui nous vient d'en haut et nous montrer fiers du concours que nous prête la nature entière qui s'associe à nos forces personnelles.

Que sommes-nous dans cette vie, sinon l'incarnation dernière de toute une série d'êtres successifs qui ont été *nous* dans le passé, qui sont *nous* dans le présent, qui seront *nous* dans l'avenir?

Notre personnalité actuelle forme le sommet d'une sorte de pyramide dont la base plonge aux bas-fonds de la vie, et c'est cette pyramide que nous devons hausser, à travers les vies qui nous attendent et qui toutes, se rattachant à ce que nous avons été, nous pousseront vers ce que nous devons devenir dans les cycles ultérieurs.

Nous sommes, à l'heure qu'il est, les mandataires responsables de tous ces êtres antérieurs dont nous résumons les virtualités collectives.

— Monte donc ! nous crient-ils ; n'est-ce pas nous qui t'avons fait ce que tu es, par nos souffrances, par nos siècles d'évolution ?

Et nous aurions, nous, l'inepte et coupable audace de résilier nos fonctions, de déserter en plein champ de bataille ?

Devant le tourbillon de cette vie ascensionnelle dont nous sommes parties intégrantes, comment n'être pas fiers des titres de noblesse que nous avons mission de conquérir ?

Certes, je comprends que l'on dédaigne les anoblissements suspects, que l'on repousse du pied les blasons louches, achetés ou volés ; mais il est telle aristocratie suprême que l'on ne saurait refuser sans folie... ou sans indignité.

Si l'on venait dire au batracien rampant qu'un jour viendra où il aura des ailes qui lui permettront de nager dans l'azur, en compagnie des hirondelles ses sœurs... et si le reptile visqueux répondait : « Non, gardez vos ailes, j'aime mieux ma fange, » que penseriez-vous de cette abjecte renonciation ?

C'est à nous qu'il appartient de faire une étoile de ce ver de terre, de cet homme déchu, de ce réprouvé, de ce « gibier d'enfer », qu'ont ravalé toutes les religions, pour lequel les Pères de l'Église et les docteurs les plus compétents se sont évertués à trouver les plus insultantes comparaisons... d'en faire, dis-je, le citoyen du ciel, le frère des anges, le fils du Très-Haut — et nous refuserions les lettres de grande naturalisation qui nous réintègrent dans notre patrie céleste, et nous répéterions nous aussi : « Non, je préfère ma bassesse ! »

Ah ! non, alors, ne me parlez plus de la dignité de l'homme, ni de sa noblesse originaire ; laissons-le s'enfoncer dans son ignominie, reculer jusqu'à l'âge tertiaire de compromettante mémoire et y reprendre sa place naturelle entre l'iguanodon hideux et l'immonde ptérodactyle.

Alors que nous voyons toutes les créatures vivantes monter vers la lumière et d'un élan commun s'élancer vers les hauteurs de l'être, nous ne serions pas électrisés par le spectacle de cette irrésistible et glorieuse escalade de l'idéal ?

Dans cette marée montante de la vie, qui donc s'aviserait de s'accrocher aux roches basses, pour ne pas suivre la vague et flotter à sa surface qui se gonfle, déferle et s'en va, là-bas... là-haut, plutôt, conquérir de lumineux rivages ?

Quand tous les hommes auront été initiés aux mystères désormais dévoilés, l'on verra, dans l'espace, resplendir comme un arc-en-ciel immense qui ne sera plus le symbole enfantin où les hommes d'autrefois ne voyaient que la garantie de n'être plus submergés par un nouveau déluge, — mais qui sera le gage de la nouvelle alliance, de la réconciliation définitive entre la terre et le ciel désormais confondus.

Et l'on verra, comme dans une vision de rêve, passer sous cette arche triomphale, rouler à flots pressés toutes les générations successives, allant, s'élançant, dans le sillage victorieux de notre Psyché aux blanches ailes, à la conquête de l'Infini -- notre domaine inaliénable.

Nous en avons dit assez.

Vous les avez entendues toutes ces voix concordantes qui, descendues de l'Himalaya, ont traversé l'Asie, l'Afrique, l'Europe, et sont venues jusqu'à nous, nous répétant sans cesse :

Dieu est là-haut, en bas, ici, partout. Et autour de lui tourbillonnent les Esprits, étincelles de son foyer, qui, remplissant les mondes, font palpiter l'univers de l'ineffable vibration de la vie.

Esprit, matière, associés à jamais dans leurs transmutations incessantes ;

Ames immortelles montant à travers les flots de l'océan sidéral, jusqu'à la réalisation du divin qui sommeille dans chacune d'elles...

Voilà le résumé final !

— Imaginations, hallucinations, folies !... répéteron quelques voix réfractaires.

Soit ! Douces folies, dans tous les cas, inoffensives e

combien consolantes ! Ne suffit-il pas que, sous leur influence, le croyant, le moderne initié s'achemine sans peur, que dis-je ? dans l'allégresse d'une invincible espérance, vers cette mort que « nul ne saurait regarder en face », suivant le mot de La Rochefoucauld, jusqu'aux portes de ce sépulcre qui en fait frémir tant d'autres, — même parmi les sceptiques les plus endurcis, les esprits forts les plus irréductibles... jusqu'à ce qu'un goupillon, appelé sur le tard, vienne parfois asperger les convulsions dernières du contempteur si fier... qu'affole l'épouvante.

Qui vivra, verra, dit le proverbe.
Nous changeons la formule et disons : Qui mourra, verra.

— Verra... quoi donc ?

— Verra que tout ce que renferment ces pages où ont été classées, par ordre chronologique, les révélations diverses qui nous ont été faites par nos frères d'outre-tombe, est une réalité vivante.

Verra que la mort n'est qu'un mot, en ce sens que la vie et la mort ne sont que deux manifestations d'un même phénomène biologique, connexes dans leur succession, comme dans leur enchaînement.

Verra, en un mot, que la terre roule dans le ciel et que dans ce ciel il n'existe qu'une chose :

La vie ; l'inépuisable vie, incoerciblement progressive.

— Eh bien, ainsi soit-il !

— Ah pardon ! Il ne s'agit pas ici d'employer le subjonctif, mode du doute, de l'indécision, du désir, tout au plus, c'est l'indicatif qu'il nous faut ; aussi est-ce par l'énergique et formelle attestation de William Crookes que nous terminons ce livre :

« — Je ne dis pas que cela est possible ; je dis que
« CELA EST ! »

FIN

Paris, décembre 1898.

NOTES

NOTE 1 (*Page* 3)

Ne voyons-nous pas le royaume des gaz faire sans cesse de nouvelles recrues? Hier encore, dans l'air atmosphérique, on ne trouvait que de l'azote et de l'oxygène; aujourd'hui, l'on y trouve l'*argon*, le *krypton*, le *néon*, le *métargon*. Qui sait ce que l'on y découvrira demain et combien d'autres éléments célestes attendent encore les heureux spectroscopistes. N'avons-nous pas déjà l'*aurorium* et le *nébulum?*

L'hydrogène, d'autre part, n'est-il pas considéré comme un métal, par les chimistes? Qui pourrait dire, en présence de la liquéfaction de l'oxygène, de l'hydrogène et de l'azote, ce que nous promettent de découvertes inattendues les investigations persistantes que l'on fait sur la nature intime de la matière, cette matière mystérieuse qui évoque essentiellement l'idée d'un *mode de mouvement* (W. Crookes).

NOTE 2 (*Page* 34)

Dans vos futurs livres, Messieurs les auteurs classiques qui traitez de l'histoire du Monde, de grâce ne la faites plus commencer il y a six mille ans. Vos jeunes lecteurs en souriraient de pitié. Car ils sauront que l'étude de l'Inde nous apprend chaque jour que nous ne connaîtrons jamais, sans doute, l'époque à laquelle l'homme a commencé à vivre sur la terre, tant cette époque recule dans la nuit des temps.

Nous savons déjà que les traces de l'homme et de son industrie se retrouvent dans les couches géologiques des périodes glaciaires. Tout récemment, on en a trouvé jusque dans les dépôts de l'une des couches de la période tertiaire, époque tellement reculée que l'imagination en demeure presque effrayée. C'est peut-être depuis des milliers de siècles que les flancs de notre mère commune tiennent endormis ses premiers enfants qu'elle berce d'un balancement immense. Ce balancement gigantesque, qui emploie vingt-cinq mille ans à se compléter, n'est-il pour rien dans les cataclysmes périodiques dont nous parlent les livres hindous? Est-il vrai que, dans quelques siècles, les eaux, charriant des glaçons énormes venus des mers australes balaieront toutes nos œuvres péniblement construites et nous couvriront pendant plusieurs centaines de siècles? Que penseront de nos crânes fossiles les anthropologistes des académies du 320° siècle de notre ère, s'ils fouillent les terrains sous lesquels sera enseveli ce qui aura été l'Europe actuelle, quand les eaux auront quitté de nouveau notre hémisphère boréal?...

(Le Dr P. GIBIER, *le Fakirisme occidental*.)

NOTE 3 (*Page* 139)

Je trouve dans un journal la curieuse note suivante ayant pour titre : SOUTENANCE D'UNE THÈSE A L'ÉCOLE DU LOUVRE :

La thèse de M. Gallé

L'élève qui passait sa thèse, ces jours-ci, n'était qu'un modeste garçon boulanger. Il peinait au pétrin où l'effort physique est considérable et prédispose peu aux spéculations philologiques. Sa cotte quittée, son torse vêtu, s'étant reposé de son dur labeur, il méditait sur les livres à sa portée.

Le peu qu'il sut, par la lecture, l'incita à s'instruire davantage. Il se haussa par degré ; il n'était encore qu'animé d'une vive ardeur quand il se présenta au cours de notre éminent collaborateur Ledrain. Le maître ne s'y trompa point : il devina une intelligence qui s'enflammerait au foyer commun. Il l'admit.

C'était donc, il y a quelques jours, dans un des salons du vieux Louvre, dont les décors disaient le passé somptueux. Autour d'une table verte, avaient pris place, à côté de M. Kæmpfen, les examinateurs et le professeur M. Ledrain. Et, en face d'eux, l'ancien boulanger, briguant l'honneur du parchemin des hautes études sémitiques.

Lui-même, ce M. Gallé, brun, la barbe rare, la mâchoire proéminente, la lèvre forte et pourprée, l'œil éclatant, donne l'impression de quelque Hébreu ou de quelque Musulman, qui a revêtu notre costume. Il est sans doute, à son insu, un phénomène d'atavisme ; ses curiosités sont, en son obscur inconscient, le réveil de sa race.

C'est miracle que sa compréhension. Ce fils du peuple, ce laborieux artisan sait l'hébreu, les dialectes araméens, l'arabe ; il les sait avec une sûreté étonnante. Il a étudié pour sa thèse le *Livre de Daniel*, en lui-même, dans ses rapports avec les commentateurs juifs et avec l'épigraphie sémitique.

Mais c'était surtout le texte si étrangement hébreu et chaldéen à la fois que M. Gallé avait, en philologue, savamment commenté. Il en fut félicité. Et M. Kæmpfen, au brillant candidat, donna une preuve de sympathie en promettant d'intéresser l'État à la publication d'une thèse qui fait si grand honneur à l'École du Louvre.

NOTE 4 (*Page* 161)

Nous citerons, à titre d'exemples, choisis entre bien d'autres, les communications suivantes :

LE SUICIDÉ DE LA SAMARITAINE

Le 7 avril 1858, vers 7 heures du soir, un homme d'une cinquantaine d'années se présenta dans l'établissement de la Samaritaine, à Paris, et se fit préparer un bain. Le garçon de service s'étonnant, après un intervalle de deux heures, que cet individu n'appelât pas, entra dans la cabine et recula épouvanté. Ce malheureux s'était coupé la gorge avec un rasoir et son sang s'était répandu dans l'eau de la baignoire. L'identité n'ayant pu être établie, on transporta le cadavre à la Morgue.

L'Esprit de cet homme évoqué à la Société de Paris, six jours après sa mort, donna les réponses suivantes :

— Où êtes-vous maintenant ?

— Je ne sais... Dites-le moi, où je suis.

— Vous êtes dans une assemblée de personnes qui s'occupent d'études spirites et qui sont bienveillantes pour vous.

— Dites-moi si je vis... J'étouffe dans ce cercueil.

— Quel motif vous a porté à vous suicider ?

— Suis-je donc mort ?... Non pas, j'habite mon corps... Vous ne savez pas combien je souffre !... J'étouffe... Qu'une main compatissante essaie de m'achever !

— Pourquoi n'avez-vous laissé aucune trace qui pût vous faire reconnaître ?

— Je suis abandonné ; j'ai fui la souffrance et j'ai trouvé la torture.

— Avez-vous encore les mêmes motifs de rester inconnu ?

— Oui, ne mettez pas un fer rouge dans la blessure qui saigne.

— Voudriez-vous nous dire votre nom, votre âge, votre profession, votre domicile ?

— A toutes ces questions... Non !

— Aviez-vous une famille, une femme, des enfants ?

— Non, j'étais abandonné, nul être ne m'aimait.

— Au moment d'accomplir votre suicide, n'avez-vous éprouvé aucune hésitation ?

— J'avais soif de la mort, j'attendais le repos.

— Quelles réflexions avez-vous faites au moment où vous avez senti votre vie s'éteindre ?

— Je n'ai pas réfléchi ; j'ai senti... mais ma vie n'est pas éteinte... mon âme est liée à mon corps... *Je sens les vers qui me rongent !*

— Le moment où la vie s'éteignait en vous a-t-il été douloureux ?

— Moins douloureux qu'après. Le corps seul a souffert.

(A l'Esprit de saint Louis évoqué.)

— Cet état est-il toujours la suite du suicide ?

— Oui, l'esprit du suicidé est lié à son corps jusqu'au terme de sa vie. La mort naturelle est l'affranchissement de la vie, le suicide la brise tout entière.

LE PÈRE ET LE CONSCRIT

Au commencement de la guerre d'Italie, en 1859, un négociant de Paris, père de famille, jouissant de l'estime générale, avait un fils que le sort avait appelé sous les drapeaux. Se trouvant, par sa position, dans l'impossibilité de l'exonérer du service, il eut l'idée de se suicider, afin de l'exempter comme fils unique de veuve.

Il a été évoqué un an après sa mort, à la Société de Paris, sur la demande d'une personne qui l'avait connu et qui désirait connaître son sort dans le monde des Esprits.

A l'évocation qui lui est faite, il répond :

— Oh merci ! Je souffre bien, mais... est juste ; cependant il me pardonnera.

(Le médium de l'Esprit écrit avec une grande difficulté ; les caractères sont irréguliers, tourmentés. On remarque qu'après le mot *mais*, il s'arrête, essaie vainement d'écrire, ne fait que des traits indéchiffrables. Il est évident que c'est le mot *Dieu* qu'il n'a pu écrire.)

— Remplissez la lacune que vous venez de laisser.

— J'en suis indigne...

— Vous dites que vous souffrez. Vous avez eu tort, sans doute, de vous suicider ; mais est-ce que le motif qui vous a porté à cet acte ne vous a pas mérité quelque indulgence ?

— Ma punition sera moins longue ; mais l'action, je le comprends bien, n'en est pas moins mauvaise.

— Pourriez-vous nous décrire la punition que vous subissez.

— Je souffre doublement dans mon âme et dans mon corps. Je souffre dans ce dernier, *quoique ne le possédant plus*, comme l'amputé souffre dans le membre qui lui manque

— Votre action a-t-elle eu votre fils pour unique motif ?

— L'amour paternel, seul, m'a guidé ; mais m'a mal guidé. En faveur de ce motif, toutefois, ma peine sera abrégée.

— Prévoyez-vous le terme de vos souffrances ?

— Je n'en connais pas le terme ; mais j'ai l'assurance que ce terme existe, ce qui est un grand soulagement pour moi.

— Tout à l'heure, vous n'avez pu écrire le nom de *Dieu ;* nous avons cependant vu des Esprits très souffrants qui sont parvenus à l'écrire. Cela fait-il partie de votre punition ?

— Je le pourrai, avec de grands efforts de repentir.

— Eh bien ! faites-les, ces efforts et tâchez de l'écrire, cela sera un soulagement pour vous.

L'Esprit finit par écrire en caractères irréguliers, tremblés et très gros : *Dieu est bien bon.*

— Nous appellerons sur vous la miséricorde de Dieu.

— Oh ! oui, s'il vous plaît !

Un journal du 13 juin 1862 contenait le récit suivant :

« La demoiselle Palmyre, modiste, demeurant chez ses parents, était douée d'un extérieur charmant auquel se joignait le plus aimable caractère; aussi était-elle recherchée en mariage.

Parmi les aspirants à sa main, elle avait distingué le sieur B... qui éprouvait pour elle la plus vive passion. Quoique l'aimant beaucoup, elle-même, elle crut cependant, par respect filial, devoir se rendre aux vœux de ses parents, en épousant le sieur D... dont la position sociale leur semblait plus avantageuse que celle de son rival.

« Les sieurs B... et D... étaient amis intimes et conservèrent leurs relations amicales. L'amour mutuel de B... et de Mme Palmyre D... ne s'était nullement affaibli, malgré les efforts qu'ils faisaient l'un et l'autre pour en comprimer les manifestations. Pour essayer de l'éteindre, B... prit le parti de se marier. Sa femme était charmante ; il s'efforça de l'aimer ; mais tout fut inutile et le premier amour persista. Pendant quatre années, ni B... ni Palmyre ne manquèrent à leur devoir ; mais ce qu'ils eurent à souffrir ne saurait s'exprimer.

« Rapprochés, un jour, par une circonstance fortuite, les deux amants se déclarèrent mutuellement — ce qu'ils savaient l'un et l'autre — que lutter plus longtemps leur était impossible, et ils décidèrent d'un commun accord de mourir ensemble, pour mettre un terme à leur intolérable torture.

« Après avoir fait leurs derniers préparatifs, ils écrivirent une touchante lettre où ils déclarèrent que c'était pour ne pas manquer à leur devoir qu'ils se réfugiaient dans la mort. Cette lettre navrante et désespérée se terminait par une demande de pardon et la prière instante d'être réunis dans le même tombeau.

« Lorsque le sieur B... rentra chez lui, il les trouva asphyxiés. Respectant leur dernier vœu, il donna des ordres pour qu'au cimetière ils ne fussent pas séparés.

« Ce fait ayant été communiqué à la Société de Paris, ils évoquèrent un Esprit qui répondit :

« Les deux amants ne peuvent encore vous répondre. Je les vois, ils sont plongés dans un trouble douloureux. Les conséquences morales de leur faute les châtieront pendant *des migrations successives* où leurs âmes dépareillées se chercheront vainement ; mais, l'expiation accomplie, *ils seront réunis pour toujours dans le sein de l'éternel amour.*

« Dans huit jours, à votre prochaine séance, vous pourrez les évoquer. Ils viendront, mais ils ne pourront se voir.

« Une nuit profonde les cache l'un à l'autre. »

Évocation de la femme.

— Voyez-vous votre amant avec lequel vous vous êtes suicidée ?

— Je ne vois rien ! Quelle nuit ! Quelle nuit ! et quel voile épais sur mon visage !

— Quelle sensation avez-vous éprouvée lorsque vous vous êtes réveillée après votre mort ?

— Étrange ! j'avais froid et je brûlais ! De la glace dans mes veines et du feu dans mon front ! Je pensais que j'allais succomber une seconde fois.

— Éprouvez-vous une douleur physique ?

— Toute ma souffrance est *là* et *là*. *Là* dans mon cerveau et *là* dans mon cœur.

(Il est vraisemblable que, si l'on eût pu voir l'Esprit, on l'aurait vu porter la main à son front et à son cœur.)

— Croyez-vous que vous serez toujours dans cette situation ?

— Oh toujours, toujours ! J'entends parfois des voix qui me hurlent ces mots : « Toujours ainsi ! »

— Eh bien ! nous pouvons vous certifier, en toute assurance, que ces voix mentent ou se trompent. En vous repentant, vous obtiendrez votre pardon.

— Qu'avez-vous dit? Je n'entends pas.

— Je vous répète que vos souffrances auront un terme que vous pourrez hâter par votre repentir, et nous vous y aiderons par la prière.

Vous dites que vous êtes dans les ténèbres; ne voyez-vous rien?

— Je ne vois rien qu'un crêpe noir sur lequel se dessine parfois une tête qui pleure.

— Ne sentez-vous pas la présence de votre amant auprès de vous, car il est ici.

— Ah! ne me parlez pas de lui! Je dois l'oublier, pour l'instant, si je veux que du crêpe s'efface cette image.

— Quelle est cette image?

— Celle d'un homme qui souffre et dont j'ai tué l'existence morale sur la terre pour longtemps.

OBSERVATIONS DES ÉVOCATEURS

En lisant ce récit, l'on est tout d'abord disposé à trouver à ce suicide des circonstances atténuantes, à le regarder même comme un acte héroïque, puisqu'il a été provoqué par le sentiment du devoir.

On voit qu'il en a été jugé autrement et que la peine des coupables sera longue, parce qu'ils se sont réfugiés dans la mort, *pour fuir la lutte qu'ils auraient dû soutenir jusqu'au bout.* C'est en cela que consiste leur faute. Il ne faut jamais déserter les postes de combat.

A tous ceux qui trouveraient que cette peine est bien rigoureuse, nous répondrons que sa durée n'est pas absolue et qu'elle dépendra de la manière dont ils supporteront leurs épreuves futures et qu'ils seront, comme tous les Esprits coupables, les arbitres de leur destinée.

Cela ne vaut-il pas mieux que la damnation éternelle à laquelle ils seraient irrévocablement condamnés selon la doctrine de l'Église qui les a si parfaitement crus voués à l'enfer, qu'elle leur a refusé les dernières prières, jugées sans doute inutiles.

NOTE 5 (*Page* 208)

Tous ceux qui ont vu une véritable somnambule, dit M. Ed. Schuré, ont été frappés de la singulière exaltation intellectuelle qui se produit dans son sommeil lucide. Pour ceux qui n'ont pas été témoins de pareils phénomènes, nous citerons un passage du célèbre David Strauss, qui, certes, n'est pas suspect de superstition. Il vit chez son ami le Dr Justinus Kerner la célèbre « Voyante de Prévorst » et la décrit ainsi :

« Peu après, la visionnaire tomba dans un sommeil magnétique. J'eus ainsi, pour la première fois, le spectacle de cet état merveilleux, et, je puis le dire, dans sa plus pure et sa plus belle manifestation. C'était un visage d'une expression souffrante, mais élevée et tendre, et comme inondé d'un rayonnement céleste ; *une langue pure, mesurée, solennelle, musicale, une sorte de récitatif* ; une abondance de sentiments qui débordaient et qu'on aurait pu comparer à des bandes de nuées, tantôt lumineuses, tantôt sombres, glissant au-dessus de l'âme, ou bien encore à *des brises mélancoliques et sereines s'engouffrant dans les cordes d'une merveilleuse harpe éolienne.* » (Biographie générale, article Kerner.)

NOTE 6 (*Page* 280)

J'extrais d'un journal l'article suivant :

EST-IL POSSIBLE DE COMMUNIQUER AVEC LES MORTS ?

Le cas de Mrs Pipers. — M. Myers et Stainton Moses. — Le docteur Phinuit et Paul Bourget. — Un mort qui parle. — Le Rapport de M. Jules Bois à la « Société psychologique » de Paris.

Le problème de la survivance est au moins aussi intéressant que telle ou telle découverte d'ordre biologique ou astronomique. A peine si, dans la science officielle, quelques individualités puissantes élevèrent çà et là une voix favorable. Mais aujourd'hui la question aurait pris un autre aspect.

D'abord M. William Crookes vient de prononcer un discours courageux, dans lequel il déclare ne rien retirer de ses expériences précédentes, admettre la transmission des pensées, la télépathie — et sans doute aussi la survie, si l'on se rappelle les apparitions de Katie King, ce fantôme resté fameux. Ensuite la « Society for psychical research », dont M. William Crookes est le président, par l'initiative de quatre de ses membres des plus éminents, le docteur James, le docteur Lodge, M. Myers, de l'Université de Cambridge, et le docteur Richard Hodgson, vient de déclarer *possible* la communication des vivants avec les morts...

A qui est dû le revirement de la Société psychique, et particulièrement de Richard Hodgson ? A une voyante américaine du nom de Mrs Pipers et qui reçoit en elle l'influx de personnalités étrangères, sans doute désincarnées.

C'est M. Jules Bois, l'auteur du *Miracle moderne*, si éloquent en ces récits fabuleux, qui, de retour de Londres, a porté cette nouvelle devant le public de la « Société psychologique » de Paris.

Un docteur qui s'incarne

Le premier ébranlé fut M. Myers. Ce professeur, qui est en même temps un expérimentateur et un moraliste, avait rencontré un pasteur anglican nommé Stainton Moses, qui conversait avec les âmes d'outre-tombe, principalement par l'écriture automatique. La conviction de M. Myers fut faite par les révélations de l'esprit « Imperator » accompagnées de phénomènes de lévitation, de prédiction et de clairvoyance accomplis par ce pasteur devant quelques privilégiés.

M. Paul Bourget étonné

Mme Pipers est à peu près ce que les spiritualistes appellent un médium à incarnation. Elle était possédée en état de transe par un docteur Phinuit, décédé à Lyon il y a quelques années. C'est ce docteur Phinuit qui causa la stupéfaction de M. Paul Bourget par sa clairvoyance extranormale. En effet, Mme Pipers découvrit, paraît-il, grâce à l'esprit établi en elle, le nom et le genre de mort d'un ami du romancier français, simplement en entrant en contact avec un objet ayant appartenu au défunt.

Après le docteur Phinuit, ce fut Georges Pelham. Celui-ci avait été le camarade du docteur Hodgson et ils faisaient partie tous deux de la « Society for psychical research ». M. Pelham mourut d'accident à trente-deux ans. Cinq semaines exactement après sa mort, il se « manifesta » par l'intermédiaire de Mme Pipers qui ne l'avait pas connu vivant. Pendant plusieurs années, il ne cessa de reconnaître les amis qu'il fréquenta pendant sa vie, leur rappelant des souvenirs très intimes. Le père, vivant, est obligé de reconnaître l'identité de son fils mort. De plus, Georges Pelham dévoile des côtés pittoresques de son existence dans l'au-delà ; il voit ce que font ceux qui l'aiment et lit, hors du champ de vision du médium, les lettres qui lui sont adressées.

Conclusions

Il y a quatre solutions au cas de Mme Pipers, d'après M. Jules Bois :

1° Georges Pelham n'est qu'une personnalité secondaire, l'inconscient de Mme Pipers ;

2° Les suggestions émanées des assistants font les frais des séances ;

3° Par télépathie, Mme Pipers lit dans la pensée des amis absents et éloignés du mort ;

4° Il y a intervention du mort directement.

Les trois premières solutions ont dû être écartées comme insuffisantes ; car l'inconscient du médium ne peut donner que des souvenirs. Et Mme Pipers raconte avec exactitude des faits ignorés d'elle. De plus, elle rectifie des erreurs des assistants et une télépathie constante avec des personnes inconnues du médium n'est pas possible. Quant à la fraude, on n'a jamais pu en surprendre l'ombre chez Mme Pipers, qui a même été surveillée inutilement par la police.

Il ne reste que l'hypothèse de la survivance du mort inspirant le médium. C'est à cette opinion que se sont rangées les personnalités éminentes de la Société américaine et anglaise.

Et M. Myers conclut : « La question de la survivance du moi est aujourd'hui une branche de la psychologie expérimentale. »

NOTE 7 (*Page* 384)

Je me plais à citer le remarquable document qui suit. C'est le *Manifeste* que les députés socialistes de Belgique lurent à leurs ouvriers au dernier 1er mai, fête du travail.

> Aimez-vous les uns les autres.
> JÉSUS.
>
> Prolétaires de tous pays, unissez-vous.
> KARL MARX.

Ce jour-là, premier mai 1898, ceux que le peuple avait élus pour le défendre par la parole lui parlèrent ainsi, au milieu d'une foule immense :

« En cette heure de fête et de printemps, l'évolution perpétuelle de la nature apparaît plus éclatante ; comme elle, gonfle-toi d'espoirs et prépare-toi pour la Vie Nouvelle.

« O Peuple, prends conscience de tes devoirs. Sois fraternel et bon ; des joies et des douleurs d'autrui, déclare-toi solidaire. Ne cherche pas ton bonheur ailleurs que dans le bonheur général. Partout, respecte la faiblesse et la souffrance, chez la femme, chez l'enfant, même chez l'animal, et que la force de tous protège la détresse des petits!

C'est tous les jours qu'il faut être socialiste : la foi nouvelle sera plus propagée par des actes quotidiens que par des discours. Sois soucieux de ta dignité ; redoute les boissons qui enivrent et les passions qui avilissent. Méprise la résignation morne des épuisés et des lâches. Que le fécond esprit de révolte te possède, et que la haine vigoureuse des choses mauvaises (mais non des hommes qui les conservent) enflamme ton fier courage.

Gloire aux laborieux : le travail honore et réconforte, il est saint ! Mais l'excès de travail est maudit : il abrutit et déprime. Nous voulons la journée de huit heures, pour que, après huit heures de repos, huit heures encore chaque jour tu puisses vivre avec les tiens, te distraire et t'instruire...

Instruis-toi : les cours et les écoles, les journaux et les livres sont des instruments de liberté. Bois aux fontaines de la science et de l'art ; tu deviendras alors assez puissant pour réaliser la justice. Fais l'inventaire des idées et des religions : tu les trouveras multiples et contradictoires et tu seras tolérant pour toute conviction sincère.

Tes frères sont, non seulement les hommes de ton pays, mais ceux de l'univers entier. Bientôt s'évanouiront les frontières ; bientôt viendra la fin des guerres et des armées. Chaque fois que tu pratiqueras les vertus socialistes de solidarité et d'amour, tu avanceras cet avenir prochain, et, dans la paix et la joie, surgira le monde où, le devoir social de tous mieux compris pour le développement total de chacun, triomphera le Socialisme ! »

Et lorsqu'ils eurent ainsi parlé, ils distribuèrent des milliers de feuilles pareilles à celle-ci, afin que s'en gardât le souvenir.

Cette proclamation est signée des noms de sénateurs et de députés à la Chambre des représentants de Belgique : Edmond Picard, Jules Destrée, Emile Vandervelde.

Eh bien ! je m'empresse de déclarer que ce Manifeste est un document superbe. Bonté, fraternité, largeur, générosité, tout s'y trouve.

Mais qui ne voit tout d'abord que ce beau tableau manque de ciel ?

Ce manifeste est parfait en ce qui concerne les aspirations terrestres. Il pourrait, s'il était accepté et mis en pratique, transformer la vie sociale, procurer un bonheur relatif à tous les citoyens de notre humble planète...

Mais après ? Que deviendront-ils, ces citoyens temporaires dont les satisfactions prendront fin à si brève échéance ? Ne leur restera-t-il pas les maladies physiques, les maladies morales, les angoisses qui rongent le cœur de tout homme connaissant la fragilité de ses joies, l'intermittence et l'incertitude de son bonheur ?

Vie relativement heureuse en ce monde, soit. Mais est-ce donc tout ? Cette terre, telle même que la rêvent ceux qui ne croient qu'à la terre, est-elle donc autre chose qu'une prison, qu'une cage à travers les barreaux de laquelle on n'aperçoit rien d'autre que les tombeaux de ceux que la mort a brisés, frappant à droite, frappant à gauche, décimant sans cesse les locataires de notre triste immeuble terrestre et les menaçant éternellement du *terme* — terme sinistre qui ne se paie que dans les bureaux de la Société la plus immuable qui soit... la compagnie des Pompes funèbres ?

Je sais un moyen de donner à ce beau programme l'ampleur nécessaire. Fusionnez-le avec le programme spiritualiste et vous pourrez, après une vie heureuse en ce monde, aller récolter plus haut la moisson que vous aurez semée ici-bas.

TABLE DES MATIÈRES

Préface.. VII
Quelques mots au lecteur............................... 1

CHAPITRE PREMIER

Le Problème de la vie........................... 7

L'erreur humaine. — Divagations dogmatiques. — Monde abominable, saint Thomas d'Aquin, le « docteur angélique ». — Qu'est-ce que la vie? — Pouah! la vilaine chose! — Écoutez Jules Soury. — Lord Byron — Clémenceau — De Gastynes. — Mᵐᵉ Ackermann. — C. Flammarion. — Martyrologe de l'humanité. — Alfr. de Vigny. — Vulgarités indélébiles. — Larves de libellules. — Il existe, pourtant, l'invisible. — Frères, voici l'aube! — Aspirations inconscientes. — Les voix. — Évolution des sciences. — Allons vers l'Orient.

CHAPITRE II

Les Aurores.................................... 33

Il y en a deux. — Les Aryas. — Poèmes védiques. — Krishna. — L'Asie. — Les premiers initiateurs. — L'Égypte. — Le pays de la mort. — Les Pharaons. — Le Sphinx. — Vision d'Hermès. — Invasions, massacres. — Légendes et dogmes. — La Grèce. — Le pays de la beauté. — La Grèce religieuse. —

Orphée ; Eurydice ! Eurydice ! — Pythagore. — Sa doctrine. — Psyché. — L'homme renaît. — Mystères ésotériques. — Religions grossières, Mystères et Saturnales. — Le Christ. — Sources du Christianisme. — Naissance de Jésus. — Adolescence, initiation. — Sa mission. — Sa doctrine. — Ésotérisme chrétien. — Mort du Fils de l'homme. — Sa résurrection spirituelle. — Querelles, persécutions. — Le clergé. — Pouvoir temporel. — Inquisition, bûchers. — La Gaule. — Les Druides. — Leur doctrine. — La doctrine ésotérique.

CHAPITRE III

Le Plan divin.................................... 83
Histoire de Psyché. — Merveilles de l'univers. — L'espace, le temps. — L'infini nous écrase. — La tortue, l'éléphant, Atlas. — L'attraction. — Force et mouvement. — Tourbillons de soleils. — Immensité, majesté. — Spectacles incomparables. — Le foyer de vie. — Esprit et matière. — Lumière astrale. — Raréfaction de la matière. — Gamme des condensations de l'Esprit. — L'éther. — Fluide universel. — Les Esprits. — Ame substantielle. — Les désincarnés. — Légions d'Esprits. — Diversités des Esprits. — Génies familiers. — Réincarnation. — Réparation des fautes. — Persistance de l'être. — Activité des âmes. — Sainteté du travail. — Liberté de l'âme. — Panorama des existences antérieures. — Préexistence. — Immortalité !

CHAPITRE IV

L'Epopée de la vie.................................... 127
La naissance. — Réincarnation. — Le corps fluidique. — Toujours l'histoire de Psyché. — Récapitulation de la vie fœtale. — Prédispositions étranges. — Hérédité. — Hérédité matérielle. — Hérédité psychique. — Courage, petit soldat de la vie ! — Les forçats. — Le bagne. — Histoire de la terre. — Apparition de l'homme. — Liberté de l'âme. — Le problème du mal. — Écoutez Jean Reynaud. — Communications des Esprits avec la terre.

TABLE DES MATIÈRES — 415

CHAPITRE V

La Mort..................................... 158
Problème formidable. — Mourir, c'est renaître. — Trouble spirite. Cauchemar. — Brumes épaisses. — Visions effrayantes. — Les surprises du trépas. — Dégagement rapide de l'âme préparée à la mort. — Différents noms du « roi des épouvantements ».

CHAPITRE VI

La Renaissance............................... 166
Éblouissement et vertige! — Gracieux fantômes. — Les guides célestes. — Envolée dans l'espace. — Visions de rêves. — Musique céleste. — Humanités divinisées. — Écrin flamboyant des cieux.

CHAPITRE VII

Preuves et Témoignages...................... 173
Où sont-elles ces preuves? — Elles vont être fournies. — Historique de la question.

CHAPITRE VIII

Le Spiritualisme moderne.................... 180
En Amérique. — La famille Fox. — Monsieur Pied-fourchu. — Conditions de la communication des Esprits. — Charles Rosna. — Intolérance religieuse. — Scènes abominables. — Intervention courageuse de Georges Willets. — Réveil des esprits. — Premières conquêtes du spiritualisme. — Le juge Edmonds. — Mapes. — Robert Hare. — Robert Dale. — Onze millions de spirites en Amérique.

CHAPITRE IX

En Angleterre............................... 191
Les grands témoins. — John Lubbock. — Henry Huxley. — Henri Lewes. — Russel Wallace. — Morgan. — Varley. — Oxon. — Sergeant Cox. — Barkas. — Georges Sexton. — William Crookes.

CHAPITRE X

En France... 197

Eugène Nus. — Allan Kardec. — Séance mémorable du long péronier. — Jobert de Lamballe. — Auguste Vacquerie. — Victorien Sardou. — Camille Flammarion. — Dr Gibier. — E. Bonnemère. — Chiffres suggestifs. — Bernheim ; Liébault. — Ch. Richet. — Sully Prudhomme. — G. Ballet. — Beaunis. — Colonel de Rochas. — Autres chiffres suggestifs.

CHAPITRE XI

En Allemagne.. 207

La *voyante de Prévorst*. — Zœllner. — Weber. — Fechner. — Ulrici.

CHAPITRE XII

Dans le reste de l'Europe 209

Boutlerow. — Aksakof. — Ercole Chiaia. — Millions de spirites. — L'aube s'est levée. — Voici les preuves promises.

CHAPITRE XIII

Les Faits... 211

Auguste Vacquerie à Jersey. — Mme de Girardin. — Eugène Nus. — La table tournante. — La table parlante. — Définitions en douze mots. — *Adsum Deus*. — Une autre table.

CHAPITRE XIV

Les Investigations en Angleterre................ 240

Barkas. — La Société dialectique de Londres. — Morgan. — Varley. — Wallace. — Gulden Stubbi. — Oxon. — Zœllner. — Dr Gibier. — Elliot Coues. — Aksakof.

CHAPITRE XV

Spiritisme transcendantal....................... 257

Le plus grand des témoins. — William Crookes. — Apparitions lumineuses. — Mains lumineuses.

CHAPITRE XVI

Les Matérialisations 265
Katie King.

CHAPITRE XVII

Le Mot de la fin 278

CHAPITRE XVIII

Choses étranges 281
Apollonius de Tyane. — Swedenborg. — Saint-Simon et le Régent. — J. Shepard. — Les enfants prodiges. — Merveilles du Fakirisme. — Végétation fantastique. — La danse des feuilles. — Lévitation des Fakirs. — Ecriture automatique sur le sable. — Le médium Slade. — Faits de suggestion. — Guy de Maupassant ; le Horla. — Phénomènes de télépathie. — Communications d'outre-tombe. — Jean Reynaud. — Jobard. — Sanson. — Samuel Philippe. — Dr Demeure. — Mme Foulon. — Un médium russe. — La comtesse Paula. — Antoine Costeau. — Mlle Anaïs Gourdon. — Van Durst. — Alfred de Musset. — Autres communications. — Phénomènes de lévitation. — Extériorisation de la sensibilité. — Envoûtement. — Manifestations progressives de la vie fluidique.

CHAPITRE XIX

Conclusion 368
Notes 397

17-1-9. — Tours imp. E. ARRAULT et Cⁱᵉ

www.ingramcontent.com/pod-product-compliance
Lightning Source LLC
Chambersburg PA
CBHW050915230426
43666CB00010B/2177